北京市京师（深圳）律师事务所 | 系列丛书
BEIJING JINGSH LAW FIRM SHENZHEN OFFICE

细说股权

股东权益的实现与维护

胡晓琳／主　编
凌征虎　关崇峰　蒋歆迪／副主编

法律出版社 | LAW PRESS
北京

图书在版编目(CIP)数据

细说股权：股东权益的实现与维护 / 胡晓琳主编. -- 北京：法律出版社, 2022
ISBN 978-7-5197-6782-2

Ⅰ. ①细… Ⅱ. ①胡… Ⅲ. ①股东-权益保护-研究 Ⅳ. ①D912.290.4

中国版本图书馆 CIP 数据核字(2022)第 091451 号

细说股权
——股东权益的实现与维护
XISHUO GUQUAN
—GUDONG QUANYI DE SHIXIAN YU WEIHU

胡晓琳 主编

策划编辑 邢艳萍
责任编辑 邢艳萍
装帧设计 鲍龙卉

出版发行 法律出版社
编辑统筹 法律应用出版分社
责任校对 王晓萍 王语童
责任印制 刘晓伟
经 销 新华书店

开本 710 毫米×1000 毫米 1/16
印张 21.5 字数 380 千
版本 2022 年 10 月第 1 版
印次 2022 年 10 月第 1 次印刷
印刷 北京金康利印刷有限公司

地址:北京市丰台区莲花池西里 7 号(100073)
网址:www.lawpress.com.cn
投稿邮箱:info@lawpress.com.cn
举报盗版邮箱:jbwq@lawpress.com.cn

销售电话:010-83938349
客服电话:010-83938350
咨询电话:010-63939796

书号:ISBN 978-7-5197-6782-2
定价:79.00 元

凡购买本社图书,如有印装错误,我社负责退换。电话:010-83938349

序

公司是伟大的发明，但这个发明存在着无数的缺陷，因而带来无限的纷争。谋取利益以及创造价值都属于公司的目的或属性之一，公司不是完全独立于股东而存在的，它不仅仅要依靠股东才能产生和存在，还必须依赖于和股东以及社会其他主体交往才能实现发展和壮大。公司是由纷繁复杂、错综交织的社会关系组建而成，其中以股权最为重要和突出。

谈及股权，我首先想到的是公司控制权。《细说股权——股东权益的实现与维护》（以下简称《本书》）一书从各个方面阐述了股东及公司的各种权益，其中无不体现着对公司控制权的重视。我将从公司控制权的角度来阐述我对本书的无限赞誉。如果有一项权力企业家必须争取的话，我想那非公司控制权莫属了，因为公司控制权决定了企业家的命运。

春秋时期，郑国子产执政，他对子太叔讲："具备仁德的人，会用宽容的法令来治理国家；次一等的就只能用严厉的方法了。人们看见猛烈的大火会害怕，因此很少人被烧死；人们喜欢在平静的溪流里嬉戏，却往往被淹死。所以用宽容的方法治国比较困难。"太叔不以为然，后来太叔执政时用宽容的方法治理国家，于是强盗土匪十分猖獗，太叔很后悔。治理公司也是一样，如何宽严相济，才能牢牢掌握公司的控制权呢？

孔子说："行政过于宽容，百姓就容易轻慢，这时就要用严厉的律法来纠正他们；过于严厉，百姓又可能变得凶残，就要用宽大的政令来感化他们。用宽容来调和凶残，用严厉来调和轻慢，才能做到人事通达，政事和谐。"

商鞅治理秦国时，刑罚甚至施加于乱倒垃圾的人，这种方法太过于严厉猛烈;梁武帝看到死刑犯就痛哭不已,并流着眼泪把死刑犯释放了,这样又过于宽容。如果能将这二者调和得宜,就可求得政通人和。

治理国家如此,治理公司亦如此。谈及股权,不能仅仅限于股权,那将失去股权存在的意义;谈及股权不谈及公司治理和公司控制权,也不能阐述清楚股权的功能和作用。股权和控制权二者调和得宜,则公司可治,股东可为。

《公司法》规定,股东向非股东转让股权,其他股东具有优先购买权,这是股权的一个重要内容;但《公司法》又规定,公司章程可以另行约定排除股东优先购买权。公司股东如果只知道股权,不知道公司控制权,可能在关键时刻丧失对公司的掌控,本书对这一内容予以充分阐述。

我从事律师工作近25年,从2010年至2018年连续担任三届北京市盈科律师事务所全国公司法专业委员会主任,于2019年担任北京市京师律师事务所首席公司法律师,对各国关于公司控制权的规定进行深入研究是我毕生追求之一。从本书中我获取了重要资料,充实我的公司控制权领域内涵。

股权与公司控制权的联系和区别不胜枚举,例如,公司章程可以自由约定股东表决权,但公司章程却无法约定增资比例和分红比例的处分权,也就是在公司章程中对增资份额获得比例以及分红多少的比例进行约定不是《公司法》赋予股东的权力,这些约定极有可能是无效的。究竟如何获得有效的约定,《公司法》中有明确的答案,但又不是股权能够完全回答的。希望对这一内容感兴趣的律师、企业家们能读一读《细说股权》一书,其中蕴含着答案。

最后,希望《细说股权》一书能为企业家提供巨大的帮助,推动我国相关立法的完善。

中国行为法学会理事

中国人民大学兼职教授、研究生导师

北京市京师律师事务所创始合伙人、首席公司法律师、上海主任

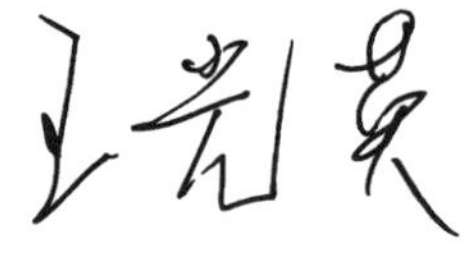

2022年8月25日于北京

自　序

股权可以说是现代公司治理的核心，读懂了股权的秘密，也就精通了现代公司治理。随着全面深化改革的推进、“互联网＋”思维、“大众创业、万众创新”、金融开放为股权投资带来了无数新机遇，越来越多的人开始关注股权、了解股权、投资股权，也有越来越多的律师开始介入股权纠纷业务领域。

作为专注公司法律实务的律师，我们在办案过程中积累了很多办案经验，在与当事人沟通、与其他律师交流、指导律师助理具体工作时，了解到很多当事人对股权的概念和具体定位并不清楚，对股权交易过程中可能产生的法律风险不敏感，部分法律从业者对股权的基础知识掌握不牢，对司法裁判规则的了解甚少，最终可能导致对案件的预判出现偏差，这就激发了我们写一本以当事人、法律从业者、青年律师为主要读者的股权类书籍的想法。

经过两年多的打磨，团队律师辛勤付出，本书即将出版，能将执业过程中的实务经验分享给广大读者朋友，我们欣喜至极。

本书基于对股权纠纷领域现行有效的法律法规、司法解释的检索和梳理，并结合司法实务中的具体、疑难问题，将法律法规、司法解释进行分析和体系化整理，形成本书的六个章节。第一章以通俗易懂的方式，对股权的概念、性质、分类、功能进行了理论性梳理，读者可以通过本章对股权有一个概括性的了解。第二章至第五章全面分析股东收益权、治理权、知情权、诉讼权四大类、十四项权利，具体为：利润分配请求权，股份转让权，股东优先购买权，优先增资权，股东回购请求权，剩余财产分配请求权，股东表决权，股东会议召集权，股东提案权，股东查阅权，股东质询权，决议瑕疵诉讼权，股东代表诉讼权，解散公司的诉权,采用"法理解说 + 司法实践 + 裁判规则 + 律师解读"的结构体系,对各股权的概念和法律定位进行全面解读。本书还从"实战"角度出发,检索了大量的司法裁判数据,以图表的形式直观呈现司法现状。本书精选近年来具有代表性的公司股权纠纷司法案例,分析股权纠纷中关键问题的事实认定思路及裁判规则,再以律师解读的形式提出解决问题的路径,旨在为企业经营投资者、关联人员及律师提供全面、高效的法律工作指引。第六章通过对"对赌协议""股东有限责任的否定"等股权的衍生热点问题进行解读,读者可以了解当前股权纠纷处理的司法现状及股权研究方向。本书最后收录了与股权相关的现行法律法规,方便读者快速、准确地找到合适的法律依据。

希望本书能够为从事经营管理的企业家及股权投资者提供有益参考,帮助当事人维护自身合法权益;为律师、公司法务提供可参考的办案思路,为解决股权纠纷实务问题尽一份绵薄之力。

在此感谢法律出版社,感谢北京市京师(深圳)律师事务所为本书出版提供的大力支持,本书在创作过程中,得到了多位律师同仁的指导和帮助,在此一并表示感谢!同时,书中存在瑕疵可能在所难免,欢迎读者朋友予以批评指正。

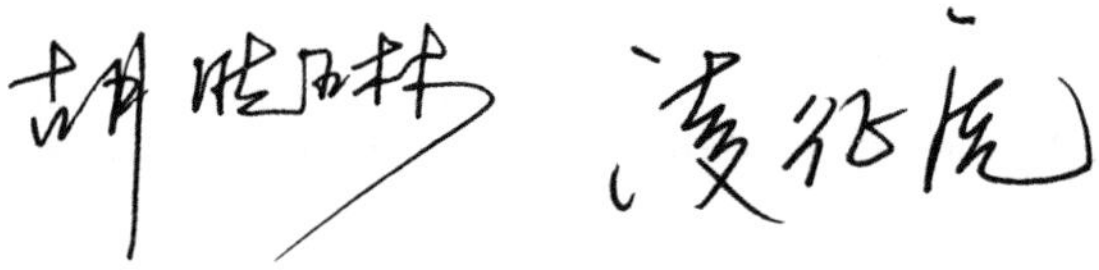

2022 年 7 月于深圳

目 录

第一章　何为公司股权

一、股权的持有者

现代意义的股权伴随公司的出现而出现，所以谈股权就必须从公司谈起。股东承担有限责任是公司最关键的特征，当组建公司时，参与组建的人或组织即股东只承担有限责任，公司借此筹资成立。股东承担的责任仅限于他们所投入的或承诺要投入的金额。这就大大降低了投资的风险，意味着对个人的信任可以稍微变得不太重要，使陌生人之间的合作变成了可能。同时，商事主体对外的信用基础也由交易对手对该主体参与者的信任转变为对公司资本的信任。

随着时代的发展，虽然《公司法》确定了“公司股东滥用公司法人独立地位和股东有限责任，逃避债务，严重损害公司债权人利益的，应当对公司债务承担连带责任”的原则，但同“合同相对性”是合同法的基石一样，“股东有限责任”始终是《公司法》的基石。如何“揭开公司面纱”，让股东直接承担连带责任，而非有限责任或补充责任，始终是司法实践中的难点。

公司诞生的初期，由于经营业务简单、经营地域狭小，公司的所有权与经营权并未分开，此时的公司还残存着较大的人治成分和家族血统。公司的大股东往往就是公司的创立者和经营者，股东会人员往往就是董事会人员，总经理和各关键部门负责人也多为股东或董事的亲属。公司第一代经营者退休后，接替执掌公司的往往也是大股东的家族成员。

但随着经济的发展，特别是 19 世纪 60 年代后期，在第二次工业革命的影响下，资本主义经济开始发生重大变化。科学技术的进步和生产力的发展，使大量的社会财富日益集中到少数大资本家手中。生产和资本高度集中,产生了垄断,因国内市场相对狭小,垄断资本家便极力到全球各地争夺商品市场、原料产地和投资场所,在世界市场的激烈竞争中,形成了国际垄断集团。

要实现公司无限大和公司万年长这两个梦想,所有权和经营权的分离,显然是更为理性的选择,加之社会分工的不断细化,都促使公司吸收更多的专业人士,来满足公司经营发展、资产保值增值的股东投资目的。

这一方面割裂了公司的所有者和经营者,出现了职业经理人,由职业经理人全面负责企业经营管理,对法人财产拥有绝对经营权和管理权;另一方面,在经营者内部也分化出公司的治理层和管理层,即细化了董事会、监事会与总经理、副总经理和财务总监之间的权利与责任。

在所有权与经营权分离后,公司开始真正地成为一个独立生命体——法人(法律意义上赋予独立生命、独立民事法律能力的个体),可以延续下去,可以从一个优秀的人或团队手中传递到另一个更优秀的人或团队手中。

与此同时,随着公司的扩大和上市,股东人数呈几何级增长,公司股权不断分散,单个股东股权被不断稀释。

股东会是公司的最高权力机关,但一旦落实到权力的行使上,由于职业经理人的存在,会产生权利的决策和运行的差异效果。

每时每刻,大量的信息涌入公司,这些信息需要各级的职业经理人筛选、加工、上报,最终形成级别不同的决策。而作为公司最高权力机关,也是这个信息链条最末端的股东会,是最后一个知道公司发生了什么、要做什么的组织。单个股东对公司享有的权利,或者说对公司的影响,却随着公司的发展壮大,逐步被职业经理人群体剥夺、限制和弱化。

成为公司股东意味着可以通过有限责任将个人财富与公司财富隔离,实现个人财富的保值;可以通过放权给职业经理人,由专业人士经营公司,以分红的方式实现个人财富的增长。一个正确的、有远见的股权投资,是一条最快捷、最安全的通往财富自由的道路。股东只有充分了解现代公司制度、理解并能够正确使用股权,才能有力地保证自己的收益,避免自己的投资被职业经理人或其他股东因其私利而侵占;就公司外部而言,才能够在行使股东权利时既不越位,也不缺位,受到有限责任的保护,而无须为公司承担补充甚至连带责任。

二、股权的性质

股权是有限责任公司或者股份有限公司的股东对公司享有的人身和财产权益的一种综合性权利,它是股东基于其股东资格而享有的、从公司获得经济利益并参与公司经营管理的权利。

股权即股东的权利,有广义和狭义之分。广义的股权,泛指股东可以向公司主张的各种权利;狭义的股权,则仅指股东基于股东资格而享有的、从公司获得经济利益并参与公司经营管理的权利。综合来讲,股权是指投资人通过向企业法人投资而享有的权利。

关于股权的性质,可以分成股权肯定说与股权否定说。其中,股权社员权说、权义并合说、权益集体说、法律地位说都可以归入股权肯定说,而股东地位说和债权说则可归入股权否定说。[1]

股权肯定说与股权否定说的根本区别在于是否承认股东权是一项特殊且独特的具体法律权利。

债权说将股权与债权混为一谈,以债权代替股权。

而股东地位说否认股权是一种具体权利,认为股权是股东因拥有股份或出资而在公司取得的法律地位,股份是股东地位的表示,股东与公司间赖此地位相联系,股东应当主张的是股东的地位而不是主张股东的权利。

关于股权的性质,主要有以下几种观点:

1.股权债权说。随着公司所有权与经营管理权的分离,股东所有权逐渐削弱,主要表现为处分权基本上丧失殆尽,此时股东对公司的唯一权利仅仅是收益,即领取股息和红利,这是股东所有权向债权的转化。这一转化的完成,使股份公司作为所有权的唯一主体,完全按自己的意志占有、使用、收益、处分公司财产,而不必像以前那样,受公司股东的左右和控制,而股东现在也只关心到期应该属于自己的那部分股息、红利,而无意于介入经营管理或参与决策。从发

---

〔1〕 参见于海生:《论股权性质》,载《金融理论与教学》2000 年第 2 期。

展趋势来看，股票与债券的区别也正在缩小，股票已纯粹变成了债的凭证，只反映债的关系，股东的收益权已成为一种债务的请求权。

2. 股权所有权说。该观点认为，股份是出资者将其财产定量地投入公司后在整个公司资本中所占的份额。股份的证券化形式是股票，股份的持有形式是股票的持有，它代表着现实的资本。不管股票持有者的数量、股票在市场上的价值发生何种变化，都不改变它所反应的股份关系即所有权关系的性质。

3. 股权社员权说。该观点认为，社员权是指股东因出资创办社团法人，成为该法人成员并在法人内部拥有的权利和义务的总称，它是解决社团法人内部关系的一种法律手段。股东转移财产所有权，以形成独立的法人所有权，同时，股东也相应地取得一定的权利，以解决其物质利益的法律问题。股东享有社员权是作为产权交换的代价，所有权与股权的分离，是继传统的两权分离之后又一具有时代意义的新型的两权分离。

4. 独立权利类型说。该观点认为股权作为股东转让出资财产所有权的对价的民事权利，是目的权利和手段权利的有机结合，是团体性权利和个体性权利的辩证统一，兼有请求性和支配性、资本性和流转性，这些特征足以把股权塑造成一支独特的权利形态。股权可被界定为：股东因出资而取得的、依法定或公司章程规定的规则和程序参与公司事务并在公司中享受财产利益、具有转让性的权利。

5. 公司法上的权利说。该观点认为，民法是对个人所有权作出规定，而公司法则是对许多投资人及其资金集合形成的法人所有权作出规定，所以不能用民法理论来理解股权。股东的股权只能是由《公司法》明确规定的权利，是不可归类于传统民法的所有权和债权之中的一种公司法上的权利，是所有权由静态占有向动态利用的转化，实质上是与所有权和债权并存的一种权利。

从以上观点可以看出，股权是股东作为公司的内部成员而享有的权利，从其产生、主体、功能、行使等方面来看，股权都是作为公司内部成员的股东所必然且应有的权利。股权既非物权又非债权，更不是身份权、人格权和资格权，而是一种特殊的民事权利。

三、股权的分类

依据不同的标准，股东权利一般分为下列四类：[1]

1. 自益权和共益权

自益权是专为股东自己的利益而行使的权利，如股息和红利的分配请求权、剩余财产分配请求权、新股优先认购权；共益权是为股东的利益并兼为公司的利益而行使的权利，如表决权、请求召集股东会的权利，请求判决股东会决议无效的权利、账簿查阅请求权。

2. 单独股东权和少数股东权

这是根据股权的行使是否需要达到一定的股份数额为标准而进行的分类。单独股东权是股东一人即可行使的权利，一般的股东权利都属于这种权利。少数股东权是不达到一定的股份数额就不能行使的权利。比如，按照《公司法》第104条的规定，请求召开临时股东会的权利，必须由持有公司股份10%以上的股东行使。少数股东权是《公司法》为救济多数议决原则的滥用而设定的一种制度，尽量防止的权益多数股东怠于行使权利或滥用权利而侵害少数股东的权益，有助于对少数股东的保护。

3. 普通股东权和特别股东权

这是根据股权主体有没有特殊性所进行的分类。普通股东权是一般股东所享有的权利；特别股东权是特别股股东所享有的权利，如优先股股东所享有的权利为特别股东权。

4. 固有权和非固有权

固有权是指除非得到股东的同意，不得以章程或者股东会决议予以剥夺或者限制的权利，又称不可剥夺权。非固有权是指可以依照章程或者股东会决议予以限制或者剥夺的权利，又称可剥夺权。固有权往往是和股东的基本权益相关的权利，如对股份和出资的所有权、普通股的表决权，这类权利常常由《公司法》予以明确规定，以强制形式赋予股东。

---

〔1〕 参见赵旭东主编：《公司法》（第3版），中国政法大学出版社2018年版，第154～155页。

四、股权的具体权能

其实，股权是一项很复杂的权利，在分类上也是一种独立的权利类型。从公司法学原理来看，股权是一个权利束，包含了一系列的具体权利（又叫权能，是作为权利享有者和义务承担者的能力或资格）。这些具体权利总体上可以分为四大类：股东受益权、股东治理权、股东知情权、股东诉讼权。

其中，股东受益权确保了股东实现投资的经济目的；股东治理权、股东知情权是过程性的权利，为股东实现投资目的提供过程保证；而股东诉讼权则为股东实现投资目的提供了司法救济保障，也是股权中的弥补性权利。

这四类权利形态至少包含了30项具体权利，这些权利共同构成了股东行使股权的基本依据。这30项具体权利如表1-1所示：[1]

表1-1　股权的分类、具体权利及《公司法》依据

类型	具体权力	《公司法》法条依据
股东受益权	1. 利润分配权	第34条、第166条
	2. 股权转让权	第71条、第137条
	3. 优先购买权	第71条
	4. 股东受益权、优先增资权	第34条、第133条第4项
	5. 股权回购请求权	第74条、第142条
	6. 剩余财产分配请求权	第186条第2款
股东治理权	7. 股东会议出席权	第36条、第98条
	8. 表决权	第42条、第103条
	9. 临时股东会议提议召开权	第39条第2款、第100条第3项
	10. 特殊情况下股东会议召集和主持权	第40条、第101条
	11. 股东治理权股东大会临时提案权	第102条第2款
	12. 董事会临时会议提议召开权	第110条第2款
	13. 一人有限公司股东决策权	第61条
	14. 股东会议、董事会决议撤销权	第22条

〔1〕 参见于强伟：《股权架构解决之道》，法律出版社2019年版，第4页。

续表

类型	具体权力	《公司法》法条依据
股东知情权	15. 对股份公司经营的建议权、质询权	第 97 条
	16. 查阅、复制公司重要文件权	第 33 条、第 97 条
	17. 查阅会计账簿权	第 33 条第 2 款
	18. 股东会议知情权	第 41 条、第 102 条
	19. 对公司特殊人员报配酬的知情权	第 116 条
股东诉讼权	20. 对滥用股东权利的起诉权	第 20 条
	21. 对利用关联关系损害公司利益者的起诉权	第 21 条
	22. 对股东出资违约的起诉权	第 28 条、第 83 条
	23. 对股东出资填补责任者的起诉权	第 30 条、第 93 条
	24. 确认决议无效或撤销的起诉权	第 22 条
	25. 股东诉讼权股东查阅会计账簿的起诉权	第 33 条
	26. 股东请求公司收购其股权的起诉权	第 74 条第 2 款
	27. 对董事监事和高管人员的派生诉讼权	第 149 条、第 151 条第 1 款
	28. 对他人有损公司利益的源生诉讼权	第 151 条第 3 款
	29. 对董事和高管人员的起诉权	第 152 条
	30. 请求司法解散公司权	第 182 条

在实务操作中，股东的权利其实还不止上面 30 项，基于各方股东与投资人的约定，还可以衍生出许多其他的权利，如优先分红权、优先清算权、赎回权。

本书下列各篇，即是就股东受益权、股东治理权、股东知情权和股东诉讼权的各细分权项，从法理解说、司法实践中的数据分析、主流裁判规则、案例启示等方面予以详细介绍。

第二章　股东受益权

第一节　利润分配请求权

法理解说

一、利润分配请求权的概念

利润分配请求权，通常也称为股东分红权，是在有限责任公司或股份有限公司中，股东基于自己的股东资格和地位所享有的请求公司向股东分配股息和红利的权利。股东利润分配请求权作为股东的一项重要权利，在所有的股东权利中占有核心地位。因为股东进行投资的目的就是获取收益，股东所进行的所有活动，所享有的一切权利，也都离不开获利这一终极目的。

二、利润分配请求权的性质

股东利润分配请求权一般划分为具体的股利分配请求权及抽象的股利分配请求权。

具体的股利分配请求权是指依照股东会的决议，在公司存在可分配利润的情况下，股东享有请求公司分配股利的权利。

抽象的股利分配请求权是指公司股东会尚未决议通过利润分配方案时，股东基于其资格和地位，享有请求公司分配股利的权利。

（一）抽象的股利分配请求权属于期待权

期待权是一种成立要件尚未完全具备，须待全部要件具备时才能实际发生的权利。抽象的股利分配请求权伴随股东资格的始终,股东资格的取得是抽象的利润分配权的基础,但抽象的利润分配请求权只有在具备一定条件下才能转化为实际的权利。

抽象的股东利润分配权是一种固有权,具有不可剥夺性。股东投资设立公司的目的在于获取收益,该权利不能通过公司章程或者股东会决议等方式予以剥夺。

(二)具体的股利分配请求权属于债权

以有限公司的股东会、股份有限公司的股东大会审议批准公司的利润分配方案作为界点,分配股利方案一经审议通过,待分配的股利就会成为公司的负债,公司负有向股东支付分配方案所确定的利润的义务,股东对方案所确定的利润享有请求权。而债权具有可诉性,在公司未分配或未足额分配股利的情况下,股东可以向人民法院提起公司盈余分配纠纷之诉,要求公司分配股利。

因此,具体的股东利润分配请求权属于既得权。既得权是成立条件完全具备,权利主体已经实际得到的权利。具体的股东利润分配请求权作为一种债权,区别于抽象的股东利润分配请求权。

三、利润分配请求权的行权条件

(一)行使利润分配请求权的实质要件

根据《公司法》及《企业财务通则》(2006 年修订)的规定,公司经营利润所得在分配给股东之前,应当先行缴纳税款、提取法定公积金及任意公积金、弥补以前年度亏损,剩余的利润才能进行分配。因此,行使利润分配请求权的实质要件为存在可分配的利润,如果公司不存在任何利润或盈余,也就谈不上对利润进行分配了。

(二)行使利润分配请求权的形式要件

公司向股东分配利润,除了要具备公司有可分配利润这一实质要件以外,应当具备一定的形式要件,也就是要经过公司股东会审议通过股东利润分配方案。只有公司通过股东会决议这一法定程序，股东才能从公司获取利润，最终实现股东利润分配请求权。

数据分析

以为“公司利润分配纠纷”案由进行大数据检索，并以“分红”“利润分配”为关键词，对以“公司决议纠纷”“损害股东利益责任纠纷”为案由的案例进行大数据检索，共得到相关数据及分析如图 2－1 所示：

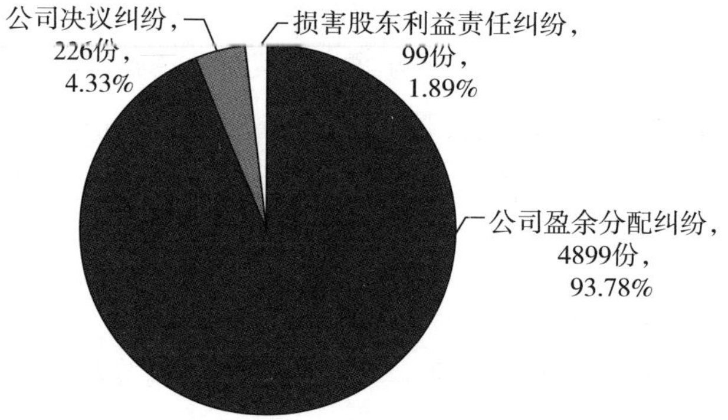

图 2－1　公司利润分配相关诉讼案由占比分析

通过对以上三个案由的案件进行检索，共检索出裁判文书 5224 份，其中，“公司盈余分配纠纷”的裁判文书共 4899 份，“公司决议纠纷”的裁判文书共 226 份，“损害股东利益责任纠纷”的裁判文书共 99 份。

从案由的分布情况来看，实务中因利润分配而发生纠纷的，多选择以“公司盈余分配纠纷”为由提起诉讼，占比达到 93.78%，在涉及以股东会决议侵害股东利润分配权的，也会选择以“公司决议纠纷”为案由进行起诉，最后还有少数选择以“损害股东利益责任纠纷”为案由进行起诉。

按照裁判文书类别进行检索，得到的数据如图 2－2 所示：

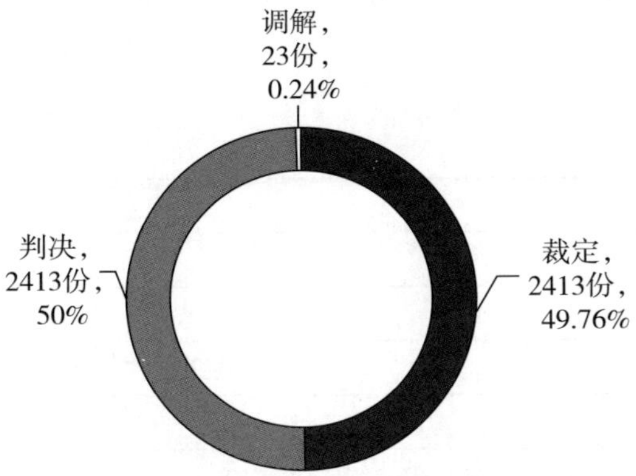

图 2-2 公司利润分配相关诉讼裁判文书类别占比分析

如图 2-2 所示，判决书占全部裁判文书的 50%；裁定书占全部裁判文书的 49.76%；最后是调解书，仅占全部裁判文书的 0.24%。但鉴于调解的裁判文书不在网上公开，实际以调解结案的案件数量应该远远超过此处搜索到的数量。

审理法院的层级进行划分，上述裁判文书中各级法院审理案件的比例如图 2-3 所示：

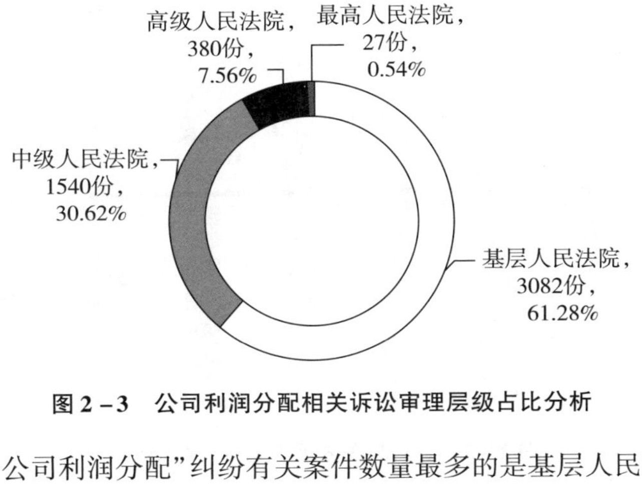

图 2-3 公司利润分配相关诉讼审理层级占比分析

审理与“公司利润分配”纠纷有关案件数量最多的是基层人民法院，占全部案件的 61.28%；其次为中级人民法院，占比为 30.62%；再次为高级人民法院，占比为 7.56%；最高人民法院仅占 0.54%。

按照裁判年份来统计，与"公司利润分配"纠纷案件的裁判年份分布如图2－4所示：

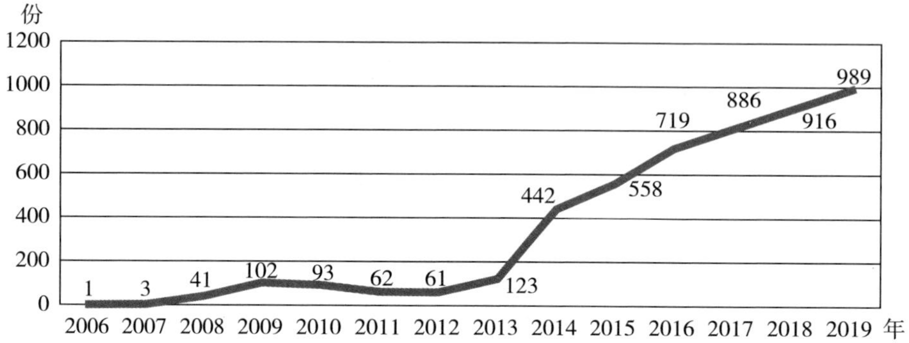

图2－4　公司利润分配相关诉讼历年趋势

从2013年及以后年份的情况来看，与"利润分配""分红"有关的纠纷案件存在明显的爆炸式增长，也反映了股东对投资收益回报的强烈需求。

按省级行政区域划分，案件数量排名前九的省级行政区如图2－5所示：

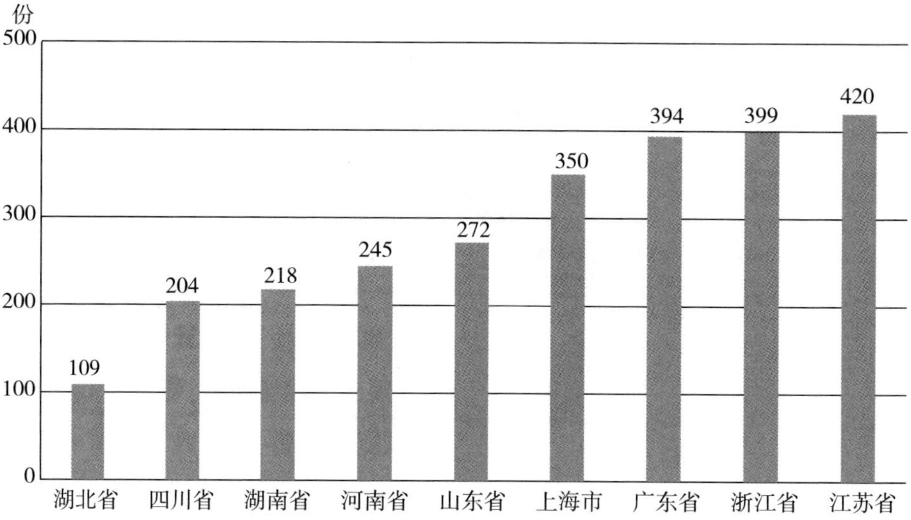

图2－5　公司利润分配相关诉讼区域分布

数量最多的前五个省级行政区域分别是江苏省、浙江省、广东省、上海市、山东省，均为沿海经济发达的省份。

实践中的争议类型大致有三类情况：

(1)没有召开分配利润的股东会决议时，能否起诉要求强制分配利润？例如，公司实际控制人以个人名义承诺给予其他股东分红，该承诺能否等同于股东会决议？又如，公司长期不分红，股东能否起诉强制分红？

(2)已有分配利润的股东会决议，但公司未履行分配利润的决议。例如，股东会作出分红决议后，公司能否以经济形势发生变化为由拒绝分红？

(3)股东会作出侵犯股东利益的分配方案的决议，受害股东起诉撤销该决议的。例如，股东会以小股东没有为公司出力，作出决议减少其利润分配的比例等。

下面通过对实践中案例的解读，分析此类纠纷的主流裁判规则和裁判观点。

裁判规则

裁判规则一：公司分配利润需要以股东会形成具体分配方案的决议为前提，对于未提交载明具体分配方案的股东会或者股东大会决议，请求公司分配利润的，除违反法律规定滥用股东权利导致公司不分配利润，给其他股东造成损失的以外，法院不予支持。

案例1　王某来、深圳市昱盛灯饰有限公司公司盈余分配纠纷案

案号：(2019)粤03民终17200号

案情简介

原告王某来以被告深圳市昱盛灯饰有限公司大股东、法定代表人邹某林手书的建议书为由，起诉要求被告深圳市昱盛灯饰有限公司按照建议书的内容进行利润分配，深圳市昱盛灯饰有限公司抗辩建议书约定不符合《公司法》关于利

润分配应由股东会决议的规定,本案争议焦点在于请求利润分配是否符合《公司法》及《最高人民法院关于适用〈中华人民共和国公司法〉若干问题的规定(四)》[以下简称《公司法司法解释(四)》]关于公司利润分配的规定。一审判决驳回王某来要求支付40万元分红款诉请,后原告不服提起上诉。

裁判观点

法院认为:利润分配属公司内部经营事宜,涉及公司股东利益与债权人利益、当前利益与长远利益的平衡,在一般情况下,司法不宜介入,否则将不符合公司自治、股权平等以及债权人利益保护的相关原则。但是,如果大股东滥用股东权利,排挤、压榨小股东,导致股东之间的利益安排严重失衡,且非公司自治所能解决的,则必须通过司法程序予以干预。

对此,《公司法司法解释(四)》第15条明确规定,股东未提交载明具体分配方案的股东会或者股东大会决议,请求公司分配利润的,人民法院应当驳回其诉讼请求,但违反法律规定滥用股东权利导致公司不分配利润,给其他股东造成损失的除外。该司法解释再次确认司法应对利润分配等涉及公司自治范畴的事项保持谦抑,应尽量引导并尊重公司自决。

在本案中,王某来并未提交载明具体分配方案的股东会决议,未提交证据证明其曾提议就利润分配事宜召开股东会并被邹某林拒绝,亦未证明公司确符合分配利润的条件而大股东滥用权利故意不予分配,故认定邹某林滥用股东权利导致公司不分配利润的事实依据不足。同时,王某来、邹某林在二审法庭调查程序中均明确表示愿意召开公司股东会就公司盈余分配事宜作出决议,故仍存在通过召开股东会等公司自治的方式解决利润分配问题的可能性,在此情况下,司法不宜介入公司内部经营事宜。

裁判结果

一审法院判决驳回原告的诉讼请求;二审法院判决原告上诉理由不成立,驳回上诉。

案例2 代某梅与深圳市禾立广告有限公司盈余分配纠纷案

案号:(2015)深福法民二初字第7212号

案情简介

原告代某梅系被告深圳市禾立广告有限公司的股东之一,因被告长期未召开股东会、未进行利润分配,每年由执行董事周某会通过其个人账户将原告"股东红利"转账给原告,原告认为,被告法定代表人的行为足以证明公司股东会已经批准了利润分配方案,要求被告分配利润。

被告抗辩,公司是否对可分配利润进行分配,属于公司自治行为,而公司税后利润应在弥补亏损及依法提取法定公积金、法定公益金后仍有盈余的情况下,才可分配利润,并且是否分配利润及具体分配方案应由股东会审议和批准;本案争议焦点在于请求利润分配是否符合《公司法》及《公司法司法解释(四)》关于公司利润分配的规定。

裁判观点

法院认为,《公司法》第37条第1款第6项规定,股东会行使审议批准公司的利润分配方案和弥补亏损方案。由此可见,分配公司利润的前提是股东会批准,本案中被告未形成过批准分配公司利润的股东会决议,因此,原告要求被告分配利润的法定前提条件尚未成立,其诉讼请求缺乏法律依据,法院不予支持。

至于,原告称被告法定代表人曾以从其个人账户转账的方式分配公司利润,由于分配公司利润应为公司行为,被告法定代表人的个人行为不能代表公司股东会已经批准了利润分配方案,不能对被告产生约束力。原告若认为被告长期不分配利润侵害其股东利益,可以依照公司章程及《公司法》的规定要求被告回购股权。原告提出对被告财务进行审计的申请,因前所述本案中公司利润分配的前提尚不具备,法院对该申请不予准许。

裁判结果

法院判决驳回原告的诉讼请求。

裁判规则二：股东利润分配请求权的基础是取得股东资格，在不存在股东资格时，自然也就不存在利润分配请求权。

案例 肖某红与广州市佰尼可化妆品有限公司公司盈余分配纠纷案

案号：(2014)穗番法民二初字第805号

案情简介

原告肖某红于2010年5月18日入职被告广州市佰尼可化妆品有限公司任职厨师，于2012年1月31日入股款6000元(现金入股)该公司。后每年有股金分红。但该公司自2013年4月开始停发原告的股金分红款项，故请求法院判决被告公司支付拖欠肖某红的2013年4月至2014年9月份的股金分红款3000元，并退回入股股金6000元等。

被告广州市佰尼可化妆品有限公司以超过诉讼时效为由进行抗辩。

本案争议焦点为原告是否存在股东资格。

裁判观点

法院认为：原告交给被告的6000元，被告的收据虽写明为入股金，但另载明退股时只退本金。公司股东退股受法律的严格限制，必须符合《公司法》第7条规定的条件。原告交付的该6000元可以退回，显然并非股东之出资。被告收取原告该6000元后，既没有办理增加注册资本手续，也未修改公司章程、向原告签发出资证明书并将其列入股东名册。显然，原告并未因该6000元而取得被告公司股东的身份。原告主张的出资被告公司并成为被告公司股东的法律关系并不存在,其坚持要求按公司盈余分配纠纷,请求被告分红并退回入股金,法院依法予以驳回。原告交付给被告的6000元名为入股金实为借款,原告不同意本案按借款合同关系处理,原告应另循法律途径解决。

裁判结果

法院判决驳回原告肖某红的诉讼请求。

裁判规则三:原则上利润分配按实缴资本的比例,但全体股东可自由约定利润分配的比例。

案例　陆某彬、广东诺生药业有限公司与陆某周公司盈余分配纠纷案

案号:(2014)穗中法民二终字第930号

案情简介

广东诺生药业有限公司(以下简称诺生公司)成立于2004年3月22日,股东为陆某彬(持股比例:45%)、陆某辉(持股比例:45%)及陆某周(持股比例:10%)三人。2009年10月29日,陆某彬与陆某辉、诺生公司及陆某周签订《分红事项确认书》一份,内容为:"诺生公司由股东陆某彬、陆某周、陆某辉三兄弟共同出资创立,2008年之前公司用于分红的资金一直暂放在陆某辉账户,在三股东确认具体可分数目后由陆某辉按股权比例从陆某辉私人账户支付给陆某彬和陆某周。现陆某彬、陆某周、陆某辉三股东一致同意和确认:1. 由于以上三股东此前出现内部合作纠纷导致应付给陆某彬的2008年1月1日至2009年8月31日的分红款600万元尚未支付到位,该等分红款尚暂时存在陆某辉私人账户中。2. 现公司三股东一致授权资金保管方陆某辉在2009年12月31日前

分三期将上述款项支付给陆某彬：(1)2009 年 10 月 30 日前支付 150 万元；(2)2009 年 11 月 30 日前支付 200 万元；(3)2009 年 12 月 31 日前支付剩余的 250 万元。3. 上述款项支付完毕后，2009 年 8 月 31 日前有关公司分红事项宣告全部完结。特此确认。"陆某彬、陆某辉、陆某周均在该确认书上签名，诺生公司盖章予以确认。陆某彬称上述确认书签订后，共收到款项 3,140,000 元。陆某辉、诺生公司及陆某周确认已经支付了 3,140,000 元。因剩余款项未得清偿，陆某彬遂诉至法院，请求被告公司支付剩余款项。

裁判观点

法院认为，陆某辉与陆某彬及第三人陆某周为诺生公司的发起股东，三股东与诺生公司签订分红确认书，对公司分红事项进行处理，没有违反法律、法规的强制性规定。陆某辉、诺生公司称确认书不是其真实意思表示，但未能提交证据证实其在签订该确认书时存在人身自由受到限制的情形，导致作出了不真实的意思表示。因此，陆某辉、诺生公司关于其在确认书中意思表示不真实的抗辩缺乏证据支持，法院不予采信。至于陆某彬的持股比例、诺生公司的财务和经营状况，与股东之间关于分红款的约定并无直接关联性。

根据《公司法》第 34 条"股东按照实缴的出资比例分取红利；公司新增资本时，股东有权优先按照实缴的出资比例认缴出资。但是，全体股东约定不按照出资比例分取红利或者不按照出资比例优先认缴出资的除外"的规定，股东之间可以自行约定分红比例，股东分红属于公司意思自治的范畴。

在确认书已经对分红的对象及具体金额达成一致意见的情况下，债务人陆某辉、诺生公司依法应按照确认书的约定向陆某彬支付相应的红利及利息。陆某辉、诺生公司拒绝支付红利的抗辩缺乏事实和法律依据，法院不予采纳。

裁判结果

一审法院判决被告陆某辉、诺生公司偿付股权转让金及其逾期付款违约金；二审法院判决驳回上诉，维持原判。

裁判规则四：原告未能举证证明存在“滥用股东权利导致公司不分配利润，给其他股东造成损失”的情形，法院不支持其诉讼请求。

案例 天诚控股（深圳）有限公司与深圳惠星源实业发展有限公司公司盈余分配纠纷案

案号：(2019)粤0304民初16254号

案情简介

原告天诚控股（深圳）有限公司（以下简称天诚公司）与案外人深圳市元明实业有限公司、香港立新实业投资有限公司于1997年共同商定设立合资经营企业惠星源公司，即本案被告。原告出资300万元，占30%股权。1997年3月10日，被告经深圳市政府正式批准设立。1997年3月20日，深圳市工商行政管理局正式核准了被告的登记注册。1997年3月，被告以4,973,640元向深圳坪地实业有限公司购买了福田天安工业区F3.8幢6A/6B房产，建筑面积2288.3平方米。自1998年开始，被告停止全部经营活动，仅保留前述物业用于出租，但出租收益及盈余未向股东披露。根据上述物业所处地段、面积和周边物业租金，被告近10年取得实际盈利至少5000万元。由于被告被法定代表人周立群实际控制，被告取得的盈利从未进行过利润分配。原告天诚公司向法院提出诉讼请求，请求判令被告分配历年累计利润，由被告向原告分配利润1500万元。

裁判观点

法院认为：《公司法司法解释（四）》第15条规定，股东未提交载明具体分配方案的股东会或者股东大会决议，请求公司分配利润的，人民法院应当驳回其诉讼请求，但违反法律规定滥用股东权利导致公司不分配利润，给其他股东造成损失的除外。根据上述规定，有限责任公司是否分配利润以及分配多少利润属公司股东会决策权范畴。

股东虽基于投资关系取得利润分配的期待权,但能否转化为具体的利润分配请求权,取决于公司是否盈利以及股东会是否依法作出分配利润的决议等多项条件。故在股东会作出决议之前,股东并不享有利润分配请求权,股东直接向人民法院起诉请求判令公司向股东分配利润缺乏法律依据。原告提交的章程亦规定未弥补亏损前,不得分配利润;规定分配利润应符合一系列前提条件及提取的比例由董事会确定等,即原告提交的章程并非具体的利润分配方案。公司是否分配利润、如何分配利润,还是要依据公司法、公司章程经公司有权机关作出决议。同时,原告提交的被告所有物业用于出租的现状视频,不足以证明公司有利润且符合利润分配的条件,且未能举证证明存在“滥用股东权利导致公司不分配利润,给其他股东造成损失”的情形。因此,原告请求分配盈余的诉请无法支持。即便双方之间的股东资格确认纠纷案作出对原告有利的判决,仍不影响本案的处理,故法院对被告中止审理的申请,不予批准。

裁判结果

法院判决驳回原告全部诉讼请求。

裁判规则五:公司利润分配方案是公司自治的范畴,司法应对利润分配等涉及公司自治范畴的事项保持谦抑,应尽量引导并尊重公司自决。

案例 安某风与邹某传、山东成武云腾殡仪服务有限公司损害股东利益责任纠纷案

案号:(2018)鲁1723民初1496号

案情简介

被告山东成武云腾殡仪服务有限公司成立于2008年5月5日,法定代表人

为邹某传。公司原有股东二人，注册资本3万元，原股东安某风、邹某传认缴出资额各1.5万元。2011年12月13日邹某传将企业的经营管理权委托给其妹妹邹某萍，2012年1月5日，被告邹某传将企业委托第三人冯某管理、经营。原告认为，公司长期未分配利润，遂提起诉讼，但未提供利润分配的股东会决议。在本案庭审中，原告提供的公司章程不完整，在法庭规定的期限内，仍未提供有效的公司章程。

裁判观点

法院认为：被告邹某传作为公司法定代表人，其将公司委托经营，并不违反法律、法规及公司章程的规定，属于公司正常的经营行为，并无不当，更不能将该行为归属为股东滥用职权行为。原告没有向法庭提供股东邹某传滥用股东权利的证据，也没有提供充足的令人信服的理由，故股东邹某传滥用股东权利本院不予认定。关于公司利润分配，是公司的自治范畴，属于私权利，鉴于原告未提供利润分配的股东会决议，亦未提出明确的利润数额，根据《公司法司法解释（四）》第15条："股东未提交载明具体分配方案的股东会或者股东大会决议，请求公司分配利润的，人民法院应当驳回其诉讼请求，但违反法律规定滥用股东权利导致公司不分配利润，给其他股东造成损失的除外"之规定，原告要求分配利润的主张不予支持。

裁判结果

法院判决驳回原告安某风的诉讼请求。

案例启示

1. 利润分配权请求权是否可以起诉？

从以上案例可以看出，具体利润分配权属于债权，可以直接提起诉讼。只有在股东违反法律规定滥用股东权利导致公司不分配利润，给其他股东造成损失时才能得到法院支持。

2. 公司自治与司法干预如何取舍?

公司作为拟制的商主体,在法律允许的范围内独立进行经营活动,创造利润,是私法自治在商事领域的体现。公司内部的人事任免、利润分配、重大决策等,都由公司自主决定。如果司法权可以轻易干预公司内部的自治活动,干预公司的利润分配活动,将打乱公司长期经营和短期经营的计划,使其无法进行扩大再生产,从而错失更多发展壮大机会。

因此,司法实践中对于利润分配请求也是尊重公司自治,将决定分配利润的权利交由股东会。公司自治对利润分配的情况包括是否进行利润分配、分配的数额、分配的比例、分配的方式等。

但是,如果公司内部滥用资本多数决侵害中小股东的利益,或者长期不分红而侵占、挪用公司资产时,司法权的介入是必要而正当的。

因此,一方面,司法权应审慎地介入;另一方面,司法权有必要为中小股东提供救济途径,在公司自治和保护中小股东权益之间寻求平衡。

3. 股东是否必须按照出资额分配利润?

在注册资本认缴制下,股东可通过认缴来取得股东资格及其股东权益。在涉及分配利润时,可按照实际的出资比例获取红利。而如果全体股东约定不按照出资比例来取得红利的,则按照股东的约定。

4. 完善公司章程自治内容有必要吗?

公司章程是公司意思自治的"大宪章",对公司全体股东具有约束力。《公司法》明确规定了股份有限公司的章程必须载明公司利润分配办法。而利润分配办法对有限责任公司的章程而言则属于任意性规定,实践中大多数有限责任公司章程都套用工商管理部门的模板章程,未进行个性化的约定,因而为以后的纠纷埋下了伏笔。笔者建议有限责任公司在设立时就应当在公司章程中对利润分配办法进行明确约定,这样股东便可以公司章程的约定内容为依据请求公司分配利润,减少不必要的纠纷。

5. 股东协议可以约定利润分配吗?

不同于股份有限公司资合性的特点,有限责任公司具有较强的人合性特点，股东之间往往以通过投资合作协议、股权转让协议等股东协议对双方的权利义务进行约定、对公司事务作出安排。对于股东的利润分配请求权，自然也可以通过合同约定进行明确的安排。

6. 哪些情形会造成无法确认拥有股东资格？

利润分配请求权的基础是拥有股东资格，但实践中会出现股权代持、隐名股东等特殊情况，或者对入股协议、投资合作协议等合同效力存在争议，或者入股后未及时办理工商登记变更、未及时出具股东名册等导致纠纷，在请求利润分配之前可能需要先进行股东资格确认之诉，从而产生诉累。如果法院认定不具备股东资格，则不存在利润分配请求权，导致败诉。

7. 哪些情形会造成无法获得利润分配？

在注册资本认缴制下，股东可通过认缴来取得股东资格及其股东权益。在涉及分配利润时，可按照实际的出资比例获取红利，当然，全体股东也可以约定不按照出资比例来取得红利。但如果股东没有实际出资、出资不到位或者被认定为抽逃出资，则可能无法获得利润分配。

8. 股东会决议的合法性会影响利润分配吗？

利润分配的实施需要通过股东会决议通过利润分配方案，但如果股东会决议的内容违反法律、行政法规，或者会议召集程序、表决方式违反法律、行政法规或者公司章程，或者决议内容违反公司章程的，则可能导致股东会决议不成立、无效、可撤销。例如，公司在未进行缴纳税费、弥补以前年度亏损等情况下作出股东会决议，或者股东会决议通过的利润分配方案侵害了其他股东的合法权益，都有可能因股东会决议不合法影响利润分配方案的效力。因此，在进行利润分配时，应当注意要符合利润分配的实质要件和形式要件。

9. 如何进行股权转让及股权回购？

公司是否进行利润分配，取决于公司经营者对企业发展、经营方针、市场风险的把握，司法权不应过分干预。对于具体利润分配请求权，股东可以提起诉讼要求按股东会通过的利润分配方案进行分配利润。但如果公司迟迟不愿进行利润分配，抽象的利润分配请求权无法转化为具体权利的情况，将会使个别股东陷入“经济监狱”之中，这类股东可以选择将股权进行转让，或者在符合公司连续5年盈利但不向股东分配利润的条件时，依据《公司法》第74条之规定，要求公司回购自身股权。

10. 以损害公司利益责任纠纷主张权利

如果公司长期不予分红，而大股东、控股股东利用担任公司法定代表人、执行董事等职务便利，利用关联关系、巧立名目，转移公司资产，侵害公司利益，间接侵害了股东的利润分配请求权。在这种情况下，连续180日以上单独或者合计持有公司1%以上股份的股东可提起损害公司利益责任纠纷之诉，要求侵害公司利益的股东、高管返还被侵占的公司财产、承担赔偿责任。

第二节　股份转让权

法理解说

一、股份转让权的概念

股份转让权是指公司股东有将自己所持有的出资份额或股份转让给他人的权利。我国公司采取法定资本制，股东在出资后不得抽逃出资或退股，但是为了股东能够实现投资收益或者转移投资风险，公司法允许股东转让其股权或股份。

根据公司类型的不同，股份转让的方式限制也会有所不同，现行《公司法》对有限责任公司使用“股权”，而对股份有限公司则使用“股份”一词，虽然名称不同，但归根结底仍是股东对外转让出资份额或股份的权利。如无特别说明，下文讨论的“股权”或“股份”属于同一事项，不作严格区分。

二、股份转让权的法律性质

首先，股份转让权属于固有权，《公司法》明确规定了股东转让股权或股份的权利，虽对转让方式存在一定的限制，但不可否认转让股权为股东不可剥夺的权利。

其次，股份转让权属于自益权，股东转让自身持有的股权是为了自身的利益，因此属于自益权。

最后，股份转让权属于单独股东权，无论股东持股数量的多寡，都可以由股东一人行使的权利。股份转让权可以由持股股东单独行使，因此属于单独股东权。

三、股份转让的方式

（一）有限责任公司的股权转让

1. 内部转让

有限责任公司的股东之间可以相互转让其全部或者部分股权，但是公司章程可以对股东内部转让股权作出限制。

2. 外部转让

由于股权对外转让的话有可能破坏有限责任公司的人合性，因此公司法对外部转让规定了一些限制条件：

（1）股东向股东以外的人转让股权，应当经其他股东过半数同意。

（2）股东应就其股权转让事项，书面通知其他股东征求同意，其他股东自接到书面通知之日起满 30 日未答复的，视为同意转让。其他股东半数以上不同意转让的，不同意的股东应当购买该转让的股权；不购买的，视为同意转让。

（3）经股东同意转让的股权，在同等条件下，其他股东有优先购买权。有关优先购买权的内容在相关章节专题论述，这里就不详细讨论了。

（二）股份有限公司的股份转让

股份有限公司的股份转让方式因股票的记名与否、公司的上市与否而存在不同。

1. 记名股票的转让

记名股票由股东以背书方式或者法律、行政法规规定的其他方式转让，转让后由公司将受让人的姓名或者名称及住所记载于股东名册。

2. 无记名股票的转让

无记名股票的转让，由股东将该股票交付给受让人后即发生转让的效力。无记名股票属于不要因证券，持有证券即可行使证券权利，占有股票即可视为股东。

3. 上市公司股票的转让

根据《公司法》和《证券法》的规定，上市公司的股票在证券交易所上市交易或者在国务院批准的其他证券交易场所转让。

四、股份转让的限制条件

(一) 对转让场所的限制

上市公司股东转让其股份，应当在依法设立的证券交易场所进行或者按照国务院规定的其他方式进行。"证券交易场所"既包括全国性的证券交易所，也包括地方性的证券交易中心。

(二) 对发起人持有股份转让的限制

股份有限公司的发起人对公司的设立及前期经营有着重要影响。为了防止发起人进行投机活动损害公众利益，法律规定：发起人持有的本公司股份，自公司成立之日起 1 年内不得转让。公司公开发行股份前已发行的股份，自公司股票在证券交易所上市交易之日起 1 年内不得转让。

(三) 对董事、监事、高级管理人员所持股份转让的限制

公司董事、监事、高级管理人员应当向公司申报所持有的本公司的股份及其变动情况，在任职期间每年转让的股份不得超过其所持有本公司股份总数的 25%，所持本公司股份自公司股票上市交易之日起 1 年内不得转让。上述人员离职后半年内，不得转让其所持有的本公司股份。公司章程可以对公司董事、监事、高级管理人员转让其所持有的本公司股份作出其他限制性规定。

这一点主要是为了防止董事、监事、高级管理人员利用优势地位、内幕信息从事股票交易操作股价，损害投资者利益。

(四) 对公司收购自身股份的限制

公司不得收购本公司股份，但存在以下六种情形的除外：

1. 减少公司注册资本；

2. 与持有本公司股份的其他公司合并；

3. 将股份用于员工持股计划或者股权激励；

4. 股东因对股东大会作出的公司合并、分立决议持异议，要求公司收购其股份；

5. 将股份用于转换上市公司发行的可转换为股票的公司债券；

6. 上市公司为维护公司价值及股东权益所必需。

（五）对特定机构及其人员转让股份的限制

为股票发行出具审计报告、资产评估报告或者法律意见书等文件的证券服务机构和人员，由于其工作的特殊性能够接触到公司经营的内部信息，为了防止出现道德风险，法律同样对前述人员转让股份进行了限制。

《证券法》第42条规定：为证券发行出具审计报告或者法律意见书等文件的证券服务机构和人员，在该证券承销期内和期满后六个月内，不得买卖该证券。

除前款规定外，为发行人及其控股股东、实际控制人，或者收购人、重大资产交易方出具审计报告或者法律意见书等文件的证券服务机构和人员，自接受委托之日起至上述文件公开后五日内，不得买卖该证券。实际开展上述有关工作之日早于接受委托之日的，自实际开展上述有关工作之日起至上述文件公开后五日内，不得买卖该证券。

裁判规则

裁判规则一：有限公司的股权转让，股权的出让方与受让方对股权的转让方式及转让价格必须要有合意，没有达成股权转让合意的，出让方应向受让方返还出资款。

案例 潘某与郑某珍合同纠纷案

案号:(2013)杭拱商初字第 110 号

案情简介

2011 年 11 月 9 日,被告郑某珍与洪某凤分别出资 17,400 元、12,600 元设立杭州名易达教育咨询有限公司(以下简称名易达公司),从事学生课外辅导教育工作,注册资本 3 万元,被告与洪某凤的投资比例分别为 58%、42%。2012 年 8 月,被告商请原告潘某加盟名易达公司,欲将洪某凤持有名易达公司 42% 的股权以 6.5 万元的价款转让给原告,并由原告、被告双方共同经营名易达公司。为此,同年 9 月 1 日,原告、被告双方就上述事项签订《合作协议》。次日,原告如约将上述 6.5 万元股权转让价款支付给被告,当月 10 日,原告又将名易达公司租赁经营场所的租金 14,583 元支付给被告。但当月 12 日,被告并未履行上述《合作协议》,而与洪某凤作出决议将洪某凤持有名易达公司 42% 的股权转让给陈某。至此,原告已无法受让名易达公司股东 42% 的股权,并共同经营该公司。为此,原告多次要求被告返还自己支付上述股权转让价款和租金,但被告至今未返还,遂成诉。

裁判观点

法院认为,原告潘某与被告郑某珍于 2012 年 9 月 1 日签订的合作协议约定双方共同出资经营名易达公司,由于名易达公司已于 2013 年 2 月 5 日在工商局办理了注销手续,故双方签订的合作协议应予解除。原告提出其支付的款项系原股东洪某凤的股权转让款,法院认为有限公司的股权转让,股权的出让方与受让方对股权的转让方式及转让的价格必须要有合意。在本案中,原告未提交证据证明名易达公司的 42% 股权的持有人洪某凤与原告潘某之间有转让洪某凤持有股权的合意,故原告潘某提出支付的款项系股权转让款的主张不能成立。由于名易达公司系有两名股东的有限公司，故被告提出双方签订的合作协议实质是合伙协议的主张也不成立。由于该合作协议因公司注销而解除，原告潘某的出资款6.5万元应予返还。

裁判结果

法院判决被告向原告返还出资款6.5万元。

裁判规则二：作为被执行人的公司，财产不足以清偿生效法律文书确定的债务，其股东未依法履行出资义务即转让股权，申请执行人申请变更、追加该原股东或依公司法规定对该出资承担连带责任的发起人为被执行人，在未依法出资的范围内承担责任的，人民法院应予支持。

案例 丁某旺、赛某霞执行异议纠纷案

案号：(2019)黑08民终1012号

案情简介

赛某霞原为恒稻盛公司股东。2015年11月23日，该公司修改章程第7条，将赛某霞认缴出资额由75万元增至2040万元，持股比例为51%，出资时间2017年11月23日前。2017年8月10日，赛某霞将公司股权全部转让给林某玉，林某玉为恒稻盛公司法定代表人，持股比例100%。赛某霞在转让股权时并未实际足额缴纳出资。2018年12月27日，恒稻盛公司债权人丁某旺，以赛某霞系恒稻盛公司原股东，未足额出资为由，申请抚远法院追加赛某霞为被执行人。

裁判观点

法院认为,《最高人民法院关于民事执行中变更、追加当事人若干问题的规定》第19条规定,作为被执行人的公司,财产不足以清偿生效法律文书确定的债务,其股东未依法履行出资义务即转让股权,申请执行人申请变更、追加该原股东或依公司法规定对该出资承担连带责任的发起人为被执行人,在未依法出资的范围内承担责任的,人民法院应予支持。

在本案中,赛某霞作为恒稻盛公司原股东,2015年11月23日修改公司章程第7条,将认缴出资额由75万元增至2040万元,持股比例为51%,在未实际认缴出资情况下,于2017年8月10日将公司全部股权以108万元价格转让给林庆玉。丁某旺作为申请执行人,在恒稻盛公司不能清偿生效法律文书确定的债务的情况下,申请追加赛某霞为被执行人符合上述法律规定,应予支持。

裁判结果

法院判决追加赛某霞为被执行人。

裁判规则三:以担保债权实现为目的的股权转让性质为让与担保,债务人到期未能清偿债务的,债权人可径行取得股权。

案例 修水县巨通投资控股有限公司与福建省稀有稀土(集团)有限公司合同纠纷案

案号:(2018)最高法民终119号

案情简介

2013年,修水县巨通投资控股有限公司(以下简称金属公司)为福建省稀有稀土(集团)有限公司(以下简称投资公司)向信托公司借款提供连带责任保证,投资公司以其所持江西巨通实业有限公司(以下简称实业公司)48%的股权质押给金属公司并办理股权变更登记。2017年,因投资公司逾期未偿,金属公司向信托公司代偿借款本息后,诉请确认投资公司与金属公司所签股权转让协议有效,并确认其持有实业公司48%的股权。

裁判观点

法院认为:在让与担保设定中,被担保债权不以已经存在的现实债权为必要,将来变动中的不特定债权,亦可成为担保对象。金属公司作为投资公司所负借款债务的担保人及反担保权人,对投资公司享有将来债权。案涉股权转让,在转让人和受让人等各方当事人之间已达成合意,符合《公司法》有限公司股权转让条件和程序,并已公示、变更登记至受让人名下,在外观上实现了权利转移。案涉股权虽已变更登记至金属公司名下,但该转让系以担保债权实现为目的,金属公司作为名义上的股权受让人,其权利范围不同于完整意义上的股东权利,受担保目的等诸多限制。本案股权转让协议在转让目的、交易结构及股东权利等方面,均具有不同于单纯股权转让特点,其权利义务内容及实际履行情况,符合让与担保基本架构,系以股权转让方式实现担保债权目的,其性质应认定为股权让与担保。

对让与担保效力违反物权法定原则的质疑,已在物权法定原则立法本意及习惯法层面上得以解释,《最高人民法院关于审理民间借贷案件适用法律若干问题的规定》第24条的规定,即属对让与担保的肯定和承认;而回避流质契约条款可能发生的不当后果,亦可为让与担保实现时清算条款的约定或强制清算义务的设定所避免。至于让与担保是否因当事人具有通谋的虚伪意思表示而无效,应在现行法律规定及当事人意思表示这两个层面来检视。在让与担保中,债务人为担保其债务将担保物权利转移给债权人,使债权人在不超过担保目的范围内取得担保物权利,系出于真正的效果意思而作出的意思表示。尽管其中存在法律手段超越经济目的的问题,但与法律禁止性规定中以虚假意思表示隐藏其他法律行为做法，明显不同，不应因此而无效。

在本案中，股权转让协议约定了转让标的、转让价款、变更登记等事项，实业公司、投资公司均就股权转让事宜作出股东会决议，案涉股权亦办理了变更登记手续，具备股权转让的外在表现形式。投资公司虽举证证明其同意转让案涉股权目的在于提供担保，但此种事实恰恰符合让与担保以转移权利手段实现担保债权目的的基本架构，不构成欠缺效果意思的通谋虚假意思表示，故股权转让协议系各方当事人通过契约方式设定让与担保，形成一种受契约自由原则和担保经济目的双重规范的债权担保关系，不违反法律、行政法规禁止性规定，应为合法有效。

投资公司未能依约清偿债务，不享有解除协议、使目标股权回复至其名下权利。至于评估报告是否依据股权转让协议约定确定评估基准日、是否完整考虑实业公司及其下属公司价值、是否客观体现所涉矿产资源储量，属评估结果及因此而确定的股权转让价款是否公平合理问题。鉴于金属公司在本案中诉请主要为要求确认股权转让协议及其项下股权转让合法有效，其因此享有实业公司48%的股权，投资公司亦未就股权转让价款提出反诉，故该问题不属于本案审理范围，不足以影响金属公司取得实业公司48%的股权。投资公司可就股权转让价款问题另诉处理。

裁判结果

法院判决确认股权转让协议有效。

裁判规则四：一人公司股权转让前债务，原股东不能举证证明出让前公司财产独立于其个人财产的，原股东承担连带清偿责任。

案例 四川省绵阳市龙华薄膜有限公司与广东省东莞市杰美讯能源科技有限公司等买卖合同纠纷案

案号：(2013)东中法民四终字第79号

案情简介

2010年,汪某成立广东省东莞市杰美讯能源科技有限公司(以下简称科技公司)且为该公司唯一股东,由其丈夫徐某负责经营。2012年,汪某将所持科技公司股权转让给他人,并办理了股权变更登记。随后,徐某与汪某离婚。2013年,四川省绵阳市龙华薄膜有限公司(以下简称材料公司)以汪某、徐某经营一人公司期间欠下货款为由,诉请科技公司、徐某及汪某连带清偿。

裁判观点

法院认为:一人公司系有限责任公司特殊类型。依《公司法》第63条的规定,除非一人有限责任公司股东举证证明公司财产独立于股东个人财产,否则即应对公司债务承担连带责任,即对一人公司实行“法人人格滥用推定”原则,由股东自负举证责任。一人公司股东转让股权后,债权人要求原股东对一人公司债务承担连带清偿责任,应同时满足以下要件。一是债务应发生于原股东出让一人公司股权前,债权人追索债务须发生于原股东经营一人公司期间。对于一人公司股东变更后发生的债务,原股东不负有清偿责任,债权人应向公司及其新股东主张债权。二是原股东不能证明经营期间公司财产与其个人财产相独立。一人公司原股东应就股权出让前其个人财产未与公司财产发生混同事实承担举证责任,否则,应推定一人公司原股东存在滥用公司法人人格行为,判令其对公司债务承担连带责任。

在本案中,科技公司是一人公司,汪某在涉案期间系科技公司股东,其未能证明在涉案交易期间科技公司财产独立于其个人财产。同时,涉案债务发生于徐某与汪某婚姻关系存续期间,应按夫妻共同债务处理。

裁判结果

法院判决科技公司支付材料公司货款，徐某、汪某承担连带清偿责任。[1]

裁判规则五：公司为股权唯一受让方支付股权转让款提供保证，会实际造成公司资本不当减少、损害公司债权人利益，应无效。

案例 王某青等诉庄某思等股权转让纠纷案

案号：(2017)闽0521民初9673号

案情简介

2014年，王某青与庄某思签订股权转让协议，约定王某青将所持设备公司100%股权作价1200万元转让给庄某思。2015年，设备公司法定代表人及股东变更为庄某思后，设备公司在上述股权转让协议上盖章，对协议履行情况进行担保。2017年，因庄某思拖欠支付150万元转让款，王某青诉求庄某及设备公司连带清偿。

裁判观点

法院认为：《公司法》第16条第2款规定，公司为股东或者实际控制人提供担保的，必须经股东会或股东大会决议。第3款规定，前款规定的股东或者受前款规定的实际控制人支配的股东，不得参加前款规定事项的表决。在本案中，王某青通过签订股权转让协议将公司股权转让给庄某，设备公司办理工商变更登记手续后在股权转让协议上盖章对股权转让进行担保。依《公司法》第

---

〔1〕 参见何飞：《一人公司股权转让不免除原股东对公司债务的责任——广东东莞中院判决龙华公司诉杰美讯公司等买卖合同纠纷案》，载《人民法院报·案例精选》2014年4月10日，第6版。

16条规定,庄某思作为公司变更后法定代表人及公司股权转让唯一受让方,对该担保事项无表决权,而工商登记载明的另一个投资人并非股权转让协议载明的受让方,本案中为公司股权转让的受让方支付股权转让款提供担保并不存在有表决权股东,故《公司法》第16条在本案中不能适用。

从资本维持原则出发,《公司法》禁止公司回购本公司股份。公司存续期间应维持与其注册资本相当资本,以达到保护债权人利益和社会交易安全。在本案中,王某青主张设备公司为庄某思支付股权转让剩余款项150万元承担担保责任,则无异于以公司资产为股权转让买单,违反资本维持原则基本要求。公司资产为公司所有债权人债权一般担保,《公司法》规定股东须向公司缴纳其认缴的注册资本金数额,公司须在登记机关将注册资本金及股东认缴情况公示,在未经注册资本金变动及公示程序情形,公司现股东不得以任何形式用公司资产清偿其债务,否则构成实质上返还其投资。设备公司在本案中的保证行为虽非直接抽逃出资,但会实际造成公司资本不当减少,将损害公司及债权人合法权益,应予否定评价。

裁判结果

法院判决庄某思偿付王某股权转让款150万元及逾期付款利息损失。

裁判规则六:股东在担任法定代表人期间以公司名义擅自对外提供巨额担保,在内部转让股权时未披露该事实,应认定为欺诈。

案例 张某与李某股权转让纠纷案

案号:(2017)京02民终10153号

案情简介

2014年,张某将所持开发公司股权作价896万元转让给另一股东李某,并收取前期400万元,随后办理将法定代表人由张某变更为李某的工商变更登记手续,但双方未办理股权变更登记。2016年,李某发现张某在担任开发公司法定代表人期间曾以开发公司名义为其子所欠他人500万元借款提供担保,该担保未经召开股东会决议,直接由张某出具协议并加盖了开发公司公章。李某遂以张某在股权转让中存在欺诈为由,诉请撤销股权转让协议并返还股权转让款。

裁判观点

法院认为:《合同法》(已废止)第42条[1]规定,当事人在订立合同过程中,故意隐瞒与订立合同有关的重要事实或提供虚假情况,给对方造成损失的,应承担损害赔偿责任。因此,合同订立过程中信息披露义务属法定先合同义务。具体到股权转让中,股权转让标的虽为目标公司股权,但股权作为一种具有财产价值的权利,其交易价格主要取决于目标公司经营状况,故出让股东依法负有相应信息披露义务。

股东在转让股权时,首先应披露与股权直接相关信息,如股权份额、登记状况、有无抵押、实缴出资情况等。除此之外,股东是否负有其他信息披露义务,应根据股东股权份额、任职情形等具体案情判断。中小股东一般不参与公司经营管理,缺乏对公司重要信息的了解途径,无义务向受让股东提供与公司有关信息。对于大股东或实际控制公司股东,由于其参与公司经营管理,了解公司相关信息,应认定其负有相关披露义务。如当事人对披露义务作出特别约定,或根据案件情况可得出当事人默示存在该约定的,应按约定执行。

《最高人民法院关于贯彻执行〈民法通则〉若干问题的意见(试行)》(已废止)第68条[2]规定,一方当事人故意告知对方虚假情况,或者故意隐瞒真实情况,诱使对方当事人作出错误意思表示的,可以认定为欺诈行为。在本案中,张某作为公司股东,在担任法定代表人期间,擅自以公司名义对外作出担保,而作

---

〔1〕 2020年《民法典》已修改为第500条。

〔2〕 2020年《民法典》已修改为第148条、第150条。

为股东的李某对此并不知情。在内部转让股权时,公司经营者状况尤其是负债情况对李某作出股权受让决定具有重要影响。张某有能力、有义务披露该担保情况,却未向李某告知该事实,属于故意隐瞒真实情况。李某基于公司不存在巨额对外担保认识以896万元价格签订股东转让协议,该后果与张某不履行披露义务之间存在因果关系,构成欺诈。

裁判结果

法院判决撤销股权转让协议,张某返还李某股权转让款。

案例启示

一、对股权转让方的启示

股权转让方决定对外出让股权时,应当依据公司法和公司章程规定的程序,书面通知公司其他股东征求同意,在同等条件下其他股东具有优先购买权,同时,公司内部应进行相应的决议程序。股权转让合同签订时,应当遵守诚实信用原则,真实、全面、完整地披露自身的出资信息以及标的公司的经营情况、财产状况、债权债务情况。股权转让工商登记备案时,为避免日后的争议和纠纷,应当将真实的股权转让合同予以备案。特别应当注意的是,转让方需要按"财产转让所得"计征个人所得税。

二、对股权受让方的启示

股权受让方在受让股权前,应对股权转让方的持股数额、是否出资到位、股权工商登记信息、是否存在权益纠纷,以及标的公司的公司章程、资产、负债及或有债务等情况进行充分调查、了解。在条件允许的情况下,应尽量聘请律师和会计师等专业人士和专业机构开展完整详细的尽职调查,对拟交易的股权聘请专业机构进行价值评估。在股权转让合同中,应聘请专业律师对标的股权的数量、定价方式(预约定价+价格调整机制)、支付、交割、承诺与保证义务、信息披露义务、过渡期、违约责任、协议的解除等事宜进行详尽的约定。在合同履行过程中,应督促、要求转让方提供其他股东同意股权转让及放弃优先购买权的文书证据,依照合同约定时间、方式及时支付股权转让款后,注意保留付款凭证。

三、股权转让司法实践中常见纠纷典型

(一)股权转让交易主体引发的纠纷

1. 隐名或名义股东转让股权出现的纠纷

当前不少公司存在隐名投资的情况,公司的实际出资人是隐名股东,未实际出资但记载在股东名册、出资证明书、登记账簿上的是显名股东,也称名义股东。在实践中,因隐名或名义股东对外进行股权转让而引发的内部诉讼及其与外部第三人之间的诉讼都不在少数。

(1)隐名股东转让股权。尽管隐名股东系股权的真正享有人,但股权并未登记在其名下,其持有的股权要进行转让无疑需要名义股东的配合。一旦名义股东不同意转让或拒绝予以配合,就会产生纠纷。

(2)名义股东转让股权。名义股东是股权的名义持有人,股权系登记在其名下,当名义股东未经隐名股东同意向善意第三人转让股权时,基于善意取得制度,隐名股东的股权难以得到保护。与起诉要求名义股东和第三人返还股权相比,对隐名股东来讲,更为可行的救济方式是要求名义股东赔偿其转让隐名股东的股权给隐名股东所造成的损失。

2. 未出资到位的股东转让股权出现的纠纷

股东未出资到位包括未出资、出资不实以及抽逃出资等情形。股东未出资到位,并不影响股权的设立和享有,未出资到位的股权仍然是可以转让的。但是在未出资到位股东转让股权时,往往容易出现股权受让方以欺诈或显失公平为由,请求法院确认股权转让协议无效,或者请求撤销转让协议,同时拒绝支付股权转让款或请求调整减少股权转让价款。另一种常见的诉讼是公司或债权人提起的,通常是以股权转让双方为共同被告,要求一方补足出资、消除股权瑕疵,另一方承担连带责任。

3. 共有股东单方转让股权引发的纠纷

共有股东,是指两个或两个以上的股东基于法律规定的婚姻、继承等法律关系而共有同一股权。在实践中,有的股权共有人对外转让股权时,出于恶意刻意向其他股权共有人隐瞒转让事实,造成其他股权共有人起诉要求确认股权转让合同无效,撤销股权变更登记。

(二)股权转让合同存在问题引发的纠纷

1. 股权转让“阴阳合同”造成各执一词

在实践中,出于避税、掩盖公司资产实际情况或基于其他各种原因,在股权转让时,双方往往会签订两份股权转让合同:一份是按公司注册资金确定股权转让金额的“阳合同”,一份是按照公司实际资产情况确认股权转让价款的“阴合同”。在办理股权转让登记手续时,向工商登记机关提交的就是那份“阳合同”。而一旦发生纠纷,当事人往往各执一词,主张应该履行对自己有利的那份股权转让合同,造成审理的困难。

2. 转让标的混淆了“资产转让”与“股权转让”引发纠纷

股权转让对应的是标的公司无形的股权,而资产转让对应的是标的公司有形的资产,两者不能等同。但在实践中,股权转让合同往往对转让标的的约定混淆了“资产转让”与“股权转让”,仅笼统约定“整体转让公司”“转让公司全部财产”,导致双方对转让的究竟是公司股权还是公司资产意见不一,进而对于因资产减少、价值下降等导致的股权价值下降是否应赔偿损失产生争议。

3. 对支付款项的性质约定不明造成的纠纷

在有的案件中,当事人未通过书面合同对约定投资、交付的钱款性质进行约定,从而引发双方对于钱款是股权转让款,或是股权增资款,抑或是给公司的借款产生争议,因而造成纠纷。

4. 对变更工商登记约定不明造成纠纷

在有的案件中,当事人受让公司股权时,未约定变更工商登记,公司或大股东(转让方)为避免烦琐的工商变更手续,仅让受让股东成为隐名股东,导致受让股东心理预期落空,因而提起诉讼要求确权或退回投资款。

5. 转让的股权价值缺乏产权评估造成的纠纷

我国目前仅对国有资产转让的价值评估作出了要求。根据相关规定,国有股权转让需经过三道程序:(1)决策、审批程序,即需报请本级人民政府批准;(2)评估、定价程序,即选择委托有资质的评估机构对股权价值进行审计评估,作为确定转让价格的依据;(3)进场交易、公开竞价程序,即股权的转让应当在依法设立的省级以上产权交易机构公开进行,并采用拍卖等公开竞价的交易方式。上述三道程序属于国家基于保护国有资产的交易价值而设立的强制性规定,违反则可能导致转让交易无效。

对私有性质所有权的产权交易,国家并未规定强制性的价值评估。实践中当事人在进行转让股权时,很少会对股权价值作出专项评估审计,一旦出现股权价值明显升值或者缩水,极易出现一方反悔交易,要求解除或变更协议引发纠纷的情形。

6. 或有债务引发的纠纷

公司的债权债务情况是决定股权交易价格的重要因素。除了正规的收购并购业务进行收购前的法律财务尽职调查外,在大部分的股权转让中,受让股东在进入公司前往往出于对转让股东的信任,根据转让方或公司披露的企业资产、债权债务情况等了解公司财务状况,且没有专业的熟悉并购的律师出具股权转让合同。其结果往往会出现,股权转让交易完成后,受让股东进入公司,才发现转让股东或公司并未真实披露公司的财产状况,有的隐瞒了公司债务,导致其受让的股权实际价值大幅缩水,于是提起股权价值贬损的赔偿诉讼。

(三)股权转让合同履行中发生的纠纷

1. 侵犯其他股东优先购买权引发的纠纷

基于有限公司的人合性特征,我国《公司法》第71条第2款规定,股东向股东以外的人转让股权的,必须事先就其股权转让事项书面通知其他股东征求同意。在转让价格等条件相同的情况下,其他股东享有优先购买权。股东优先购买权是《公司法》赋予股东的法定权利,未经股东同意不得随意剥夺。在实践中,有的当事人对外转让股权时未遵守公司法的规定,没有按照法定程序通知其他股东，导致其他股东对此提出异议，股权转让交易因程序瑕疵出现纠纷。

2. 股权转让协议违反公司章程规定造成的纠纷

公司章程作为公司自治的“最高宪章”，有权对公司股东对外转让股权进行更为严格或者宽松的实体或程序条款设计，只要不是实质剥夺了股东的股权转让权，公司章程的这类规定应属有效，《公司法》第71条亦赋予了公司章程的此种权利。在实践中，有的股东在对外转让股权时，由于没有遵守公司章程的相关规定，导致对股权转让的效力问题发生纠纷。

3. 因股权变更的内外部登记发生的纠纷

公司股权转让后，股东的名称或出资额等将发生变更，对此，对内应由公司进行公司章程、股东名册等的变更登记，对外应由工商管理部门进行股东信息、公司章程等事项的工商变更登记。

近年来，股权转让纠纷案件中涉及股权转让后变更公司内外部登记的问题较为突出，主要包括以下几种情形：

(1)股权转让后未办理内外部变更登记，导致受让股东主张股东权利时受到影响，受让股东起诉要求办理登记或要求确权、赔偿；

(2)使用伪造其他股东签名的股东会决议、股权转让协议、公司章程修正案等文件进行变更登记，导致其他股东以签名虚假为由，申请确认转让无效；

(3)工商登记信息不实、不完备，引发股东资格和持股比例确认纠纷；

(4)名义股东和隐名股东围绕股权转让交易的效力发生争议。

4. 产权交易平台的交易规则和履行职责存在不当引起的纠纷

我国的股权产权交易市场起步较晚，各类产权交易机构在交易规则的制定和平台职责的履行方面仍存在欠缺和不完善的地方。在有的产权转让挂牌信息公告中，对交易的方式、条件及保证金的缴纳、扣留程序等缺乏明确规定；有的交易平台公告的交易规则超出法定授权范围，侵害了交易主体的法定权利；还有的产权交易平台未尽到必要的审核、说明和告知等义务，被交易主体起诉要求承担损害赔偿责任等。

第三节 股东优先购买权

法理解说

一、股东优先购买权的含义

股东优先购买权,是指股权出让人以外的股东,享有在同等条件下优先购买出让的股权的权利。[1] 股东优先购买权是有限责任公司股东的独有权利,其制度设计是对股权转让股东、优先购买权股东、受让第三人三者利益的平衡。《公司法》第71条明确规定了股东的股权优先购买权。

二、股东优先购买权的性质

股东优先购买权的法律性质有三种主流学说:期待权说、请求权说和形成权说。

持期待权说观点的学者认为,股东优先购买权,在未存在股东对外转让股权这一事件发生之前,这个权利是处于不确定的状态的,因此,股东优先购买权的法律性质为期待权。[2]

持请求权说观点的学者认为,公司其他股东可以在同等条件下优先于第三人主张购买股权,这种效力相当于发出了要约的意思表示,股权转让合同的成立还需要转让股东的同意,因此,股东优先购买权的法律性质为请求权。[3]

持形成权说的观点的学者则认为,当存在股权转让股东对外进行股权转让时,只要优先购买权股东单方面主张优先购买,就在二者之间以转让股东和拟

[1] 参见赵旭东主编:《公司法》(第3版),中国政法大学出版社2018年版,第185页。

[2] 参见于午丁、王宏:《有限责任公司股东优先购买权法律性质刍议》,载《吉林省经济管理干部学院学报》2010年第1期。

[3] 参见王利明:《民商法研究》(第5辑),法律出版社2001年版,第389页。

受让第三人形成的转让协议主要条款为同等条件，形成新的股权转让合同。[1]因此，股东优先购买权的性质为形成权。

在这几种观点中，请求权说和形成权说从意思表示、要约承诺达成合意的角度解释优先购买权，更符合实践的理解和应用，在目前实践中以形成权说为主流的观点。

三、股东优先购买权的行权要件

股东优先购买权的行使主要有两个构成要件，包括行使的实质性要件和行使的程序性要件。[2]

实质性要件为"同等条件"，即公司其他股东行权的前提必须是在转让股东和外部第三人同等的股权转让条件下，具有优先购买权的股东比外部第三人转让条件达到同等条件或者更优，"同等条件"具体应当考虑转让股权的数量、价格、支付方式及期限等因素。

特别是"同等条件"还应当包括外部第三人的信息，因为如果"同等条件"不包括外部第三人的信息，那么其他股东很难确定是否行使优先购买权。基于有限责任公司具有人合性和封闭性的特征，无论其他股东还是标的公司，都不愿意让在行业内声名狼藉或者诉讼缠身、资信存疑等负面资质的股东进入公司，因此，转让股东在通知其他股东同意其对外转让股权时，除了通知转让股权的数量、价格、支付方式及期限等，还应当通知拟受让的外部第三人的相关信息。

学术界的主流观点认为，股东优先购买权属于形成权，只要优先购买权股东单方面主张优先购买，就在二者之间以转让股东和拟受让第三人形成的转让协议主要条款为同等条件，形成了一份新的股权转让合同。如果不存在转让股东与外部第三人达成股权转让的合意，也就不存在构成股权转让的要约与承

[1] 参见叶林、辛汀芷：《关于股权优先购买权的案例评述——北京新奥特集团等诉华融公司股权转让合同纠纷案》，载王利民主编：《判解研究》(2006年第3辑)，人民法院出版社2006年版。

[2] 参见刘玉青：《股东优先购买权行使问题研究——以司法适用为视角》，河北大学2019年硕士学位论文。

诺,那么也就不能达到股东优先购买权的行使条件。司法实践的判例也同样支持这一观点。

程序性要件是指转让股东履行"通知义务",其他股东表示同意。《公司法》及其司法解释规定,股东对外转让股权须经公司其他股东过半数同意,不同意对外转让又不行使优先购买权的,视为股东同意对外转让。"通知义务"的履行决定了其他股东能否顺利行使优先购买权,转让股东应当以书面方式通知公司其他股东拟转让股权的数量、价格、支付方式、期限以及拟受让的外部第三人的相关信息等。

四、股东优先购买权的立法价值

立法设立股东优先购买权,首要目的是对有限责任公司人合性的保护。一个公司的几个股东之所以一起成立公司,一方面是因为股东间相互了解,彼此间存在信赖关系;另一方面也是因为各股东对投资经营理念和营销策略存在共识,因此,相较于股份有限公司,有限责任公司具有更强烈的人合性特征。公司内部股东的稳定对于维持和促进公司发展具有重要意义,而如果新老股东之间缺乏沟通和了解,就贸然引入新的股东,一旦新股东不认可原股东的经营方针策略,就可能造成公司管理层隔阂,不利于公司的经营决策,严重的更可能造成股东之间产生矛盾、形成公司决策僵局。赋予公司股东优先购买权,可以更大限度地保护公司的人合性,从而维护公司股权及经营管理结构的稳定。

此外,股东优先购买权的行使还可以提高股权转让的效率。有效的通知,可以节省股权流转的磋商成本,加快股权转让的程序运作,避免耗费无意义的时间和精力,从而节约商事活动的成本,也有利于平衡各方利益,保障商事交易的安全性。

五、优先购买权的行使条件

《公司法》第 71 条规定的优先购买权,指的是完整行使的优先购买权。但对于这种优先购买权是否包括部分行使优先购买权,在实践中有不同的观点。

有些学者提出优先购买权应当可以部分行使,他们的理由有如下几点:首先,从法律规定来看,《公司法》规定了股东的优先购买权,但并未禁止股东部分行使优先购买权,法不禁止即自由,便为可行;其次,有限责任公司股东的出资是可分物,法律允许对其分割,因此应当可以部分转让;最后,从立法本意来看,有限责任公司兼具资合与人合的性质,《公司法》之所以规定股东享有优先购买权,目的是使股东可以通过优先购买权的行使,实现对公司的控制权,维护其既得利益。从这个角度看,只要股东能够实现其目的,实现对公司的控制,应当允许其部分行使优先购买权。

与之不同的观点认为,应当具体问题具体分析。在股东转让其出资时,其他股东是否能够部分行使优先购买权,应当取决于转让出资的股东。如果在转让出资的股东同意部分转让的情况下,其他股东则可以部分行使优先购买权,但是如果转让出资的股东只同意转让全部出资,那么其他股东就不能够部分行使优先购买权。原因很简单:

首先,转让出资是股东的权利,在符合法律规定的条件下,是否转让部分出资只能由转让出资的股东决定,法不禁止即自由的解释规则不适用于这种情况。

其次,《公司法》规定了其他股东的优先购买权,其目的不仅仅是保护其他股东的合法权益,同样也是保护转让出资股东的合法权益。股权转让行为是基于双方当事人意思表示一致而成立的法律行为,必须由转让人和受让人双方就转让的出资、数量、价格和交付期限等主要条款达成协议才能成立。如果未经转让出资的股东同意,其他股东就能部分行使优先购买权,就与民法平等自愿的基本原则相悖了。

最后,在《公司法》无特别规定的情况下,应当适用其他相关法律的规定。从民法的角度来看,转让出资的行为是一种交易行为,属于合同范畴。就股东转让出资而言,其提出转让全部出资或者部分出资的行为符合要约的要件,是要约,其他股东或者其他股东以外的人同意要约人的行为也符合承诺的要件,是承诺。但是如果其他股东只同意购买部分股份,这种行为不构成承诺,而是一种新要约或者说反要约。客观来看,主张其他股东可以部分行使优先购买权在实践中较难操作。如果转让方坚持要完整地转让股权,就很可能造成股权转让无法继续进行,使股权转让陷入僵局。

数据分析

在“无讼案例”以“侵害”“优先购买权”为关键词,对“股权转让纠纷”“公司决议纠纷”两个案由的案例进行大数据检索,得到相关数据及分析如图 2 –6 所示:

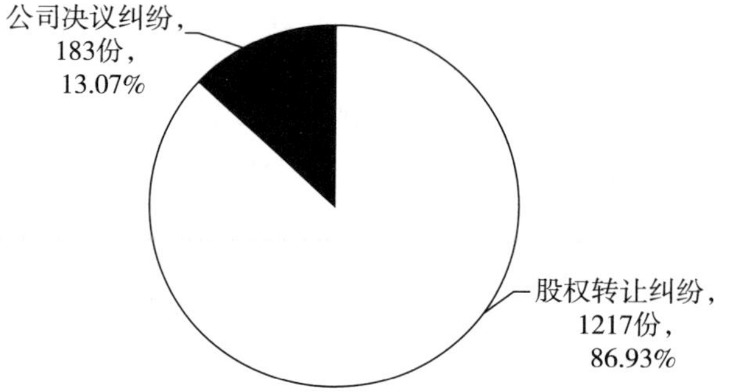

图 2 –6 侵害优先购买权诉讼案由占比分析

对以上两个案由的案件进行检索,共检索出裁判文书 1400 份,其中“股权转让纠纷”的裁判文书共 1217 份,“公司决议纠纷”的裁判文书共 183 份;股东认为优先购买权被侵害时大多数以“股权转让纠纷”作为案由起诉,也有部分是公司以决议的方式作出侵害股东优先购买权的案件。

按照裁判文书类别进行检索,得到数据如图 2 –7 所示:

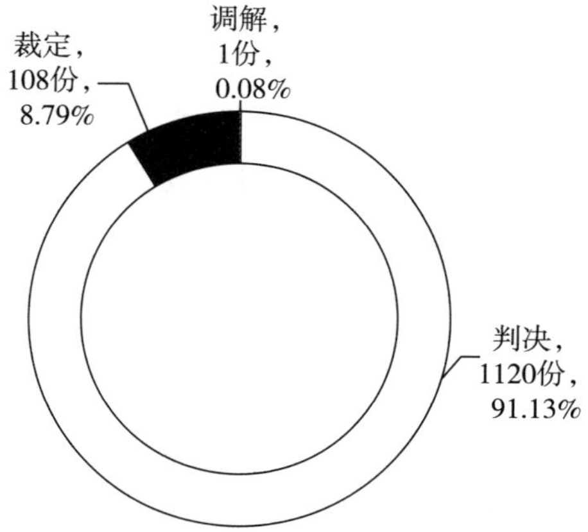

图 2 –7 侵害优先购买权诉讼裁判文书类别占比分析

根据图 2 – 7 所示，判决书占全部裁判文书的绝大多数，占比高达 91.13%；其次是裁定书，占全部裁判文书的 8.79%；最后是调解书，占全部裁判文书的 0.08%，但鉴于调解结案的裁判文书不在网上公开，实践中的调解案件数量应该远远超过本数。

按法院的审理层级进行统计，在上述 5224 份裁判文书中，各级法院审理案件的比例如图 2 – 8 所示：

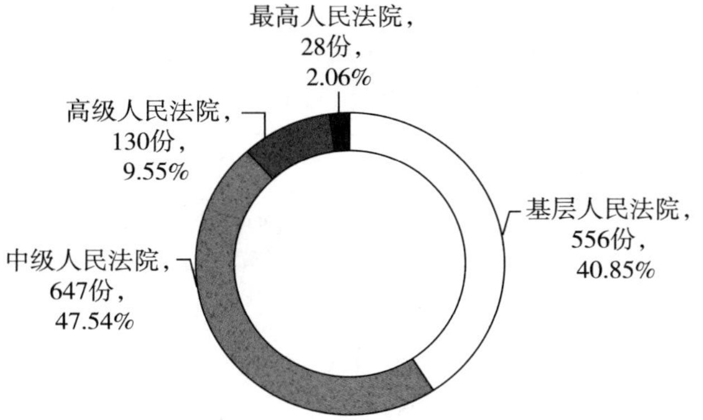

图 2 – 8　侵害优先购买权诉讼审理层级占比分析

如图 2 – 8 所示，审理与“优先购买权”纠纷有关案件最多的是中级人民法院，占全部案件的 47.54%；其次为基层人民法院，占比为 40.85%；再次为高级人民法院，占比为 9.55%；最后为最高人民法院，仅占 2.06%。

按从审判程序作为分类进行统计，在上述裁判文书中，各级审判程序案件的比例如图 2 – 9 所示：

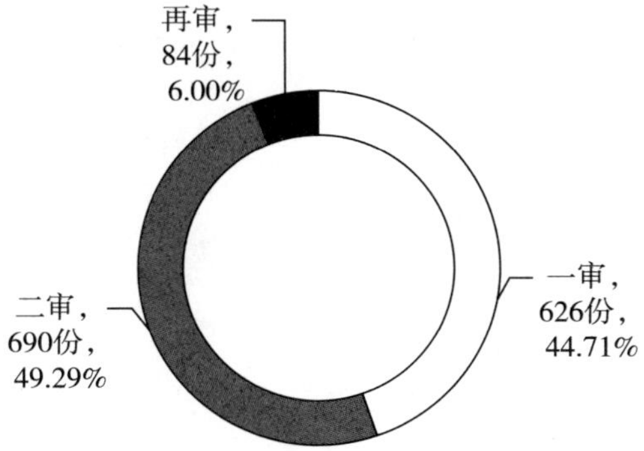

图 2 – 9　侵害优先购买权诉讼审理程序占比分析

如图 2 – 9 所示，二审案件数量最多，占全部案件的 49. 29% ，其次是一审案件，占全部案件数量的 44. 71% ，再审数量最少，仅占全部案件的 6% 。

二审案件数量超过一审案件，说明“优先购买权”纠纷的案件上诉率颇高，与前述各级法院审理案件的中级人民法院审理案件最多相互印证，反映出股东对于维护公司人合性的重视。

按照裁判年份来统计，与“优先购买权”纠纷案件的裁判年份分布如图 2 – 10 所示：

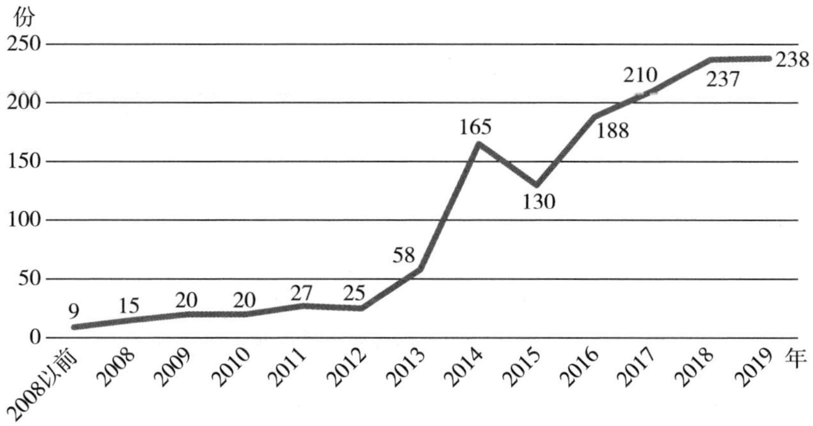

图 2 – 10　侵害优先购买权诉讼历年趋势

由于 2013 年以前尚未进行裁判文书的网上公开，其数据可能会偏低，但从 2013 年及以后年份的情况来看，与“优先购买权”有关的纠纷案件除了 2015 年时略有下降以外，其他年份存在逐年增加趋势。

按省级行政区域划分，案件数量逐年增加排名前九的省级行政区如图 2 – 11 所示：

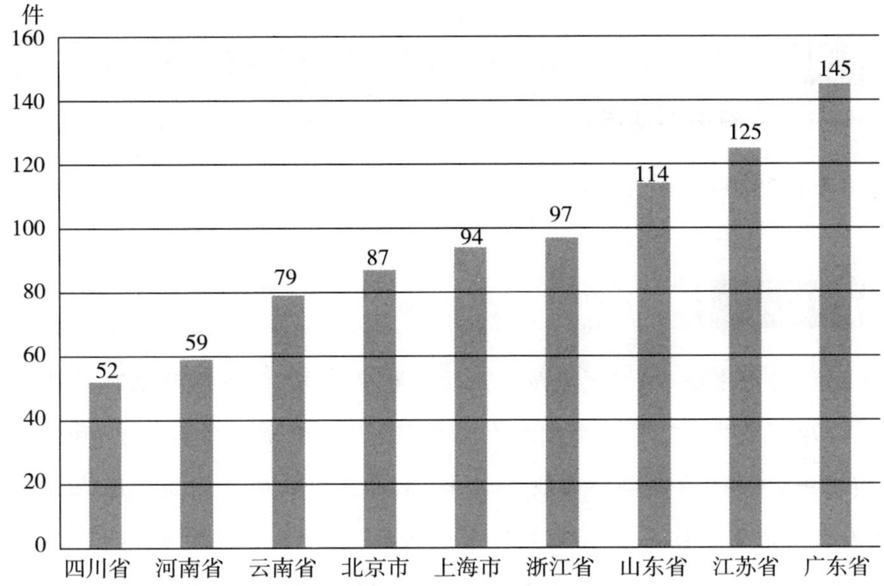

图 2 -11　侵害优先购买权诉讼区域分布

如图 2 -11 所示，数量最多的前五个省级行政区域分别是广东省、江苏省、山东省、浙江省、上海市，均处于沿海经济发达的地区。

根据上述大数据检索，侵害优先购买权的方式包括未履行有效通知、以高低不同的价格转让股权，或者以股东会决议的方式剥夺股东的优先购买权，下面将以案例分析的形式，详细解析实践中侵犯优先购买权的典型案例。

裁判规则

裁判规则一：股东对外转让股权时，通知并不限于一次，通知的方式既包括书面，也包括其他能够确认收悉的合理方式，通知内容应该包括同等条件的情况，如果与外部第三人的股权转让条件发生变化的，应该再次履行通知义务。

案例 广州金旸企业管理有限公司、广州君源置业有限公司与公司有关的纠纷案

案号:(2020)粤01民终883号

案情简介

上诉人(原审原告)广州金旸企业管理有限公司(以下简称金旸公司)将被上诉人(原审被告)广州君源置业有限公司(以下简称君源公司)与被上诉人(原审被告)王某(为被告公司股东之一)上诉至广东省广州市中级人民法院,上诉人认为未收到被上诉人王某的有效通知,未知晓王某转让股权的同等条件,王某即对外将持有的被上诉人君源公司51%的股权以2550万元(实收不含税)的价格转让给原审第三人玉溪市祥瑞房地产开发有限公司,将持有的被上诉人君源公司39%的股权以1950万元(不含税)的价格转让给原审第三人泉州市豪佳贸易有限责任公司,侵害上诉人股东优先购买权。

裁判观点

广州市海珠区人民法院认为,根据被告提供的证据,被告个人已通过邮寄方式向原告履行了通知义务,结合原告、被告双方过往的邮寄往来情况,被告向原告履行通知义务达到了高度盖然性标准,一审驳回原告起诉。原告不服提起上诉。

广州市中级人民法院认为:根据《公司法》第71条第2款、第3款的规定,有限责任公司的股东对公司其他股东的股权享有在同等条件下的优先购买权。该规定以维持有限责任公司的人合性为目的,同时兼顾保障股权的合法正常流通,合理平衡转让股东、公司其他股东和外部受让人三方之间的利益。各方均应遵循诚实信用原则,而不能滥用自己的权利。判断金旸公司的股东优先购买权是否受到了侵害,应审查股权转让方被告是否履行了通知义务,金旸公司购

买涉案股权的条件是否与外部受让人的条件同等，金旸公司是否在合理期限内行使了优先购买权。

首先，根据《公司法司法解释（四）》第17条的规定，转让股东对外转让股权时，对其他股东的通知并不限于一次，通知的方式既包括书面，也包括其他能够确认收悉的合理方式。在本案中，君源公司先后两次向原告发出《关于召开临时股东会的通知》，通知载明了股权转让份额和外部受让人。金旸公司按通知要求参加了于2018年8月20日召开的临时股东会，因此，王某履行了第一次股权转让通知义务。但因该次通知未列明股东转让的同等条件，故金旸公司无法行使优先购买权。后来，君源公司再次向原告邮寄《关于召开临时股东会的通知》，该通知载明了附件含有《股权转让协议》。金旸公司确认收到该通知，不确认收到《股权转让协议》。但根据法院查明的事实，金旸公司未提供证据证明至本案一审诉讼前，其有向君源公司或王某主张过未收到《股权转让协议》或索要该协议。因此，金旸公司称该通知中未含该协议，不符合常理，抗辩不成立。

其次，根据《公司法司法解释（四）》第18条的规定，人民法院在判断股东转让的同等条件时，应当考虑转让股权的数量、价格、支付方式及期限等因素。在本案中，在工商部门备案的《股权转让合同》与君源公司邮寄的《股权转让协议》在形式上存在差异，王某和君源公司对此解释为"备案合同是工商部门规定的统一合同范本"，并提供了空白范本予以佐证。同时，备案的《股权转让合同》与君源公司邮寄的《股权转让协议》在转让股权的数量、价格和支付方式方面均相吻合。且在支付期限方面，备案合同约定的实际是在合同签订后1个月内支付，相较于《股权转让协议》更加严苛。金旸公司主张被告要求股权转让资金50%为自有资金，但该协议并未排除向金融机构或个人融资的方式，只是要求出示相应文件。因此，法院认定两者转让条件属于同等。

最后，根据《公司法司法解释（四）》第21条的规定，有限责任公司的股东向股东以外的人转让股权，未就其股权转让事项征求其他股东意见的，其他股东主张优先购买权的，人民法院应予支持，但其他股东自知道或者应当知道行使优先购买权的同等条件之日起30日内没有主张，或者自股权变更登记之日起超过1年的除外。该期间属于不变期间，不适用中止、中断和延长的规定。在本案中，即使按照金旸公司的主张，王某未将股权转让的同等条件通知原告，但金旸公司最迟已在2019年3月18日从工商部门复印的档案资料中知悉了涉案股权转让的全部条件，金旸公司未提供充分的证据证明其已在30日内向王某要求按照同等条件行使优先购买权，故金旸公司在本案中诉请按照王某与案外人签订的股权转让合同的条件购买相应股份，缺乏事实和法律依据，法院不予支持。

裁判结果

一审法院判决驳回金旸公司全部诉讼请求；二审法院判决驳回金旸公司的上诉请求。

裁判规则二：股东行使股权优先购买权，须以转让股东与外部第三人达成股权转让的合意为前提，具体内容应包括价款数额、付款时间、付款方式、受让人等，如转让股东仅是有对外转让的意向，而尚未与外部第三人达成股权转让的具体协议，则其他股东无法行使优先购买权。

案例 潘某与刘某华股权转让纠纷案

案号：(2015)中中法民二终字第642号

案情简介

中山市家用电器总厂有限公司(以下简称家用电器总厂)成立于1990年1月15日，企业类型为有限责任公司(自然人投资或控股)，注册资本6,752,710元，法定代表人潘某，其中潘某持股54%。2015年1月14日，家用电器总厂部分股东刘某华等向公司其他股东发出《股权转让通知书》，告知其他股东自身拟对外转让股权。2015年2月10日，潘某通过EMS向刘某华等发函，要求行使优先购买权。后双方产生争议,潘某认为自身符合行使优先购买权的条件,遂向法院起诉要求强制购买刘某华等对外转让的股权。

裁判观点

中山市第一人民法院认为:股东优先购买权是相对于股东以外的买受人而享有的优先权,因此,股东行使优先购买权的前提是拟出让股东与股东以外的人已经就股权转让达成合意,该合意不仅包括股权对外转让的意思表示,还应包括价款数额、付款时间、付款方式等在内的完整对价,而且该合意的达成须以实际发生为前提,即出让股东与买受人签订了股权转让的意向书甚至是股权转让合同。

拟出让股东虽在股东会上有披露与股东以外的人转让其股权的意思表示,并披露了相关的价款金额、付款时间等条件,但没有披露股东以外的受让人为何人,甚至出示的意向书中受让方却为出让股东本人,而在向原告发出《股东股权转让通知书》《股东签订〈股权转让协议〉通知书》中仅列出了拟转让股权的转让价款及付款时间等条件并只称拟对外转让给他人,但未列出具体的收购人,也就是此时连对外转让的受让人仍未确定,也未向原告披露,原告对此亦确认不清楚对外转让的受让人为何人。综上,无论是被告股东发出通知要求原告行使股东优先购买权,还是原告收到通知后主张行使股东优先购买权,均因股权对外转让的合意未实际发生而未成就。

一审法院判决驳回原告起诉。后原告不服提起上诉。

中山市中级人民法院认为:股东行使优先购买权须以转让方实施了拟向第三人转让股权的实质性行为为前提条件,一般表现为与确定的第三人签订了内容明确的股权转让合同,在此情况下,其他股东依法有权以同等条件优先购买该股权。

在本案中,出让股东并未在其发出的通知中明确披露第三人系何人,亦未明确已经签订股权转让合同及股权转让合同的具体内容。《股东股权转让通知书》仅仅明确了股权转让的单价及付款条件。而对双方应何时签订股权转让合同,何时办理股权转让手续、代持关联公司股份的股东如何办理相关手续等均未明确,而这些内容在出让股东曾将其股权转让给潘某的过程中产生分歧,以致股权转让手续进展缓慢。

因此,出让股东向潘某等发出的股权转让通知书,仅表明其有按一定价款和条件对外转让股权的意愿,并未反映其与第三人有实际签订股权转让合同,潘某回复通知表示接受股权转让条件和价款,行使优先购买权,该两份通知并不能构成股权转让的要约与承诺,不具有强制股东向其他股东转让股权的法律约束力,潘某主张行使股东优先购买权并强制被告转让其股权,法院不予支持。

裁判结果

一审法院判决驳回原告潘某的诉讼请求,二审判决驳回潘某的上诉,维持一审判决。

裁判规则三:股东优先购买权自知道或者应当知道行使优先购买权的同等条件之日起30日内行使,或者自股权变更登记之日起1年内行使。

案例 凌某营与深圳市酱香酒业有限公司公司决议效力确认纠纷案

案号:(2019)粤0303民初13179号

案情简介

凌某营系深圳市酱香酒业有限公司股东。2016年8月14日,深圳市酱香酒业有限公司作出股东会决议,决议内容为将公司多名股东持有的股权转让给公司股东以外的人员。2017年11月8日,凌某营起诉该股东会决议侵犯其股东优先购买权,要求撤销该决议,工商登记变更回原来的股权比例。

裁判观点

法院认为:《公司法司法解释(四)》第21条的规定,有限责任公司的股东向股东以外的人转让股权,未就其股权转让事项征求其他股东意见,或者以欺诈、恶意串通等手段,损害其他股东优先购买权,其他股东主张按照同等条件购买该转让股权的,人民法院应当予以支持,但其他股东自知道或者应当知道行使优先购买权的同等条件之日起30日内没有主张,或者自股权变更登记之日起超过1年的除外。前款规定的其他股东仅提出确认股权转让合同及股权变动效力等请求,未同时主张按照同等条件购买转让股权的,人民法院不予支持。

原告凌某营2016年8月23日签署委托书时,其已经知悉了涉案股东会决议的内容。但此后原告凌某营不但未向被告及工商部门提出异议要求行使其作为被告公司股东依法享有的优先购买权,反而将自己持有的被告公司股权转让出去,直至2017年11月8日才提起本案诉讼要求确认涉案股东会决议无效。原告凌某营知悉其优先购买权被侵犯至其提起本案要求确认股东会决议无效之诉的时间已经超过1年,且原告凌某营并未同时主张按照同等条件购买其他股东的转让股权,综上,对原告关于涉案股东会决议无效的诉讼主张不予支持。

裁判结果

法院判决驳回原告凌某营的诉讼请求。

裁判规则四:股东采用阴阳合同、隐瞒真实价格等方式对外转让少量股权,待外部第三人成为股东后再进行大额的内部股权转让的,属于恶意串通侵害原有股东优先购买权,其转让行为属于无效。

案例 浙江康桥汽车工贸集团股份有限公司与马某雄、浙江万银汽车集团有限公司等股权转让纠纷案

案号：(2015)浙杭商终第1247号

案情简介

上诉人马某雄系被上诉人浙江康桥汽车工贸集团股份有限公司(以下简称康桥公司)原审被告浙江万国汽车有限公司(以下简称万国公司)原有股东，马某雄与万银公司于2013年4月26日签订三份股权转让协议，马某雄将其持有的万国公司0.09%的股权以270万元的价格转让给万银公司，办理工商变更登记手续后，2013年6月15日，双方再次签订股权转让协议，马某雄又将其持有的万国公司71.24%的股权以7124.2万元的价格转让给万银公司。

康桥公司认为，马某雄与万银公司的行为属于恶意串通，侵害其优先购买权，遂向法院提起诉讼，要求撤销马某雄与万银公司的股权转让合同。

裁判观点

杭州市拱墅区人民法院认为：被告前后两次转让期间公司的经营状况并未发生重大变化，即对应的公司股权的实际价值并未发生明显变化，因此，尽管马某雄在签订2013年4月26日第一次股权转让协议前，已按公司章程规定在合理期限内告知其拟对外转让股权的事宜，但结合马某雄在2013年6月15日再次向万银公司转让股权的价格差异、数量等因素，应认定马某雄并未告知公司股东其拟对外转让股权的真实数量、价格，其并未履行公司法规定的“有限责任公司股东向股东以外的人转让股权，股东应就其股权转让事项书面通知其他股东征求同意”的程序，构成对康桥公司股东优先购买权的侵犯。

一审判决撤销马某雄的两次股权转让行为。后马某雄不服提起上诉。

杭州市中级人民法院认为：马某雄先以畸高的价格转让了少量股权给万银

公司,在万银公司成为公司的股东之后,短期之内又以远远低于前次交易的价格转让了其余大量股权给万银公司,前后两次股权转让价格、数量存在显著差异。本案前后两次股权转让存有密切关联,系一次完整的交易行为,不应因马某雄分割出售股权的方式而简单割裂。

马某雄在第一次的股权转让协议前,虽告知了拟对外转让股权的事宜,但隐瞒了股权转让的真实数量及价格,存在不完全披露相关信息的情形,造成了以溢价达30倍的价格购买0.09%的股权,显然有违合理投资价值的表象。该股权转让人实际是以阻碍其他股东行使优先购买权条件之"同等条件"的实现,来达到其排除其他股东行使优先购买权之目的,系恶意侵害其他股东优先购买权的行为。康桥公司据此要求撤销马某雄与万银公司之间的股权转让协议,应予支持。

裁判结果

一审判决撤销两份《股权转让协议》。二审判决:驳回上诉,维持原判。

裁判规则五:主张优先购买权的,应该正确、恰当地行使该权利,不得滥用。

案例　王某访与晋江市财林纺织化工贸易有限公司股权转让纠纷案

案号:(2015)泉民初字第708号

案情简介

晋江市财林纺织化工贸易有限公司(以下简称财林公司)成立于2001年2月13日,经数次工商变更,公司工商登记基本情况为法定代表人为施某雪,王某新持股60%,蔡某辉持股40%。2015年1月4日,王经新向蔡某辉发出《股权转让通知书》,载明王某新欲将其持有的财林公司37%股权以1065万元转让给王某访,要求蔡某辉于收到通知书之日起30日内书面答复是否行使优先购买权等。2015年1月30日,蔡某辉向王某新发出《关于进一步明确股权转让条件,以便行使股权优先购买权的回复函》,载明要求王某新明确股权转让款的支付形式、支付期限、违约责任、过户期限等。2015年2月4日,王某新向蔡某辉发出《"关于进一步明确股权转让条件,以便行使股权优先购买权的回复函"的回复函》,对蔡某辉提出的股权转让款支付形式等问题作了回复。2015年2月13日,蔡某辉向王某新发出《回复函》,要求王某新进一步明确受让主体基本情况、股权转让所涉及的标的公司的债权债务承担情况等。2015年2月16日,王某新向蔡某辉发出《关于"回复函"的回复》,对蔡某辉提出的受让主体等问题进行回复。2015年3月2日,蔡某辉向王某新发出《关于要求贵方根据〈公司法〉的规定一次性完整告知股权转让"同等条件"的函件》,载明要求王某新一次性完整告知股权转让"同等条件"等。2015年4月4日,王某新与王某访签订《财林公司股权转让协议》,约定王某新将持有的财林公司股权37%以1065万元转让给王某访,王某访在协议签订后5日内将转让款汇入王某新指定收款账号,王某新应在协议签订后10日内协助王某访办理股权变更登记手续等。2015年4月7日,王某访将股权转让款1065万元汇入王某新指定的王某哲账户。

裁判观点

《公司法》第71条规定:"有限责任公司的股东之间可以相互转让其全部或者部分股权。股东向股东以外的人转让股权,应当经其他股东过半数同意。股东应就其股权转让事项书面通知其他股东征求同意,其他股东自接到书面通知之日起满三十日未答复的,视为同意转让。其他股东半数以上不同意转让的,不同意的股东应当购买该转让的股权;不购买的,视为同意转让。经股东同意转让的股权,在同等条件下,其他股东有优先购买权。两个以上股东主张行使优先购买权的,协商确定各自的购买比例;协商不成的,按照转让时各自的出资比例行使优先购买权。公司章程对股权转让另有规定的,从其规定。"在本案中,财林公司系有限责任公司,其股东结构为王某新与蔡某辉,财林公司的公司章程关于股权转让在第27条的规定与上述法律规定内容相同，因此，王某新对外转让股权应当书面通知蔡某辉征求同意。王某新于2015年1月4日向蔡某辉发出《股权转让通知书》，在蔡某辉回复要求明确股权转让款支付形式等问题后，王某新又进一步回复，在该回复中，王某新明确了股权转让款的支付形式、支付期限、违约责任、股权过户期限、税费承担等问题，可以认定王某新已经就股权转让事项向蔡某辉作了完整、明确的通知。蔡某辉之后要求明确受让主体、股权转让所涉及标的公司的债权债务的承担等情况，由于蔡某辉同样作为财林公司的股东，其对财林公司的债权债务可以行使股东知情权，其提出的公司债权债务承担问题不属于王某新对外转让股权应当通知的事项。在王某新就此进一步回复股权受让主体且强调“现本人已将本次拟转让股权的条件明确告知，若贵方再次复函的内容仍不属于本股权转让之‘同等条件’范畴的，或未有一次性提出的，均视为贵方恶意行使优先购买权，本人有权不再作出任何回复，并视为贵方放弃在同等条件下的优先购买权”后，蔡某辉仍然向王某新发函要求明确股权转让的同等条件，该行为系不合理、滥用权利的行为。根据王某新与蔡某辉的数次函件往来内容，足以认定王某新已经将对外转让股权的条件完整地通知蔡某辉并征求其同意，但蔡某辉却以各种理由不明确表态是否行使股东优先购买权，蔡某辉的行为不能认定为正确、正当或恰当行使股东优先购买权，即蔡某辉不是善意地行使股东优先购买权。财林公司与蔡某辉虽然提出过2015年2月4日和2月16日的两份通知上王某新都不是其本人签名，但当时蔡某辉已经认可该两份通知，并且由于庭审中王某新对此确认，即便该两份通知不是王某新本人签名也不影响蔡某辉行使股东优先购买权，因此，蔡某辉申请对该两份通知进行鉴定没有意义，本院对其鉴定申请不予准许。根据以上分析，本院认定蔡某辉以自己行为表明其没有行使股东优先购买权的意思表示。王某新与蔡某辉之间的股权转让纠纷虽然还在法院审理中，由于尚未得到法院最终确认，王某新按照财林公司工商登记承认蔡某辉作为财林公司股东的地位，并未损害蔡某辉的合法权益，相反，是尊重法律并按法律规定履行通知义务。因此，王某新与王某访签订的《财林公司股权转让协议》系双方当事人真实意思表示，未违反法律、法规禁止性规定，也没有侵犯蔡某辉的股东优先购买权，合法有效。王某访已经按照约定向王某新支付股权转让款，王某新应依照股权转让协议的约定协助王某访办理工商变更登记手续。

裁判结果

确认王某访持有晋江市财林纺织化工贸易有限公司37%股权。

裁判规则六：股东对外转让其股权时，应当履行通知其他股东的义务，没有履行通知义务即侵害了其他股东的优先购买权，其对外转让股权的行为是可撤销的行为。股东对外转让股权的行为被依法撤销后，已转让的股权应当返还，股东可以选择继续转让或者终止转让，股权转让一旦终止，其他股东不能主张行使优先购买权。

案例 秦某与陈甲、程某裕、陈乙、广西元盛投资发展有限公司股权转让纠纷案

案号：(2014)南市民二终字第379号

案情简介

广西元盛投资发展有限公司（以下简称元盛公司）由陈乙和陈甲出资设立，陈乙出资占注册资本的51%，陈甲出资占注册资本的49%，企业类型为有限责任公司。2012年9月2日，陈乙、陈甲与秦某签订合同，秦某以股权转让方式入股元盛公司，于2012年9月29日办理工商变更登记。

2012年10月22日，陈甲与程某裕签订一份《股权转让协议书》，约定陈甲将其持有元盛公司1761.76万元（占注册资本的22%）的股权转让给程某裕。陈甲、程某裕、元盛公司和广西远信投资有限公司（以下简称远信公司）于当日又签订一份《确认书》，确认陈甲转让给程某裕的元盛公司22%的股权价格为1761.76万元，程某裕应付给陈甲的1761.76万元股权转让款已从元盛公司应

退还远信公司的3400万元投资款中抵扣,陈甲确认已收到1761.76万元股权转让款。在同日的元盛公司股东会决议中,决议内容为同意上述股权转让事宜,其他股东放弃优先购买权。陈乙、陈甲、程某裕均在决议上签名,但署名为"秦某"的签名并非秦某本人所签。元盛公司于当日在广西壮族自治区工商行政管理局办理了股东变更登记,变更后公司股东及出资情况为:陈乙出资2082.08万元,占注册资本的26%;程某裕出资1761.76万元,占注册资本的22%;秦某出资4164.16万元,占注册资本的52%。之后,秦某认为陈甲在未告知的情况下向股东以外的人转让股权,侵犯了其对涉案股权的优先购买权,遂诉至法院。

裁判观点

《公司法》第42条规定:"股东会会议由股东按照出资比例行使表决权……"第71条第2款规定:"股东向股东以外的人转让股权,应当经其他股东过半数同意……"第3款规定:"经股东同意转让的股权,在同等条件下,其他股东有优先购买权……"本案中,陈甲与程某裕通过订立一份《股权转让协议书》,将其持有元盛公司22%的股权转让给程某裕,但陈甲并未就其股权转让事项履行书面通知秦某的义务,在元盛公司作出的《元盛公司股东会决议》上,签有"秦某"字样的签名并非秦某本人所签,秦某并未行使表决权。该《股权转让协议书》和《元盛公司股东会决议》违反元盛公司章程和法律的规定,侵害了元盛公司股东秦某的优先购买权。所以,秦某向一审法院请求撤销该《元盛公司股东会决议》和《股权转让协议书》符合法律规定。

秦某上诉称其以同等条件向法院起诉主张优先购买权,属于对陈甲对外转让股权的要约作出承诺。秦某作出承诺后即与陈甲之间形成新的股权转让合同,并基于优先权排斥陈甲与程某裕之间的股权转让合同。无论陈甲以1761.76万元的价格将公司22%股权转让给程某裕还是转让给秦某,都不减少陈甲可收到的转让款,也不损害陈甲的利益,因此,秦某在同等条件下应享有对涉案股权的优先购买权。对此,法院认为,股东优先购买权,是指当股东对外转让其股权时，其他股东享有的以同等条件优先于第三人购买该股权的权利。股东优先购买权又是附有条件的形成权，其行使并非随时可以进行，只有在股东向第三人转让股权时，方可行使，股东对外转让股权是其他股东优先购买权行使的前提。而股东对外转让其股权时，应当履行通知其他股东的义务，没有履行通知义务，即侵害了其他股东的优先购买权，其对外转让股权的行为是具有可撤销的行为。股东对外转让股权的行为被依法撤销后，已转让的股权应当返还，股东可以选择继续转让或者终止转让，股权转让一旦终止，其他股东不能主张行使优先购买权。在本案中，陈甲与程某裕之间产生的股权转让行为侵害了秦某的优先购买权，被依法撤销后，陈甲选择继续转让，秦某即可行使优先购买权，陈甲选择终止转让，是陈甲的自由意志，不受制于秦某行使优先购买权的意愿，秦某不能行使优先购买权。秦某以陈甲与程某裕之间的股权转让行为被依法撤销后，应由其在同等条件下享有并行使陈甲转让给程某裕股权的优先购买权没有法律依据，理由不成立，本院不予支持。

程某裕上诉提出陈甲转让给程某裕元盛公司 22% 的股权转让款已由远信公司付清，该股权转让的受让方及付款人为远信公司，远信公司委托程某裕持有该股权；登记在程某裕名下的 22% 股权没有侵犯秦某的优先购买权。对此，法院认为，本案事实已经表明，元盛公司的股东为陈乙、陈甲、秦某，三人分别出资额为：2082.08 万元，占注册资本比例 26%；1761.76 万元，占注册资本比例 22%；4164.16 万元，占注册资本比例 52%。程某裕并非元盛公司的股东，陈甲将持有元盛公司的股权转让给程某裕没有通知秦某，其行为侵害了秦某的优先购买权，程某裕与陈甲订立的《股权转让协议书》违反了法律的规定，依法应予撤销。该《股权转让协议书》被依法撤销后，登记在元盛公司程某裕名下的 22% 股权即应返还陈甲。

裁判结果

程某裕向陈甲返还元盛公司 22% 的股权，并协助陈甲办理相应工商变更登记。

案例启示

股东在行使优先购买权时,应注意以下几方面:

一、善于利用公司章程的自治效力

公司章程是公司内部自治的"宪法",《公司法》亦明确规定了公司章程可以对股权转让的事宜进行自由规定,在实践中大多数公司都是套用工商管理部门的模板章程,没有进行个性化约定,这是颇为可惜的事情。对股权转让的程序、价格、优先购买权的行使期限、程序,继受取得股权能否取得优先购买权、瑕疵股东能否行使优先购买权等事宜,都可以进行明确的约定。

二、转让股东应采取有效措施履行通知义务

公司股东在对外转让股权时应该以书面方式或其他有效方式告知其他股东有关股权转让同等条件的内容,确认其他股东是否行使优先购买权。在实务中,通知义务可以通过召开股东会、邮寄书面函件等方式履行,注意保留履行通知义务的痕迹,避免发生纠纷时因无法证明自己履行通知义务而陷入被动。且通知不限次数,一旦对外转让的约定条件发生变化时,也应该将变化后的条件再次通知其他股东。

三、转让股东应注意完整履行通知义务,明确告知"同等条件"

根据《公司法》及司法解释要求,"同等条件"的内容应当包括转让股权的数量、价格、支付方式、期限、外部受让人等信息,即应当将与外部第三人达成的股权转让协议的具体内容告知其他股东。如果通知的内容仅仅是有对外转让的意向,而尚未达成具体转让条件的,该通知不属于有效通知。

四、其他股东应注意优先购买权行权的时间限制

优先购买权的行使需要在合理期限内行使,目前的规定是先依据章程的规

定,再适用通知确定的时间。如果短于 30 天或约定不明确的,则适用 30 天。且如果自股权变更登记之日起超过 1 年的,则无法再行使优先购买权。该期间属于不变期间,不适用中止、中断和延长的规定。但可能因为对外转让的条件发生变化,需要重新通知,从而重新计算期间。

五、恶意侵害股东优先购买权的救济方式

如果发生侵害股东优先购买权的情形,其他股东可以通过诉讼的方式进行救济,要求按照对方股权转让协议的同等价格行使优先购买权,或者选择撤销对方的股权转让合同,以阻止缺乏合作信任者进入公司。

六、继承和赠与情形下是否适用股东优先购买权?

按照《公司法》第 71 条规定,经股东同意转让的股权,在同等条件下,其他股东有优先购买权。优先购买权是针对有偿转让而言的,否则就谈不上购买,更无法判定何为“同等条件”。可见,因继承、赠与等事由出现而致使股权零对价转移、股东发生变化时,其他股东可能会重新考虑人合因素及公司内部的稳定性,但不能用优先购买权来进行救济。在目前我国《公司法》没有相应规定的情况下,公司成立时章程的订立就显得特别重要。就公司成立时的每一个股东而言,继承、赠与等事由都可能出现在自己身上,所以,只要章程中有明确约定,确定了该事由发生、人合因素变化时可寻求的救济途径,就不至于在该事由出现时产生纠纷,有效地增强公司内部的稳定性。

第四节　新股认购优先权

法理解说

一、新股认购优先权的概念

新股认购优先权(又称新股预约权、股东新股认购优先权),是指股东基于

其资格和地位，在公司增加资本时，优于一般人按照自己原有的持股比例认购新股的权利。[1]

其具体包含了以下三个要素：

1. 身份要素，即享有优先认购权的主体原则上只能是公司原有股东；

2. 行权要素，即只有在有限责任公司新增资本或者股份有限公司发行新股时，股东才能行使优先认购权；

3. 效力要素，即股东享有优先于其他人认购新增资本或新股的权利。此处的优先是针对公司原股东以外的第三人而言，且股东拥有选择权，既可以选择行使，也可以选择不行使。

二、新股认购优先权的法律性质

首先，新股优先认购权属于固有权。立法模式的不同会影响新股优先认购权对固有权还是非固有权的认定：美国、日本立法并未规定新股优先认购权，而是交由公司章程自行规定；而德国则通过立法明确赋予股东此项权利；具体到我国《公司法》第 34 条明确规定股东的新股优先认购权，因此属于固有权。

其次，新股优先认购权属于自益权。新股优先认购权是股东为了维持自身表决权不被稀释、保持自身对公司利益的比例而行使的权益，因此属于自益权。

最后，新股优先认购权属于形成权。当股东认购新股的意思表示到达公司时，双方建立新股认购法律关系，公司负有向认购股东发行新股的义务。从立法目的来看，新股优先认购权的设立目的是保护股东特别是中小股东的比例性利益不被稀释，将其认定为形成权也更有利于保护股东权利。

三、新股认购优先权的立法价值

首先，优先认购权是对股东财产性比例利益的保护，也即对股权价值的保

---

〔1〕 参见叶玮昱：《论优先认购权的行使、排除与救济》，中国政法大学 2015 年硕士学位论文，第 3 页。

护。赋予股东优先认购权,可以在因低于公司现有资产价值或者其他公平价格进行折价发行新股时,在低价新股的加入稀释了整体股权价值的情况时,保护股东的财产性利益,包括利润分配利益和剩余财产分配利益。[1]

其次,优先认购权是对股东经营控制性比例利益的保护。现代公司的所有权与经营权相分离,股东对公司利益享有程度及控制支配程度取决于对公司的股权比例;如果没有优先认购权,原股东的持股比例可能会随着新股的发行而遭到稀释,表决权的降低随即也会削弱股东对公司的控制和支配能力。

最后,优先认购权是对有限责任公司"人合性"的保护。有限责任公司由于其封闭性的特点,其经营、管理和重大决策,有赖于股东之间的信赖和认可,呈现出"人合性"的特点。股权结构的稳定和股东间的信任影响公司的经营发展,如果公司在增资时引入陌生投资者,将打破原有股东之间的信赖关系,破坏原有股权结构的稳定性。赋予股东优先认购权,可以最大限度地保护有限责任公司的"人合性"。

数据分析

目前,我国《公司法》只有两个条文涉及对新股优先认购权的规定,对于有限责任公司,《公司法》第 34 条以权利宣示的方式规定了有限责任公司股东享有优先认购权,并可通过章程或全体股东约定对出资瑕疵股东的优先认购权进行合理限制。而对于股份有限公司,《公司法》第 133 条规定增资时股东大会的职权时提及了原股东的份额,并非直接赋予股份有限公司股东的优先认购权。

以"优先认购权""侵犯"为关键词,对"损害股东利益责任纠纷""公司增资纠纷""新增资本认购纠纷""公司决议纠纷"四个案由的案件进行检索,共检索出裁判文书 196 份,如图 2-12 所示。

[1] 参见张瑾慧:《股东新股优先认购权法律问题研究》,华东政法大学 2017 年硕士学位论文,第 8 页。

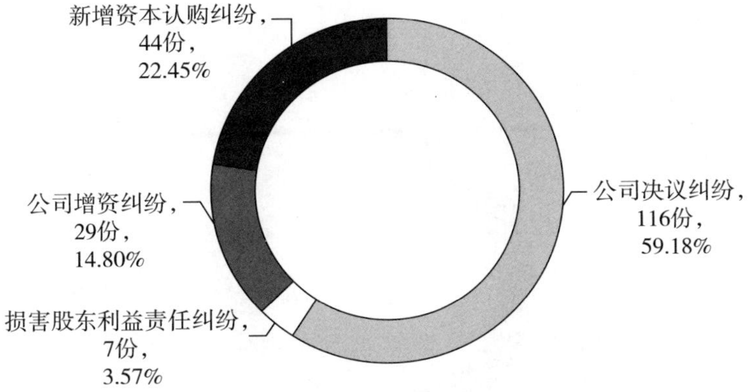

图 2－12　侵害优先认购权诉讼案由占比分析

其中，“公司决议纠纷”占全部案件的 59.18%，其次是“新增资本认购纠纷”，占全部案件的 22.45%；再次是“公司增资纠纷”，占全部案件的 14.80%；最后是“损害股东利益责任纠纷”，占全部案件的 3.57%。

按照裁判文书类别进行检索，得到数据如图 2－13 所示：

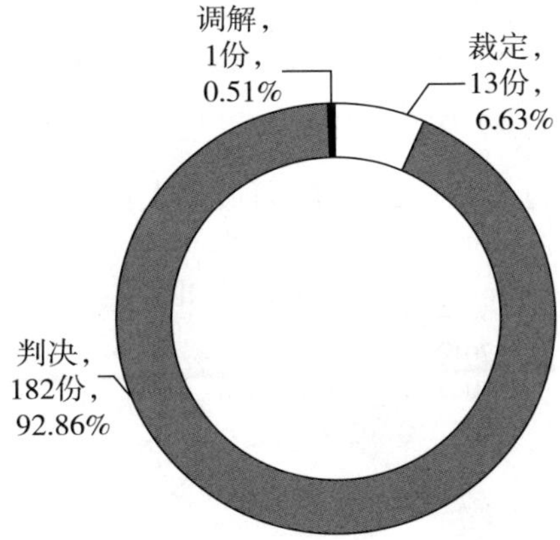

图 2－13　侵害优先认购权诉讼裁判文书类别分析

根据图 2－13 所示，判决书占全部裁判文书的绝大多数，占比高达 92.86%；其次是裁定书，占全部裁判文书的 6.63%；最后是调解书，占全部裁判文书仅 0.51%，但鉴于调解的裁判文书不在网上公开，在实际中的调解案件数量应该远远超过本数。

按法院的审理层级进行统计，在上述 196 份裁判文书中，各级法院审理案件的比例如图 2 - 14 所示：

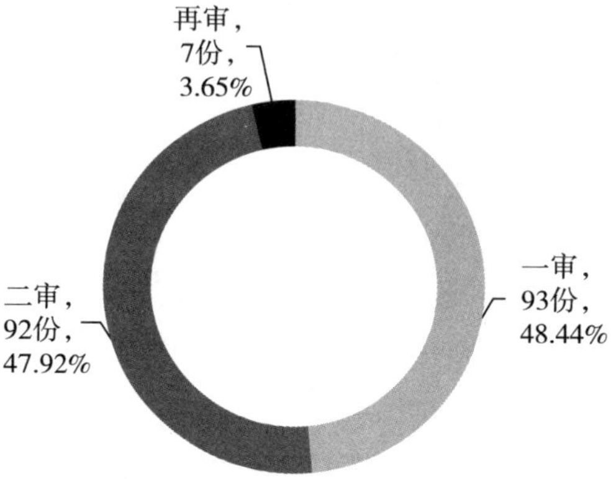

图 2 - 14　侵害优先认购权诉讼审理程序占比分析

如图 2 - 14 所示，一审案件数量最多，占全部案件数量的 48.44%；其次是二审案件，占全部案件数量的 47.92%；再审数量最少，仅占全部案件的 3.65%。

二审案件数量与一审案件数量基本持平，说明“优先购买权”纠纷案件的上诉率颇高，反映出股东对于维护公司人合性的重视。

如图 2 - 15 所示，首先，审理与“优先购买权”纠纷有关案件最多的是中级人民法院，占全部案件的 47.96%；其次为基层人民法院，占比为 40.82%；再次为高级人民法院，占比为 10.20%；最后为最高人民法院，仅占 1.02%。

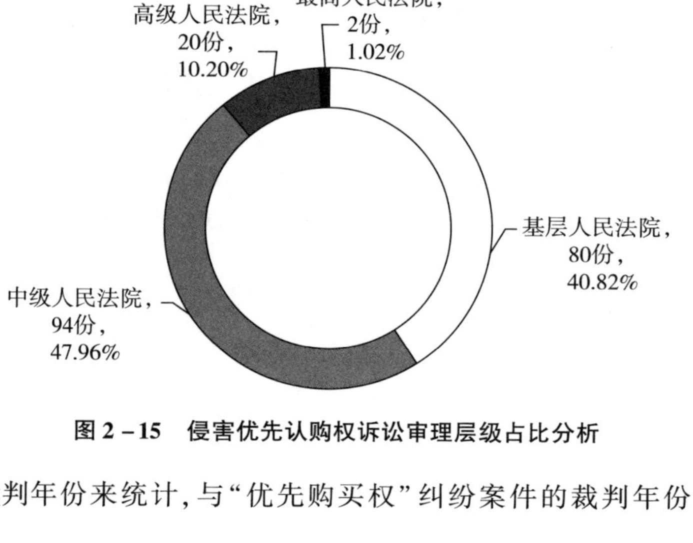

图 2 - 15　侵害优先认购权诉讼审理层级占比分析

按照裁判年份来统计，与“优先购买权”纠纷案件的裁判年份分布如图

2－16 所示：

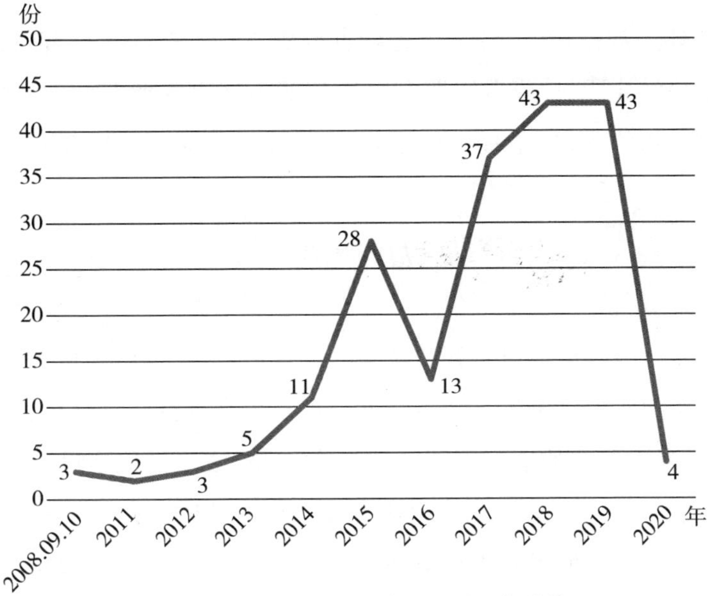

图 2－16　侵害优先认购权诉讼历年趋势

由于 2013 年以前尚未进行裁判文书的网上公开，其数据可能会偏低，但从 2013 年及以后年份的情况来看，与“优先购买权”有关的纠纷案件除了 2016 年时略有下降外，其他年份存在稳定增长趋势。

按省级行政区域划分，案件数量排名前十的省份如图 2－17 所示：

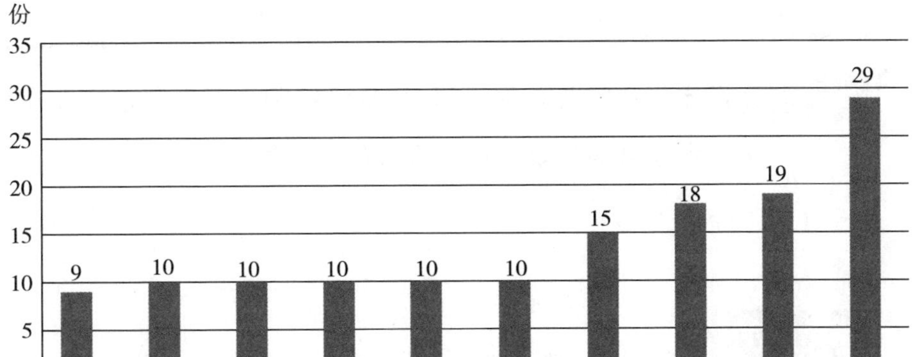

图 2－17　侵害优先认购权诉讼区域分布

如图 2 – 17 所示,数量最多的前四个省级行政区域分别是广东省、浙江省、北京市、江苏省。

根据上述大数据检索,侵害优先增资权的方式包括未履行有效通知、以高低不同的价格转让股权,或者以股东会决议的方式剥夺股东的优先增资权,下面将以案例分析的形式,详细解析实践中侵犯优先增资权的典型案例。

裁判规则

由于增资行为需要通过召开股东会的形式进行,在实践中侵害股东优先认购权的方式主要有通过资本多数决的方式剥夺增资的优先认购权,或者是在未通知、未有效通知股东的情况下召开股东会增资,或者是变相设置增资的条件来变相剥夺股东优先认购权等。对侵害股东优先认购权的救济一般是以股东会决议违反法律规定而无效进行救济。此外,在实践中行使新股优先认购权的合理期限也是争议的焦点。

裁判规则一:新股优先认购权应该在合理期限内行使,超出合理期限的,法院不予支持;虽然现行《公司法》没有明确规定新股优先购买权的行使期限,但也应该在一定合理期间内行使,并且为了维护交易安全和稳定经济秩序,其合理期间的认定应该比普通民事行为更严格。

案例 绵阳市红日实业有限公司、蒋某诉绵阳高新区科创实业有限公司股东会决议效力及公司增资纠纷案

案号:(2010)民提字第 48 号

案情简介

蒋某和绵阳市红日实业有限公司(以下简称红日公司)就绵阳高新区科创实业有限公司(以下简称科创公司)一年前作出的吸纳新股东的增资决议提起

决议无效之诉，要求确认自己在该次增资中享有新股优先认购权。一审法院认为参考异议股东回购权的60日期限，原告时隔近两年才提起诉讼，超过了合理期限，判决驳回原告诉求。二审法院认为有限责任公司股东请求人民法院保护其认缴新增资本优先权的诉讼时效问题，现行法律无特别规定，应当适用《民法通则》（已废止）规定的2年普通诉讼时效[1]，改判支持原告的诉求。后经过再审申请，由最高人民法院审理判决。

裁判观点

法院认为：股东优先认缴公司新增资本的权利属形成权，虽然现行法律没有明确规定该项权利的行使期限，但为维护交易安全和稳定经济秩序，该权利应当在一定合理期间内行使，并且由于这一权利的行使属于典型的商事行为，对于合理期间的认定应当比通常的民事行为更加严格。本案中的红日公司和蒋某在科创公司2003年12月16日召开股东会时已经知道其优先认缴权受到侵害，且作出了要求行使优先认缴权的意思表示，但并未及时采取诉讼等方式积极主张权利。在此后科创公司召开股东会、决议通过陈某高将部分股权赠与固生公司提案时，红日公司和蒋某参加了会议，且未表示反对。红日公司和蒋某在股权变动近两年后又提起诉讼，争议的股权价值已经发生了较大变化，此时允许其行使优先认缴出资的权利将导致已趋稳定的法律关系遭到破坏，并极易产生显失公平的后果，故四川省绵阳市中级人民法院（2006）绵民初字第2号民事判决认定红日公司和蒋某主张优先认缴权的合理期间已过并无不妥，对红日公司和蒋某行使对科创公司新增资本优先认缴权的请求不予支持。

---

〔1〕 2020年《民法典》第188条第1款规定："向人民法院请求保护民事权利的诉讼时效期间为三年。法律另有规定的，依照其规定。"

裁判结果

最高人民法院撤销一审、二审判决，确认侵犯其他股东优先认购权的部分股权转让协议无效。

裁判规则二：公司在增资时虽可以设定一定的条件，但除股东明确放弃或者全体股东达成一致以外，不得以资本多数决的方式加以剥夺或者侵犯股东的新股优先认购权。

公司在增资时可以根据经营需要设置增资条件，但不得变相从程序或实体上剥夺或限制股东的优先认购权，特别是大股东、控股以资本多数决的方式侵害中小股东的合法权益。

案例 晏某、深圳市信诺资产管理有限公司公司决议效力确认纠纷案

案号：(2018)粤03民终15488号

案情简介

深圳市信诺资产管理有限公司股东会做出决议，议案载明了增资股东的确认方法，包括“第一选择次序为按照保证金到账时间选择；在第一选择次序下出现两家或两家以上意向股东时，第二选择次序为按照《增资协议》条款确认与否选择”“未认可上述交易条件的公司原有股东，视同放弃本次增资的优先认购权”，股东晏某认为该股东会决议侵犯了自身的优先认购权而提起诉讼。

深圳市福田区人民法院认为，首先，《公司法》及公司章程并未规定公司在新增资本时根据经营需要不得设置增资条件；其次，被告公司并未单独限制原告增资或者是仅给原告设置增资门槛，而是对内对外、对新对旧统一设置了增资条件以保障增资的顺利进行；最后，公司决议明确清晰地陈述了增资条件、增

资股东选择顺序，在指定期限内交纳了保证金，但原告并未在指定期限内缴纳保证金。综合考虑该股东会决议未违反公司章程的规定，也未违反法律、行政法规的规定，驳回原告诉讼请求，后晏某提起上诉。

裁判观点

深圳市中级人民法院认为，有限责任公司股东对股东转让股份时的优先购买权，以及相应的公司增资时的优先认购权，是基于有限公司人合性而享有的法定权利。除非股东明确放弃或者全体股东达成一致，否则不得以资本多数决的方式加以剥夺或者侵犯。尽管公司在增资时可以设定一定的条件，而且通常也必然有相应的条件。但这种条件无论是程序上的还是实体上的，一方面，应基于善意或诚信，目的是保证增资的顺利进行以及经营的需要，防止部分股东在程序上恶意相扰；另一方面，这种条件必须对全体股东一视同仁适用，不得利用条件的设置、捆绑、行使等，歧视部分股东或者设置对部分股东行使优先权的实质性障碍，特别是要防止造成大股东对小股东的欺凌，从而实质性地侵犯了少部分股东的优先认购权。否则，该种条件以资本多数决的方式通过无效。被告公司作出股东会决议，以交纳保证金作为推定股东行使优先认购权的意思表示，而且以交纳时间先后作为确认认购新增资本的股东的方式。那么，即使股东有意行使优先认购权，也可能因交纳保证金时间顺序原因而无法行使。而股东的筹款能力各不相同，更不能排除部分股东特别是控股股东利用信息优势而抢先交纳保证金的可能。因此，此类条件实质性地侵害了股东对公司新增资本的优先认购权。

裁判结果

一审法院判决驳回原告晏某的诉讼请求，二审法院改判撤销该次股东会决议。

裁判规则三：新股优先认购权属于形成权、固有权，公司在作出增资决议时应保障股东的优先认购权;股东优先认缴公司新增资本的权利属于形成权,股东按其出资比例认缴增资是法定的、固有的权利,股东会因未履行法定的通知程序致使股东未能参加股东会而剥夺了其对新增资本的优先认缴权,该决议应认定无效。

案例 胡某梅与深圳市晨浩商贸有限公司公司决议效力确认纠纷案

案号:(2015)深中法商终字第 2714 号

案情简介

2014 年 11 月 10 日以前,深圳市晨浩商贸有限公司(以下简称晨浩公司)的股东有 5 人,其中胡某梅出资持股 2.14%。晨浩公司设董事会,张某平为董事长,胡某梅等 4 人为董事。后晨浩公司作出股东会决议,内容为新增 450 万元注册资本,由公司各股东认购(未包括原告胡某梅),公司原股东均无异议(未涉及的原股东放弃优先认购权)。之后,胡某梅以股东会决议未通知其参加,侵害其优先认购权为由,诉请确认晨浩公司 2014 年 11 月 10 日增加股东、实收资本变更和认缴注册资本变更的股东会决议以及同日晨浩公司依据内容为“修改公司章程”的股东会决议作出的《深圳市晨浩商贸有限公司章程修正案》无效。

裁判观点

一审法院认为公司决议虽有程序瑕疵,但未达到足以撤销股东会决议的地步,至于股东会侵犯原告作为股东的参与公司重大决策、增资的优先认购权等,原告可另循法律途径解决。一审法院判决驳回原告起诉,后原告不服提起上诉。

深圳市中级人民法院认为,《公司法》第 22 条第 1 款规定,公司股东会或者股东大会、董事会的决议内容违反法律、行政法规的无效。《公司法》第 34 条规定,公司新增资本时,股东有权优先按照实缴的出资比例认缴出资,但全体股东约定不按照出资比例优先认缴出资的除外。股东优先认缴公司新增资本的权利属于形成权,股东按其出资比例认缴增资是法定的、固有的权利,被告公司股东会因未履行法定的通知程序致使原告未能参加股东会而剥夺了其对新增资本的优先认缴权。

裁判结果

一审法院判决驳回原告诉讼请求,二审法院认定《股东会决议》的内容因违反《公司法》的强制性规定应认定无效。

案例启示

股东行使优先认购权应注意以下几方面:

一、按照实际出资比例相应取得优先认购权

除了全体股东约定不按照出资比例优先认缴出资的情形外,在一般情况下,股东可通过召开股东会或章程规定的方式,确认新增资本按照实缴的出资额比例进行购买,限制出资瑕疵的股东的优先认购权,保护已经实际履行出资义务的股东的利益。

二、优先认购权应在一定合理期限内行使

公司一般系因自身对资金需求量的大小、对资金需求的急迫而增资扩股,自然对新股优先认购权的行使有期限要求。虽然我国现行《公司法》并未明确规定新股优先认购权的行权期限,但出于在保护股东合法权益和提高公司融资效率之间寻求平衡点,行权期限既不宜过短而实际剥夺了股东的优先认购权,也不宜期限过长而影响公司对资金的需求,因此,应当根据公司章程、股东会决议和公司经营需求等,合理确定行权期限。

三、优先认购权应在一定合理价格内行使

优先认购权仅包括购买顺序上的优先，而不包括认购价格及其他条件上的优先。

根据《上市公司证券发行管理办法》第 13 条第 3 项的规定，向不特定对象公开募集股份，发行价格应不低于公告招股意向书前 20 个交易日公司股票均价或前一个交易日的均价。

而对于有限责任公司，由于其封闭性，股权价值没有公开的市场价格可以参考，但如果有限责任公司增资新股发行的价格远远低于旧股的合理价值，仍可能被认定是为了排挤、稀释其他放弃行使优先认股权的股东的合法权益。

四、侵害股东优先认购权应当承担损害赔偿责任

在实践中，公司往往是通过作出股东会决议的形式侵害股东的新股优先认购权。在这种情形下，即使股东通过诉讼撤销了增资扩股的股东会决议，也可能因为存在善意第三人取得股份的情形，造成股东的优先认购权无法得到恢复。在这种情况下，股东可以请求侵害主体承担损害赔偿责任，以弥补股东受到的利益损失。

第五节　股东回购请求权

法理解说

一、异议股东回购请求权的含义

异议股东回购请求权，是指当股东会作出对股东利益关系有重大影响的决议时，对该决议表明异议的股东，享有请求公司依法以公平价格收买其所持股

权,从而退出公司的权利。[1]

《公司法》第 74 条第 1 款规定了有限责任公司股东的异议回购请求权:"有下列情形之一的,对股东会该项决议投反对票的股东可以请求公司按照合理的价格收购其股权:(一)公司连续五年不向股东分配利润,而公司该五年连续盈利,并且符合本法规定的分配利润条件的;(二)公司合并、分立、转让主要财产的;(三)公司章程规定的营业期限届满或者章程规定的其他解散事由出现,股东会会议通过决议修改章程使公司存续的。"

为避免公司资本无故减少损害公司及债权人的利益,法律对股权回购进行了严格的规定,只能在符合法定条件下才可以进行回购。

在一般情况下,只有召开股东会作出重大决议并在股东会投反对票的股东才能要求行使回购权,如未召开股东会或者未投反对票的股东,则不能行使异议回购权请求权。

此外,为维护公司经营的稳定性,法律规定了在法定期限内行使异议回购请求权,该期限为除斥期。如果在法定期限内(60 日)提出异议并对回购事宜进行协商,协商不能的,则可以在法定期限(90 日)向法院起诉,如果超过法定期限,则会丧失诉权。

《公司法》第 142 条则从公司回购的角度,间接肯定了股份有限公司股东的异议回购权:"公司不得收购本公司股份。但是,有下列情形之一的除外:……股东因对股东大会作出的公司合并、分立决议持异议,要求公司收购其股份……"

由于股份有限公司的股份流通性强,公司治理较为完善,即便股东对公司经营存在异议也可直接通过股份转让退出公司,在实践中股份有限公司股东几乎没有行使异议回购权的情形。

而有限责任公司由于其封闭性和人合性,股东退出缺乏市场化的流通机制,异议股东回购权制度的设立在很大程度上是为了保护有限责任公司中小股东的利益。

---

〔1〕 参见赵旭东:《公司法》(第 3 版),中国政法大学出版社 2018 年版,第 194 页。

二、异议股东回购请求权的法理基础

股权回购是指公司在符合特定条件下向股权回购本公司股权的行为，按照股权回购方式的不同可以分为约定回购和法定回购。

股东可在依据公司章程规定或者作出股东会决议、签署回购协议等方式进行约定回购（自愿回购），为股东退出公司提供一个便捷的途径。只有当发生法定事由时，才允许进行法定回购（强制回购），也即行使异议股东回购请求权。异议股东回购请求权的法理基础主要有三个：期待利益理论、衡平理论和公司稳定性理论。

1. 期待利益理论，又称期待落空理论。一个人投资了某一公司，往往是期待这个公司能按照自己的设想发展或者是保持投资时的状态稳定发展。一旦公司运营未经其同意而发生重大改变，则股东原先所期待的利益就会落空，该股东有权选择不继续参与公司经营管理。

2. 衡平理论，又称资本多数决理论。现代公司按照股权比例行使表决权，按照少数服从多数的原则决定公司重大事项，中小股东对决议存在异议也无法改变结果。资本多数决原则可以提高公司的运转效率，保障公司在经营方向上能保持一致，但也不可避免地出现大股东利用多数表决权侵害中小股东利益的情况，因此法律赋予异议股东以一定的方式退出公司的权利。[1]

3. 公司稳定性理论。这一理论是建立在有限责任公司封闭性和人合性的基础之上的。不同于股份有限公司的资合性，有限责任公司股东间是因为彼此间某种特定关系而发展成为合作关系，这有助于公司治理层的稳定。当股东之间信任丧失，公司内部出现纠纷时，异议股东可以选择离开公司以避免利益受损，剩下的股东则可以建立新的合作关系，维持公司治理层的稳定性。

三、异议股东股权回购请求权的法律性质

从固有权和非固有权的角度看，异议股东股权回购请求权属于固有权。

---

〔1〕 参见毛日晨：《有限责任公司异议股东股权回购请求权的法律适用研究》，华东政法大学2018年硕士学位论文，第14页。

《公司法》明确赋予了股东股权回购请求权,这是不可以公司章程或股东会决议剥夺和限制的权利,因此其属于固有权。

从自益权和共益权的角度看,异议股东股权回购请求权是异议股东为了自身的利益而行使的权利,因此其属于自益权。

从请求权和形成权的角度,异议股东股权回购请求权属于形成权,不可因为其带有“请求权”字样便认为法律性质属于请求权。从异议股东回购制度的设立目的来看,如果其属于请求权,那么公司便有机会拒绝回购的权利,这与保护中小股东利益的立法目的相违背。因此,异议股东股权回购请求权属于形成权。

四、异议股东股权回购请求权的行权条件

现行的法律制度严格限定了行使异议股东回购请求权的条件,具体包括行权条件、行权程序。其中行权条件包括以下三个适用范围:

1. 公司连续 5 年不向股东分配利润,而公司该 5 年连续盈利,并且符合本法规定的分配利润条件的。股东投资入股公司的目的是获得公司经营收益,但在资本多数决下,中小股东提出分红的请求容易被大股东否决,从而使利润分配请求权名存实亡,因此股东有权要求公司回购其股权。

2. 公司合并、分立、转让主要财产的。公司的合并、分立、转让主要财产,可能会对公司经营运转造成重大影响,经营前景无法预料,那么股东进入公司的利益期待可能会落空,因此,股东有权要求公司回购其股权。

3. 公司章程规定的营业期限届满或者章程规定的其他解散事由出现,股东会会议通过决议修改章程使公司存续的。延长公司存续会违背了股东投资时的预期,但是股东会通过决议延长公司存续并不违反法律规定,因此,股东有权要求公司回购其股权。

五、异议股东股权回购请求权的行权程序

异议股东股权回购请求权的行权程序一般包括告知权利、提交书面异议通知和确定回购价格。

1. 告知权利。公司在召开将导致公司发生重大影响的股东会前,应该告知股东享有异议回购请求权。

2. 提交书面异议通知。如果股东明确反对决议事项,应当在股东会作出决议时明确提出反对意见,并要求公司回购其股权。

3. 确定回购价格。当异议股东明确反对公司作出的重大决议时,公司就应该依照法律规定对异议股东的股权进行回购。在法定期限内,如果双方能够就股权价值达成约定,按照约定价格进行回购,如果未能达成一致约定,则可以通过诉讼程序,请求法院确定合理价格进行回购。

数据分析

对案由"请求公司收购股份纠纷"的案件进行检索,共获得裁判文书 1230 份。按照裁判文书的类别进行分类,可得数据如图 2 - 18 所示:

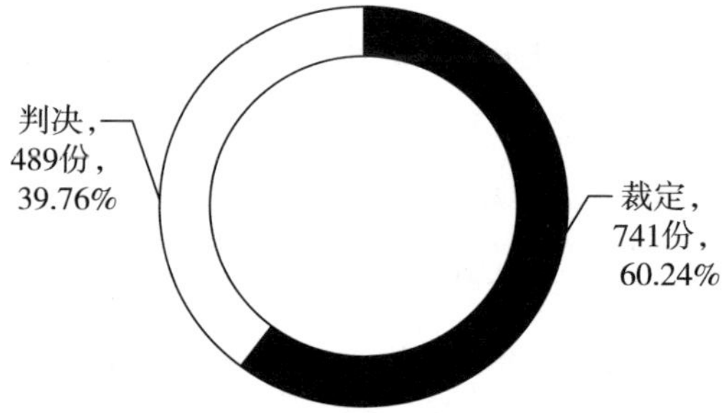

图 2 - 18 异议股东股权回购请求权诉讼裁判文书类别占比分析

根据图 2 - 18 所示,数量最多的是裁定书,占全部裁判文书的 60.24%;其次是判决书,占全部裁判文书的 39.76%;未检索到有相应的调解书。

按法院的审理层级进行统计,在上述裁判文书中,各级法院审理案件的比例如图 2 - 19 所示:

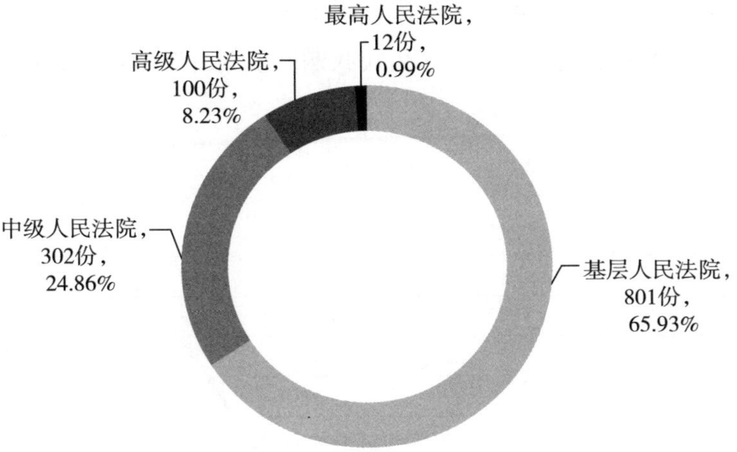

图 2－19　异议股东股权回购请求权诉讼审理层级占比分析

审理“请求公司收购股份纠纷”有关案件最多的是基层人民法院，占全部案件的 65.93%；其次为中级人民法院，占比为 24.86%；再次为高级人民法院，占比为 8.23%；最后为最高人民法院，仅占 0.99%。这是由于《民事诉讼法》规定与公司有关的纠纷，归公司住所地人民法院管辖。

按从审判程序作为分类进行统计，在上述裁判文书中，各级审判程序案件的比例如图 2－20 所示：

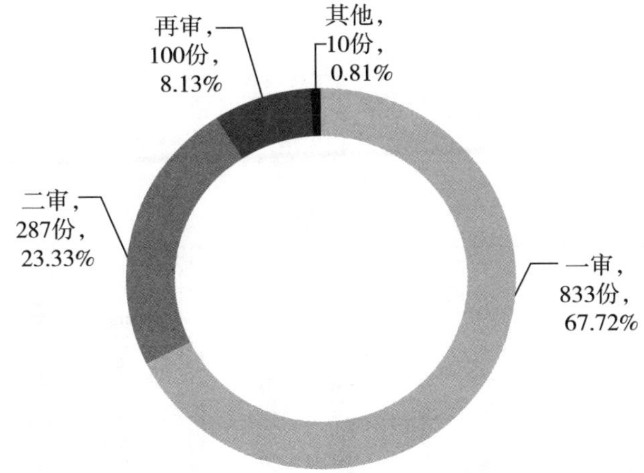

图 2－20　异议股东股权回购请求权诉讼审理程序占比分析

一审程序审理的案件数量最多，占全部案件的 67.72%，其次是二审程序，占全部案件的 23.33%，再次是再审案件，仅占全部案件的 8.13%；其他案件占

0.81%。基本与法院的审理层级的比例相对应。

按照裁判年份来统计，与"请求公司收购股份纠纷"案件的裁判年份分布如图 2－21 所示：

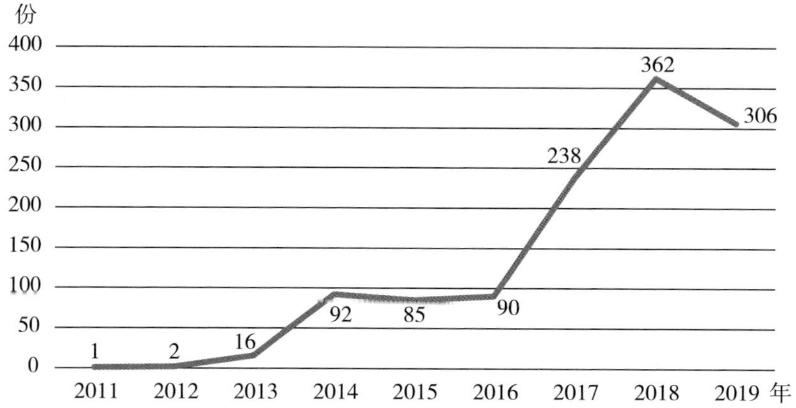

图 2－21　异议股东股权回购请求权诉讼历年趋势

由于 2013 年以前的案件数量可能存在失真，但从 2013 年及以后年份的情况来看，与"请求公司收购股份纠纷"有关的纠纷案件存在着明显的爆炸式增长，也反映了股东对投资收益回报的强烈需求。

按省级行政区域划分，排名前十的省级行政区如图 2－22 所示：

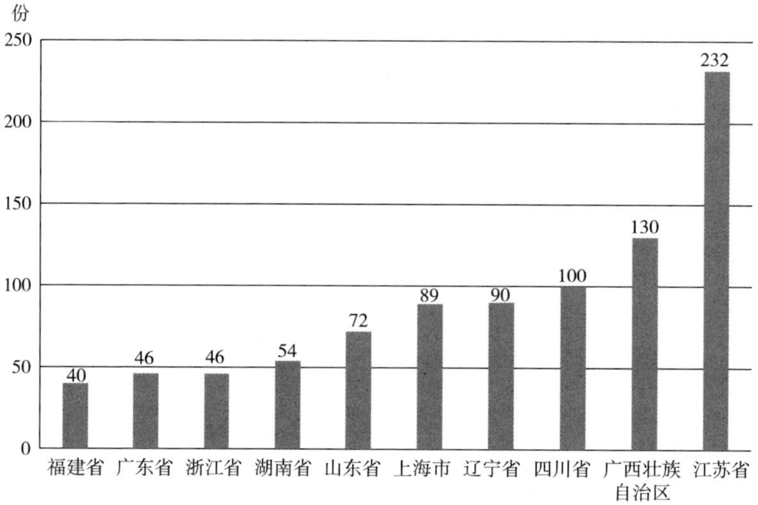

图 2－22　异议股东股权回购请求权诉讼区域分布

数量最多的前六个省级行政区域分别是江苏省、广西壮族自治区、四川省、辽宁省、上海市、山东省，除了广西壮族自治区外，其他都处于沿海经济发达的省份。由于出现了“广西登高(集团)田东水泥有限公司请求公司收购股份纠纷”系列案，共101个案件，因此广西壮族自治区也进入前五。

从大数据检索的数据来看，在实践中“请求公司收购股份纠纷”的案件数量并不算多，反映出异议股东回购请求权的适用难度非常大。

裁判规则

裁判规则一：股东与公司通过协议由公司回购股东股权的意定回购，属于双方真实意思表示，对双方具有约束力，双方不得以未召开股东会为由拒绝履行协议。

案例 蔡某与周某杰等股权转让纠纷案

案号：(2017)京0108民初9447号

案情简介

被告节能环保科技开发股份有限公司(以下简称哈宜公司)为减少公司注册资本，与原告蔡某签订退出公司股权的《框架协议》，并将蔡某持有的哈宜公司股权转让给哈宜公司指定的被告王某洁、被告周某杰，其后由哈宜公司办理了相关手续，但哈宜公司并未全部支付股权转让款。经蔡某多次催要后，蔡某与哈宜公司于2016年1月5日又签订了《补充确认协议》，约定由哈宜公司和孙某波支付股权转让款项。2017年6月30日已支付50万元。王某洁是孙某波的岳母，周某杰是孙某波的小舅子。双方签订的合同有效，要求哈宜公司、王某洁、周某杰支付股权转让款。原告蔡某向法院提出诉讼请求：(1)哈宜公司、王某洁、周某杰共同支付股权转让款452.8万元；(2)本案诉讼费由哈宜公司、王某洁、周某杰承担。

裁判观点

法院认为:《公司法》第 75 条规定了有限责任公司股东的法定回购请求权,除该条规定的情形外,《公司法》并未禁止在股东退出公司的情况下,股东与公司通过协议由公司回购股东股权。蔡某与哈宜公司签订的框架协议及《补充确认协议》均系双方真实意思表示,且不违反法律、行政法规的强制性规定,因此合法有效,对双方具有约束力。蔡某与哈宜公司签订框架协议时,哈宜公司股东为蔡某、王某洁、周某杰三人,现蔡某、王某洁、周某杰均认可蔡某当时为退股,并且王某洁、周某杰配合办理了股权变更手续,可以认定全体股东对此达成了一致,故哈宜公司、王某洁、周某杰以退股事宜未召开股东会为由主张上述协议无效或未生效,法院不予支持。哈宜公司回购股权后,可以注销股权或者将股权转让给其他股东。蔡某已依约退出哈宜公司,哈宜公司应当依约支付股权回购款。现哈宜公司仅支付了部分股权回购款,蔡某要求其支付尚欠的股权回购款 4,528,000 元,有事实及法律依据,法院予以支持。

裁判结果

被告北京哈宜节能环保科技开发股份有限公司支付原告蔡某股权回购款 4,528,000 元。

裁判规则二:股权回购条款是股权转让双方之间的约定,回购条件成就与否应依合同约定及相应客观事实认定。是否经股东会讨论同意并形成决议,继而对公司股东名册、工商登记情况作相应变更,是股权回购条款的履行问题,不能以此作为判断股权回购条款是否有效、股权回购条件是否成就的依据。

案例　上海正赛联创业投资有限公司、浙江龙信股权投资合伙企业股权转让纠纷案

案号：(2018)浙06民终1295号

案情简介

2012年7月16日，上诉人(原审被告)上海正赛联创业投资有限公司(以下简称正赛联公司)为出让方，被上诉人(原审原告)浙江龙信股权投资合伙企业(以下简称龙信合伙企业)、杭州盈翔创业投资合伙企业(有限合伙，以下简称盈翔合伙企业)为受让方，双方以帷盛太阳能公司为标的公司，签订《股权转让协议》一份，载明：股权转让基准日为2012年7月16日；帷盛太阳能公司工商登记注册资本为3250万元，登记股东为杭州钱江中小企业创业投资有限公司、正赛联公司及朱某静、郑某、朱某文、张某林6名自然人，其中正赛联公司持有15.35%股权；帷盛太阳能公司及原6名自然人股东已同意深圳市招商局科技投资有限公司等七单位和个人对公司增资，长江成长资本投资有限公司等两单位受让张某林、朱某文合计持有的1,358,696元出资额，各方已于2012年7月4日签署增资协议及股权投资协议；在上述增资和受让完成后，正赛联公司拟将其持有的公司4.36%股权(注册资本1,811,594元)以2000万元的价格转让给龙信合伙企业，将其持有的公司3.27%股权(注册资本1,358,696元)以1500万元的价格转让给盈翔合伙企业，龙信合伙企业、盈翔合伙企业同意以相应价款受让标的股权；在受让方将投资款支付至出让方账户之日起45个工作日内完成相应的工商变更登记手续；本次股权转让完成后，公司注册资本为41,557,971元，股东为龙信合伙企业、盈翔合伙企业、正赛联公司等17名。该协议落款处由正赛联公司、龙信合伙企业、盈翔合伙企业、帷盛太阳能公司盖章。

同日，龙信合伙企业、盈翔合伙企业与正赛联公司及帷盛太阳能公司创始股东朱某静、郑某、朱某文、张某林共同签订《股权转让协议之补充协议》一份，载明：为就2012年7月16日《股权转让协议》未尽事宜进行进一步约定，签订

本补充协议,补充协议条款与《股权转让协议》有冲突或不一致之处,以补充协议为准;若帷盛太阳能公司未能在2015年6月30日前实现国内A股上市,则龙信合伙企业、盈翔合伙企业作为受让方,有权要求正赛联公司或和创始股东按每年10%的投资回报加投资本金,回购所有受让方股权,正赛联公司与创始股东承担无限连带责任;股权回购均应以现金形式进行,股权回购全款应在受让方发出书面回购要求之日起6个月内全额支付给受让方。该协议落款处由正赛联公司、龙信合伙企业、盈翔合伙企业、帷盛太阳能公司盖章,朱某静、郑某、朱某文、张某林签字。

2012年8月13日,签署《股权转让协议》的各方当事人共同签订《协议变更确认书》一份,对《股权转让协议》签署之前的股权变更事宜进行了具体记载,对《股权转让协议》签署前后的公司股东结构分别予以列表说明,其中协议签署之后的股东变更为21名,股权转让的基准日变更为2012年8月13日。同日,签署《股权转让协议之补充协议》的各方当事人共同签订《补充协议变更确认书》一份,同样对《股权转让协议》签署之前的股权变更事宜进行了具体记载,对《股权转让协议》签署前后的公司股东结构分别予以列表说明,其中协议签署之后的股东变更为21名。

2012年9月6日,龙信合伙企业按约支付正赛联公司股权转让款2000万元。同日,龙信合伙企业被工商登记为帷盛太阳能公司股东,出资额为1,811,594元。2012年11月28日,帷盛太阳能公司工商登记名称变更为帷盛科技公司。至2015年6月30日,帷盛科技公司未实现国内A股上市。

2015年7月10日,帷盛科技公司股东会形成决议,决定将公司派生分立为两个公司,存续公司为帷盛科技公司,注册资本由41,557,971元减少为3000万元,新设公司为帷沃公司,注册资金为11,557,971元;分立基准日为2015年5月31日;公司股东仍按原持股比例分别持有帷盛科技公司、帷沃公司股权。2015年12月14日,帷盛科技公司工商登记注册资本变更为3000万元;2015年12月23日,帷沃公司经工商登记成立。龙信合伙企业在帷盛科技公司、帷沃公司的持股比例均为4.36%,出资金额分别为1,308,000元和503,594元。

2016年5月12日,龙信合伙企业委托浙江天册律师事务所向正赛联公司、朱某静、郑某、朱某文、张某林分别发出律师函，认为《股权转让协议之补充协议》约定的股权回购要件已满足，要求收函方于收函3日内提出切实可行的回购方案，并在协议约定期限内支付回购款项。正赛联公司、朱某静均于次日收到律师函，但至今未履行股权回购义务。

裁判观点

法院认为：本案争议焦点为《协议变更确认书》《补充协议变更确认书》是否是对双方权利义务内容的变更；股权回购条件是否已经成就；一审认定的投资回报是否过高；本案是否已过诉讼时效。首先，正赛联公司与龙信合伙企业于2012年8月13日签订的《协议变更确认书》《补充协议变更确认书》中均明确，变更确认书系对2012年7月16日《股权转让协议》《股权转让协议之补充协议》中的有关事实进行变更，内容主要包括2012年7月16日至8月13日，帷盛太阳能公司股权变动的情况，以及龙信合伙企业受让股权前后，帷盛太阳能公司的股东结构情况等。可见，上述两份变更确认书并不涉及《股权转让协议》《股权转让协议之补充协议》中合同权利义务的变更，故应认定《协议变更确认书》《补充协议变更确认书》是对《股权转让协议》《股权转让协议之补充协议》的补充说明，而非权利义务内容的变更。其次，各方签订的《股权转让协议之补充协议》第4.1.1条规定，若帷盛太阳能公司未能在2015年6月30日前实现国内A股上市，则受让方有权要求正赛联公司或和创始股东按每年10%的投资回报加投资本金，回购所有受让方股权。该约定系各方当事人真实意思表示，未违反法律法规效力性规定，且目前正赛联公司、龙信合伙企业均为帷盛科技公司、帷沃公司股东，根据我国《公司法》的规定以及《帷盛太阳能公司公司章程》的约定，股东之间可以相互转让其全部或者部分股权。现帷盛太阳能公司未能在2015年6月30日前实现国内A股上市，因此，正赛联公司、朱某静应按约履行回购条款。最后，在上述回购条款中，各方约定，正赛联公司、朱某静在回购时，应按每年10%支付受让方投资回报。该约定合法有效，各方均应依约履行。正赛联公司主张每年10%的投资回报过高，且不应支付至实际付清之日的主张，无事实和法律依据，法院不予支持。

裁判结果

正赛联公司于判决生效后 7 日内回购龙信合伙企业持有的帷盛科技公司 4.36% 股权、帷沃公司 4.36% 股权，并支付龙信合伙企业 2000 万元与该款自 2012 年 9 月 6 日起至实际履行之日止按年利率 10% 计算的投资回报相加所得的股权回购款；朱某静对上述股权回购款的支付承担连带责任。

裁判规则三：公司章程及章程修正案系经过股东会表决通过并经股东签字确认，应视为股东真实的意思表示，股东要求确认公司章程条款无效缺乏法律依据。公司章程关于公司解除其与股东劳动关系后，股东资格丧失后股权的转让及公司收购股权有事先约定，实质是为保证公司的人合性，并不违反法律法规禁止性规定，没有损害股东的合法权益，合法有效。

案例 天长市中天实业有限责任公司、章某萍股东资格确认纠纷案

案号：(2018)皖民再 88 号

案情简介

章某萍系原天长市农业机械厂职工，后该厂破产，章某萍被天长市中天实业有限责任公司(以下简称中天公司)接受安置。2001 年章某萍出资成为中天公司股东。2006 年章某萍增加出资，持股比例增加到 1.495%，并在工商部门办理了登记。2014 年 1 月 19 日，中天公司召开股东大会对公司章程进行修改并通过，章某萍亦签字同意，其中原章程第 7 条"公司股东必须是本公司员工(包含投资入股以后内退和退休员工)，并同公司签订劳动合同"增加"股东同公司终止或者解除劳动合同关系之时，即不再符合公司股东的条件，自动丧失公司股东资格，必须按照本章程的规定，在终止或者解除劳动关系之时，按照公

司当期股权转让指导价，同步转让其所持有的公司股份。如果股东不能主动同步办理，或者拒绝办理所持股份的转让手续，股东大会授权公司董事会及法定代表人按照本章程规定，在该股东同公司终止（解除）劳动关系之时，强制性临时用公司公积金，按照当期公司股东会议通过的股权转让指导价进行收购”之内容。2014 年 6 月，章某萍与中天公司解除劳动关系。6 月 10 日，中天公司作出“关于同章某萍解除劳动关系等问题的决定”，并送交章某萍。决定第 2 条内容为：“章某萍同公司解除劳动关系后，不再符合公司股东的条件，将自动丧失公司股东资格”；“章某萍2014 年1 月持有公司股份28,974.70 元，按照2014 年度公司股权转让指导价格 1∶1.1576 计算，其股权转让所得为 33,541.11 元”。2014 年 9 月 15 日，中天公司将 33,541.11 元汇入章某萍账户。自 2014 年 7 月起，中天公司不再继续按月向章某萍发放股东补贴，以及 2014 年、2015 年的红利。

裁判观点

法院认为：

（1）案涉《公司章程》及章程修正案系经过股东大会表决通过并经股东签字确认，未违反《合同法》（已废止）第 4 条[1]关于自愿原则的规定。章某萍持股比例是 1.495%，其作为股东出席股东大会参与表决并签字确认同意，章某萍无证据证明系其非自愿签字，应视为其真实意思表示，章某萍以此主张该条款无效缺乏法律依据。

（2）案涉章程第 7 条对中天公司解除其与股东劳动关系后，股东资格丧失后股权的转让及公司收购股权有事先约定，实质是为保证公司的人合性，并不违反法律法规禁止性规定，没有损害股东的合法权益，合法有效。

（3）2014 年 6 月，中天公司将解除劳动关系的决定告知章某萍，并告知其股权转让款的价格同时将该款项汇入章某萍的账户。案涉公司章程约定公

---

〔1〕《民法典》第 5 条规定：“民事主体从事民事活动，应当遵循自愿原则，按照自己的意思设立、变更、终止民事法律关系。”

司收购股东股权，中天公司亦是以公司资本公积金收购章某萍的股权，且公司收购进行减资手续及将收购的股权转让给他人均不构成公司抽逃出资行为。

案涉章程规定股权回购价按照股权转让指导价进行收购，该规定也保障了股东退出的财产权。至于股权指导价是否合理，不影响章某萍的财产权益，亦不影响本案股权收购效力，因此，二审法院认定该条款无效，缺乏法律依据。

裁判结果

安徽省高级人民法院撤销一审、二审判决，改判驳回章某的诉讼请求。

案例启示

一、异议股东行使回购请求权应当注意的问题

（一）积极行使自身权利，避免做法律上的“懒惰之人”

法律赋予了股权知情权、分红权、表决权等权利，当发生股东纠纷时，股东应该积极行使自身权利化解纠纷。对于不知晓公司经营状况的，可要求行使知情权、查阅权，参与公司的经营管理，了解公司经营状况，特别是公司是否存在盈利、未分配利润的情况；对于公司长期不召开股东会不分红，也可提议召开股东会进行分红讨论，或者通过股权转让、约定回购等方式退出公司；当发生符合行使异议股东回购权的事项时，也应该在法定期间内进行协商回购，法定期间内向法院起诉，避免怠于行使权力而蒙受损失。

（二）尽量适用约定回购，正确理解法定回购

相比法定回购的各种限制，约定回购则更加灵活便捷。在不违背资本维持的原则基础上，股东与公司之间可以就回购价格、回购方式、回购期限等进行约定，这是发生公司僵局时股东最便捷的退出途径。

而法定回购的适用条件是非常严格的，仅有三种适用情况，一般必须在存在股东会决议情况下才能行权，且具有行权的除斥期，超过法定适用条件或没有在除斥期内行权的，法院不会支持。因此，股东应正确理解异议股东回购请求权的法律规定，避免理解错误而怠于行权。

二、相关判例的认定标准

由于法条规定的不尽完善及商事实践的复杂性，实践中争议较大的主要是“何为转让主要财产”“连续五年盈利且五年不分配利润的认定”“合理价格的确定”，而对于“营业期满通过决议修改章程使公司存续”则不存在较大争议，下面将通过案例分析考量实务中的认定标准。

（一）对何为“转让主要财产”的认定

“主要财产”的认定，在实践中法院会采取两种标准进行认定：一是以转让财产的“量”为标准，二是以转让财产的“质”为标准。

1. 以“量”为标准，主要从涉案资产占公司总资产或净资产的比例进行认定

以杭州市余杭区人民法院（2011）杭余商初字第105号“翁启凡与杭州余杭长途汽车运输有限公司股份收购请求权纠纷”案为例，法院认定涉案资产约占公司总资产的1/4，故转让行为亦不属于公司转让主要财产。

2. 以“质”为标准，主要从涉案资产对公司经营、存续及对公司和股东利益的影响程度进行综合考察

该标准较为合理，综合考虑了公司经营存续和股东利益等方面，如果转让该资产会对前述利益产生重大影响，则构成“异议股东回购”。

以中山市中级人民法院（2016）粤20民终4064号中山市捷龙厨具有限公司、彭安涛请求公司收购股份纠纷案件为例，法院认定公司转让的财产是否为主要财产，取决于公司转让的财产是否影响了公司的正常经营和盈利，导致公司发生了根本性变化。本案涉案资产是公司主要生产经营设备，转让该资产影响了公司的正常经营和盈利，导致公司发生了根本性变化，异议股东有权要求公司回购其股权。

（二）对“连续五年未分配利润”的认定

“连续五年未分配利润”，实践中的争议主要在以下两个方面：一是是否必须召开股东会并形成决议，二是对“连续五年盈利”的实体认定。

1. 对是否必须召开股东会形成决议，在司法实践中存在两种观点，分别是“必须存在股东会决议”及“不存在股东会决议”

第一种观点认为不存在股东会决议的，股东不能行使异议回购请求权。

以“泸州市江阳区人民法院（2015）江阳民初字第5684号叶岷伟与泸州朗格置业有限公司请求公司收购股份纠纷”为例，法院认为原告未能举证公司召开股东会决议且原告对决议投反对票的情况，驳回原告诉求。

第二种观点认为，即使不存在股东会决议也可以行使异议回购请求权。

具体可以再细分为两种。一是主要事实上满足“连续五年不分配利润”即可行使异议回购权。

以“营口市中级人民法院（2014）营民三终字第00624号营口洪桥磁选机械有限公司与赵义龙、宋聚斌请求公司收购股份纠纷”为例，法院并没有认定是否要经过公司决议，而是直接从是否“连续五年盈利且未分配利润”的实体要件进行认定。

二是持股不足1/10表决权的小股东且满足“连续五年不分配利润”可以行使异议回购权。

以“山东省章丘市人民法院（2012）章商初字第1801号李家滨与济南东方管道设备有限公司请求公司收购股份纠纷”为例，法院认为原告作为持股比例不足1/10的小股东无权提议召开临时股东会，且公司已经满足“连续五年不分配利润”和“连续五年盈利”的收购条件，故法院认为原告已经具备要求被告收购原告股权的条件。

2. 对“连续五年不分配利润”的实体条件认定

对“连续五年不分配利润且连续五年盈利”，举证是最大的难题，中小股东由于不掌握公司实际权力，也难以掌握公司经营的真实情况，难以判断是否连续5年盈利。

在实践中，法院有两种途径对此进行认定：一是通过税务机关出具的纳税证明、完税证明和纳税申报材料进行认定;二是通过公司的资产负债表进行认定。

以"山东省高级人民法院(2016)鲁民终791号周治涛、辛乐荣等与山东鸿源水产有限公司请求公司收购股份纠纷"为例,法院认为根据税务机关出具的纳税证明、完税证明和纳税申报材料可以证明鸿源公司在2012年、2013年没有产生企业所得税,鸿源公司不可能产生税后利润。因此,鸿源公司在该5年内并没有连续盈利,也就不存在不向股东分配利润的问题。

以"昆明市盘龙区人民法院(2019)云0103民初5634号朱希亮与云南天厨园餐饮管理有限公司请求公司收购股份纠纷"为例,法院试图通过第三方评估认定是否达到连续5年盈利的标准,但因不符合评估条件而被鉴定机构退回。

以"日照市东港区人民法院(2017)鲁1102民初7102号陈为军与日照市政工程有限公司请求公司收购股份纠纷"为例,法院认定原告提供投标工程的审计报告不客观,而原告又未能提供证据反驳被告提供的鉴定报告,最终做出不足以证明连续5年盈利的认定。

从多数案件来看,原告对于公司连续5年盈利的举证是相当困难的。对此,建议先提起股东知情权诉讼,要求查阅公司账簿等,取得相关证据后再行使异议股东回购权。

(三)对回购合理价格的认定

回购合理价格是司法实践中争议最大的问题,按照司法实践的经验来看,第一步先看是否存在公司章程或者协议约定的回购价格。有规定或约定的,按照该规定或约定进行;如不存在章程约定或双方约定,则按第二步,通过其他方式确定合理价格,具体有股东会决议、第三方评估、以公司净资产确定等方式。

1. 以股东会决议确认回购价格

以"江苏省常州市中级人民法院(2019)苏04民终4049号刘昊与常州市众智文化传媒有限公司请求公司收购股份纠纷"为例,法院认定众智公司2018年5月5日股东会决议已按2009年2月5日股东协议约定的股权价格上限确定了转让价格和转让份额,符合法律规定和全体股东的约定,未损害原告利益。因此,在事先已有约定的情况下,按照该约定的价格进行回购,符合法律规定。

2. 以第三方评估确定回购价格

以“东营经济技术开发区人民法院(2014)东开商初字第10号曲衍森诉被告胜利油田鸿通管材有限公司请求公司收购股份纠纷”为例,法院根据第三方评估公司出具的资产评估报告书,可以认定被告现有净资产额为17,704,000元,故被告应向原告支付1,770,400元收购原告持有的被告10%的股权为宜。

3. 以公司净资产确定回购价格

以“阜阳市颍州区人民法院(2015)州民二初第00124号徐文岩与阜阳三维棉麻有限责任公司请求公司收购股份纠纷”为例,法院按照原告持有0.3874%的出资比例×公司净资产40,866,536.22元计算出原告应得公司净资产为158,316.96元,以此确定回购价格。

第六节 剩余财产分配请求权

法理解说

一、剩余财产分配请求权的含义

剩余财产分配请求权,是指在公司清算时,股东对于公司剩余的财产享有请求进行分配的权利。[1]

公司系由股东出资设立,以追求营利为目的的企业组织。《公司法》第26条、第27条、第28条对股东出资进行了详细规定,第34条对股东分取红利进行了规定,第3条是对股东投资责任的规定,此外还有对发起人责任的规定等,都表明股东出资的财产在公司成立、运营和存续中的重要作用。当公司解散后,需要进行清算,公司财产需要分别支付清算费用、职工工资、社保费用和法定补偿金、税款、公司债务,如仍存在剩余财产时,该剩余财产的实质系股东出资的

〔1〕 参见赵旭东:《公司法》(第3版),中国政法大学出版社2018年版,第166页。

财产创造的价值,股东请求分配剩余财产是基本的权利。

二、公司财产与剩余财产的异同

公司财产是指公司存续过程中可供其支配的全部财产和财产权利的总称。以其法律性质作区分,可以分为有形财产和无形财产;以内容来区分,可以分为包括货币、实物、民事权利等在内的积极财产和包括债务、民事义务等在内的消极财产;以其来源区分,有股东出资、公司对外负债以及公司存续期间的资产收益和经营收益等三种区分。[1]

《公司法》第186条规定,公司剩余财产是指公司依法解散并清算后,清算组依照法律规定对公司财产在分别支付清算费用、职工工资、社会保险费用和法定补偿金,缴纳所欠税款,清偿公司债务后的剩余财产。

公司剩余财产分配,是指股东依照法律、公司章程的规定参与对公司剩余财产的分配。股东能够得到公司剩余财产分配的前提条件是公司依法进行清算,其全部财产在向公司全体债务人清偿债务之后尚有剩余。也就是说,公司债权人的债务清偿全优先于股东的剩余财产分配权。各国公司法均规定了股东对公司财产具有分配的权利,也规定了禁止未清偿债务前分配公司财产的条款。公司剩余财产分配请求权是股东向公司得以主张的最后权利,而公司财产则是一种对债权的责任财产,若公司清算时不先清偿债务就向股东分配,公司因解散而不复存在,显然构成了对公司债权人利益的侵害。

三、剩余财产分配请求权的适用条件

(一)程序前提

《公司法》第十章名为“公司解散和清算”,这就意味着,剩余财产分配请求权只能在“公司解散→清算→偿还公司所有负债和应缴税款→存有剩余财产”的条件下才能行使,如果公司清算期间发现资不抵债的,将使清算程序变更为破产程序。

---

〔1〕 参见张庆辉:《公司剩余财产制度分配研究》,复旦大学2012年硕士学位论文,第4页。

(二)实现主体

与一般理解的权利不同,股东对剩余财产分配请求权的实现,在通常情况下,并非系通过股东的积极行为。按照《公司法》的规定,清算组属于清算程序中分配公司剩余财产的"主体",尽管该清算组是临时性组织,但不管是公司的债权人还是股东,都要承受清算组清算行为的结果,最终清算方案需要经过股东会议或人民法院的确认。相对而言,公司的债权人可以通过债权申报,积极参与清算行为的过程中,而股东对剩余财产的分配,则由于公司组织形式的不同而有所不同。

有限责任公司的场合,剩余财产按照股东的出资比例分配。而股东的出资比例,间接地呈现在公司章程之中。《公司法》第32条规定置备的股东名册,对股东的出资额也有记载。清算组以及公司章程和股东名册,不需要股东的积极作为,即可实现剩余财产的按比例分配。

股份有限公司则不同,这与股份有限公司股份的复杂多样性密切相关。按照《公司法》的规定,股份有限公司既可以发行记名股票,也可以发行不记名股票。如此,公司章程就很难记载在每一个股东的持股数量,即便是记名股东,公司也不可能记载所有股东持股信息的股东名册。《公司法》规定清算组按照股份有限公司股东的持股比例对剩余财产进行分配,但由于不可能知道完整的股东持股信息,清算组也不能像有限责任公司信赖公司章程或股东名册,因此就必须有一个前提性的程序,即股东申报所持股份。

当然,清算组和股东之间并非毫无相关。在有限责任公司清算程序中,股东成为清算组的成员,而在股份有限公司的清算程序中,清算组由董事或者股东大会确定的人员组成。如果公司逾期不成立清算组,则由债权人申请法院指定组成清算组。法律为股东提供了介入实现剩余财产分配权的机会,至少在有限责任公司中,股东可以直接行使其权利。股份有限公司考虑股东人数众多的原因,所有的股东都参与清算程序并不适宜,只能通过股东代表来实现剩余财产的分配。

清算组的清算方案,在正常清算程序中,需要股东会议的确认,虽然在清算程序中,并非所有股东都有机会进入清算组(有限责任公司除外),但股东会议对清算方案的确认权，给所有股东发表异议的机会。公司法虽然要求股东会的确认，但对确认所需要的表决权数或表决权比例，并未有明文规定。在有限责任公司，由于每个股东都参与清算程序，股东会对清算方案的确认应无疑问，似乎也没有必要。但股份有限公司由董事或股东大会指定人选组成清算组，清算方案并不一定符合未参与这一程序中的股东的利益，甚至也不一定能获得股东大会的认可。

（三）分配比例的基础

有限责任公司在分配红利方面，原则上按照实缴的出资比例分取红利，显然削减了“认缴出资”的价值。同时，关于有限责任公司，《公司法》规定股东会的会议原则上按照“出资比例”行使表决权（第 42 条）；出资证明书和股东名册的规定，从文义上似乎也只能按照“实缴”出资来理解（第 32 条、第 33 条），股东依赖于股东名册主张行使股东权利（第 33 条第 2 款）。

但对于剩余财产分配比例的基础，《公司法》第 186 条只规定了股东按“出资比例”或“持股比例”分配公司剩余财产，并没有强调出资或持股是否涵盖“认缴”或“认购”在内。

裁判规则

裁判规则一：在公司清算阶段补缴出资的仍属于未全面履行出资义务，公司可通过股东会决议对出资瑕疵股东的剩余财产分配权进行合理限制

案例　捷仁公司与戴某元公司决议效力确认纠纷案

案号：（2013）沪二中民四（商）终字第 1009 号

案情简介

上诉人（原审被告）捷仁公司注册资金为 600 万元，被上诉人（原审原告）戴

某元认购出资66.36万元,占捷仁公司11.06%的股权,实际出资15万元。2011年11月29日,戴某元收到捷仁公司催缴出资款通知书,要求戴某元补缴未实际缴纳出资51.36万元。2011年12月2日,戴某元补缴出资51.36万元。2012年8月17日,捷仁公司股东会作出决议,其中决议第二项、第三项内容为"二、因戴某元未按公司2011年12月7日股东会决议,现决定其补缴的51.36万元,因未参与实际经营,故不参与清算利润的分配,51.36万元退回;三、同意对清算后的可分配利润3096990.15元,按各股东的原实际出资(470万元)比例进行分配"。戴某元以其已足额补缴全部认缴出资,捷仁公司不应对其股东剩余财产分配请求权进行限制为由,诉至上海市虹口区人民法院,请求判令:确认捷仁公司股东会于2012年8月17日作出的股东会决议第2条及第3条中的"股东按出资额收回投资"部分无效。

裁判观点

上海市虹口区人民法院认为,戴某元于2011年12月2日按照捷仁公司通知补缴了其全部认缴出资,已履行了全部出资义务,其出资是否参与公司实际经营、是否为公司产生利润的问题,与公司剩余财产分配无关。股东会决议中涉及"股东按出资额收回投资"等内容系对公司剩余财产的分配,与公司法关于剩余财产分配的规定相违背,应为无效。

上海市第二中级人民法院认为:《公司法》第186条第2款规定,公司清算后的剩余财产由有限责任公司的股东按照各自的出资比例分配。捷仁公司章程第52条第3款亦约定,公司剩余财产按照股东的出资比例分配。出资比例应指实缴出资比例而非认缴出资比例。捷仁公司历年分配红利均以各股东实缴出资比例为分配基准,各方均无异议,故涉案股东会决议第3、4条中股东先行收回各自实际投资款项再按照实缴出资比例分配剩余财产的内容,并不违反《公司法》及捷仁公司章程的规定。同时,根据《最高人民法院关于适用〈中华人民共和国公司法〉若干问题的规定(三)》[以下简称《公司法司法解释

(三)》]第17条[1],股东未全面履行出资义务的,公司根据股东会决议对其剩余财产分配请求权等作出合理限制。

至于戴某元抗辩,其在收到捷仁公司发给各股东要求补足认缴出资款的通知后及时予以补足,故即便公司在几日后便予以清算等,其仍应享受以全额认缴出资比例的分配标准来分配公司剩余财产一节,二审法院认为,戴某元如在2002年3月认缴出资后的合理期限内便及时补足出资,与其在公司已预备清算阶段的2011年12月再行补缴的性质差异及后果不言而喻。戴某元虽已按要求补足了认缴出资,但因其补缴的出资款项并未实际应用于公司的运作以及为公司产生利润,其仍无权获得以认缴出资比例分配公司剩余财产的权利。

裁判结果

驳回戴某元的诉讼请求。

裁判规则二:有限责任公司的股东、股份有限公司的董事和控股股东,应当依法在公司被吊销营业执照后履行清算义务,不能以其不是实际控制人或者未实际参加公司经营管理为由,免除清算义务。

案例　上海存亮贸易有限公司诉蒋某东、王某明等买卖合同纠纷案

案号:(2010)沪一中民四(商)终字第1302号

案情简介

原告上海存亮贸易有限公司(以下简称存亮公司)诉称:其向被告常州拓恒机械设备有限公司(以下简称拓恒公司)供应钢材,拓恒公司尚欠货款

[1] 2014年《最高人民法院关于修改关于适用〈中华人民共和国公司法〉若干问题的规定的决定》修正为第16条。

1,395,228.6元。被告房某福、蒋某东和王某明为拓恒公司的股东,拓恒公司未年检,被工商部门吊销营业执照,至今未组织清算。因其怠于履行清算义务,导致公司财产流失、灭失,存亮公司的债权得不到清偿。根据《公司法》及相关司法解释规定,房某福、蒋某东和王某明应对拓恒公司的债务承担连带责任。故请求判令拓恒公司偿还存亮公司货款1,395,228.6元及违约金,房某福、蒋某东和王某明对拓恒公司的债务承担连带清偿责任。

被告蒋某东、王某明辩称:(1)两人从未参与过拓恒公司的经营管理;(2)拓恒公司实际由大股东房某福控制,两人无法对其进行清算;(3)拓恒公司由于经营不善,在被吊销营业执照前已背负了大量债务,资不抵债,并非由于蒋某东、王某明怠于履行清算义务而导致拓恒公司财产灭失;(4)蒋某东、王某明也曾委托律师对拓恒公司进行清算,但由于拓恒公司财物多次被债权人哄抢,导致无法清算,因此蒋某东、王某明不存在怠于履行清算义务的情况。故请求驳回存亮公司对蒋某东、王某明的诉讼请求。

被告拓恒公司、房某福未到庭参加诉讼,亦未作答辩。

裁判观点

上海市第一中级人民法院生效裁判认为,存亮公司按约供货后,拓恒公司未能按约付清货款,应当承担相应的付款责任及违约责任。房某福、蒋某东和王某明作为拓恒公司的股东,应在拓恒公司被吊销营业执照后及时组织清算。因房某福、蒋某东和王某明怠于履行清算义务,导致拓恒公司的主要财产、账册等均已灭失,无法进行清算,房某福、蒋某东和王某明怠于履行清算义务的行为,违反了《公司法》及其司法解释的相关规定,应当对拓恒公司的债务承担连带清偿责任。拓恒公司作为有限责任公司,其全体股东在法律上应一体成为公司的清算义务人。《公司法》及其相关司法解释并未规定蒋某东、王某明所辩称的例外条款,因此无论蒋某东、王某明在拓恒公司中所占的股份为多少,是否实际参与了公司的经营管理,两人在拓恒公司被吊销营业执照后,都有义务在法定期限内依法对拓恒公司进行清算。

关于蒋某东、王某明辩称拓恒公司在被吊销营业执照前已背负大量债务，即使其怠于履行清算义务，也与拓恒公司财产灭失之间没有关联性。根据查明的事实，拓恒公司在其他案件中因无财产可供执行被中止执行的情况，只能证明人民法院在执行中未查找到拓恒公司的财产，不能证明拓恒公司的财产在被吊销营业执照前已全部灭失。拓恒公司的3名股东怠于履行清算义务与拓恒公司的财产、账册灭失之间具有因果联系，蒋某东、王某明的该项抗辩理由不成立。蒋某东、王某明委托律师进行清算的委托代理合同及律师的证明，仅能证明蒋某东、王某明欲对拓恒公司进行清算，但事实上对拓恒公司的清算并未进行。据此，不能认定蒋某东、王某明依法履行了清算义务，故对蒋某东、王某明的该项抗辩理由不予采纳。

裁判结果

法院判决拓恒公司偿付存亮公司货款及相应违约金，房某福、蒋某东和王某明对拓恒公司的上述债务承担连带清偿责任。

裁判规则三：控股股东及实际控制人拒不移交清算材料，妨害清算活动的正常进行，该行为损害了其他股东的剩余财产分配请求权。

案例　周某光与卢某云损害股东利益责任纠纷案

案号(2017)浙02民终1621号

案情简介

周某光系兴泰公司的控股股东及实际控制人，在(2015)甬象商清字第1号公司清算一案中拒不移交清算材料，导致该案因无法全面清算而终结强制清算程序。周某光该行为损害了兴泰公司另一股东卢某云的剩余财产分配请求权，且周某光在该案中表示兴泰公司当时从账面上看还有盈利，故卢某云起诉要求周某光对其在正常清算情况下应当分得的财产数额承担赔偿责任。兴泰公司因账册不全而无法清算,因此剩余财产数额也无法通过评估予以确定。一审法院在周某光无法证明兴泰公司已资不抵债没有剩余财产进行分配或者不能返还出资,或者虽有剩余财产可供分配但数额低于卢某云主张的损失数额的情况下,对卢某云要求周某光以双方投入兴泰公司的出资额及迟延出资的利息,按出资比例偿付损失 70.72 万元予以支持。

裁判观点

法院认为,剩余财产分配请求权系股东的基本权利,公司在清算后尚存的剩余财产,股东可要求公司及公司清算组按照出资比例进行分配。卢某云作为兴泰公司的股东,依法享有收益权,而收益权的其中一个重要组成即为股东在公司清算后的剩余财产分配请求权,根据周某光在浙江省象山县人民法院(2015)甬象商清字第 1 号案件的谈话笔录中表示兴泰公司当时从账面上看还有盈利,现因兴泰公司清算不能,致使卢某云的剩余财产分配权无法实现,造成了卢某云财产利益上的损失,存在权利被损害的客观后果,而兴泰公司作为有限责任公司,公司股东即卢某云与周某光皆为清算义务人,都应当对清算不能承担责任;但依据浙江省象山县人民法院(2015)甬象商清字第 1 号之三民事裁定书,周某光作为兴泰公司的实际控制人拒不移交清算材料是导致兴泰公司清算不能的直接原因,应视为控股股东违反了对少数股东的信义义务而导致少数股东的剩余财产分配权无法实现,当公司无法清算时,控股股东应当对受损失的小股东承担赔偿责任,处于受害人地位的少数股东有权向控股股东主张损害赔偿,故周某光应对公司会计账册不全导致清算不能对卢某云承担赔偿责任。

裁判结果

一审法院判决被告周某光于判决生效后 30 日内赔偿卢某云损失 70.72 万元,二审法院认可一审法院判决,驳回上诉人上诉。

裁判规则四：未履行出资义务的，不享有利润分配请求权、新股优先认购权、剩余财产分配请求权等股东权利。

案例　亿中制衣厂有限公司与惠州市乐生实业发展总公司南澳公司股东出资纠纷案

案号：(2012)汕中法民四初字第10号

案情简介

1993年，亿中制衣厂有限公司（以下简称亿中公司）与被告惠州市乐生实业发展总公司南澳公司（以下简称乐生南澳公司）、澄海二建公司签订《关于合资成立“南澳亿湖厂房开发有限公司”协议书》，约定三方合资创办南澳亿湖厂房开发有限公司（以下简称亿湖公司），根据合资合同、公司章程，乐生南澳公司作为亿湖公司的股东，应提供9.3亩土地使用权，折价1333万港元作为出资。但乐生南澳公司以欺诈的手段，将亿湖公司的土地使用权作为自己的资产投入亿湖公司，虚假出资。亿中公司起诉要求认定乐生南澳公司对亿湖公司未履行出资义务，乐生南澳公司对亿湖公司不享有利润分配请求权、新股优先认购权、剩余财产分配请求权等股东权利，并应按合同约定向亿中公司支付违约金。

裁判观点

法院认为，根据《公司法》第34条的规定，股东按照实缴的出资比例分取红利；公司新增资本时，股东有权优先按照实缴的出资比例认缴出资。可见，享有股东权利的前提是承担股东义务，利润分配请求权、新股优先认购权、剩余财产分配请求权等股东权利是与出资义务相对应的，上述股东权利应按实缴的出资比例来行使。根据案件中查明的事实，乐生南澳公司没有履行出资义务的事实清楚，其股东权利的行使应当受到限制。

裁判结果

确认被告乐生南澳公司未履行向第三人亿湖公司出资的义务;确认被告乐生南澳公司不享有第三人亿湖公司的股东利润分配请求权、新股优先认购权、剩余财产分配请求权等股东权利。

裁判规则五:股东未履行或者未全面履行出资义务或者抽逃出资的,公司根据公司章程或者股东会决议对其利润分配请求权、新股优先认购权、剩余财产分配请求权等股东权利作出相应的合理限制,该股东请求认定该限制无效的,人民法院不予支持。

案例 宋某伟与石家庄市新鼎房地产开发有限公司公司决议纠纷案

案号:(2019)冀01民终7436号

案情简介

石家庄市新鼎房地产开发有限公司(以下简称新鼎公司)成立于2013年3月4日,注册资本1000万元,实收资本1000万元,经营范围为房地产开发与经营,登记机关为石家庄市工商行政管理局。新鼎公司设立工商登记资料显示,新鼎公司实收资本1000万元是2013年2月25日现金存入,其中段某滨投资款为500万元,宋某杰投资款为100万元,宋某伟投资款为400万元,办理银行为河北支行。对于投资款来源,宋某伟提交了2013年2月25日在河北支行宋某伟名下账户取现500万元、宋某杰名下账户取现500万元《河北银行个人业务回单》,并主张该1000万元分别以段某滨500万元、宋某伟400万元、宋某杰100万元投资款名义存入河北支行。段某滨未提交500万元投资款来源的证据,但在庭审中主张,其投资款是用宋某伟支付给其跑办行唐项目的费用500万元支付的。新鼎公司账户(验资账户,后为基本账户)显示,2013年2月25日存现1000万元,其后用于支付购买凭证、开发定金、设计费、评估费、劳务费、工程款等,至2014年4月4日,账户余额为7,317,135.01元。

裁判观点

《公司法司法解释(三)》第16条规定:“股东未履行或者未全面履行出资义务或者抽逃出资,公司根据公司章程或者股东会决议对其利润分配请求权、新股优先认购权、剩余财产分配请求权等股东权利作出相应的合理限制,该股东请求认定该限制无效的,人民法院不予支持。”在本案中,宋某伟作为新鼎公司股东,在出资500万元后,于2014年4月11日,未经法定程序,将新鼎公司账户内7,317,135.01元中的7,317,130元转入其个人银行卡内,至今未返还新鼎公司的行为,符合《公司法司法解释(三)》第12条规定之情形,构成股东抽逃全部出资。宋某伟上诉主张其向段某滨转款1275万元应当视为支付给新鼎公司,算作对新鼎公司投资以及转走的7,317,130元是公司收益及转款目的是变更新鼎公司开户银行腾挪账户,没有事实和法律依据,法院不予支持。依据《公司法司法解释(三)》第20条的规定,原审法院认定宋某伟应对其转走7,317,130元款项用途承担举证责任,并无不当。因宋某伟抽逃出资,新鼎公司股东会决议,在宋某伟返还抽逃全部出资500万元及侵占公司2,317,130元之前,宋某伟无权行使其利润分配请求权、剩余财产分配请求权,该股东会决议并不违反法律规定,一审法院判决驳回宋某伟的诉讼请求并无不当。

判决结果

二审法院判决宋某伟的上诉请求不能成立,应予驳回;一审判决认定事实清楚,适用法律正确,应予维持。

裁判规则六:剩余财产分配请求权,要求具有股东资格或以合法的形式再次取得股东资格的状态下主张的权利。

案例 昆明台兴精密机械有限责任公司、云南云荣机械制造有限公司企业出资人权益确认纠纷案

案号:(2017)云01民终7143号

案情简介

云南云荣机械制造有限公司(以下简称云荣公司)系由内资企业台兴公司和美国云海投资公司共同出资设立的中外合资经营企业,法定代表人为李之平,于2010年3月2日取得《中华人民共和国企业法人营业执照》,公司类型为有限责任公司。云荣公司申请登记的注册资本为66,000,000元,由全体股东于营业执照取得之日起6个月内一次缴足。云荣公司章程规定:云海投资公司认缴出资额为44,880,000元,占注册资本的68%,其中货币出资34,000,000元,实物作价10,880,000元;台兴公司认缴出资额为21,120,000元,占注册资本的32%,其中货币出资21,120,000元。合营各方缴付出资额后,经聘请在中国注册的会计师验资,出具验资报告,并据以发给出资证明书。昆经开〔2010〕25号文件《关于设立云南云荣机械制造有限公司的批复》第3条提及:云海投资公司认缴出资额为4488万元,占注册资本的68%,其中3400万元人民币以外币现汇投入,全新进口机械设备投入1088万元;台兴公司认缴出资额为2112万元,占注册资本的32%,以人民币现金投入。截至2012年6月8日,云荣公司实收资本19,842,046元。其中,原告台兴公司实缴出资额19,175,000元;案外人云海投资公司实缴出资额667,046元。以上实缴出资情况经由会计师事务所出具验资报告。2014年7月5日,云南云海机械制造有限公司(出让方)将其享有的对债务人云荣公司的债权10,356,750.59元以同等价格转让给云海投资公司,云海投资公司于2014年7月25日形成股东会决议将以上受让的债权作为对云荣公司的等值投资。2015年1月5日,云南云海机械制造有限公司将其享有的对债务人云荣公司的债权6,694,291.83元以同等价格转让给云海投资公司,云海投资公司于2015年1月28日形成股东会决议将以上受让的债

权作为对云荣公司的等值投资。2015 年 3 月 15 日，云南云海机械制造有限公司将其享有的对债务人云荣公司的债权 8,681,997.96 元以同等价格转让给云海投资公司，云海投资公司于 2015 年 3 月 31 日形成股东会决议将以上受让的债权作为对云荣公司的等值投资。云荣公司仅对上述三次债务转增资本进行了账务处理，但没有办理实缴出资工商登记变更手续。

裁判观点

关于原告主张的对被告云荣公司享有 96.64% 的利润分配请求权、新股优先认购权、剩余财产分配请求权的诉讼请求。第一，利润分配请求权是股东依法享有的从公司分取红利的权利，《中外合资经营企业法实施条例》（已废止）第 76 条对合营企业在缴纳所得税后的利润分配规定如下：提取储备基金、职工奖励及福利基金、企业发展基金三项基金后的可分配利润，董事会确定分配的，应当按合营各方的出资比例进行分配。利润分配需由董事会提出方案，经股东会决议通过。对于是否分配利润及分配方案公司并未作出决议的，法院不宜直接裁决。现原告并未举证证实云荣公司持续 5 年盈利、符合法定盈余分配条件，云荣公司章程中也没有对定期分红进行过约定，且云荣公司尚未作出盈余分配的股东会决议，对于原告主张的 96.64% 的利润分配请求权一审法院不予支持。第二，新股优先认购权指的是公司在作出增加注册资本的决定时，应优先考虑全体股东按照实缴的比例认缴新增资本。仅仅在公司新增资本的前提成立时，股东方有权优先按照实缴的出资比例认缴出资。但本案中云荣公司并未新增注册资本，对原告主张的新股优先认缴权一审法院不予支持。第三，剩余财产分配权是在公司清算有剩余财产的情况下，股东享有按照所持股比例分配剩余财产的权利。《中外合资经营企业法实施条例》（已废止）第 94 条第 1 款规定："合营企业以其全部资产对其债务承担责任。合营企业清偿债务后的剩余财产按照合营各方的出资比例进行分配，但合营企业协议、合同、章程另有规定的除外。"剩余财产分配请求权成立的前提是公司已经进入清算程序，并且公司财产在分别支付清算费用、职工工资、社会保险费用和法定补偿金，缴纳所欠税款，清偿公司债务后存在剩余部分，有限责任公司才能按照股东的出资比例对剩余财产进行分配。在本案中，云荣公司目前经营正常，尚未形成公司解散事由或是进入清算程序，对原告主张的剩余财产分配请求权一审法院不予支持。

裁判结果

法院判决驳回原告台兴公司的诉讼请求。

裁判规则七：如果有限责任公司股东如果能够举证证明其已经为履行清算义务作出了积极努力，或者未能履行清算义务是实际控制公司主要财产、账册、文件的股东的故意拖延、拒绝清算行为等客观原因所导致，或者能够证明自己没有参与经营，也没有管理账册文件的，均不构成怠于履行清算义务。

案例 张某秀为与顾某冬、胡某杰、王某禄清算责任纠纷案

案号：(2015)浙甬商终字第943号、(2017)浙民再20号

案情简介

宁波天川石材有限责任公司(以下简称天川公司)于2006年4月5日成立，注册资本为10,000,000元，法定代表人为顾某冬，顾某冬、胡某杰、王某禄为股东，其中顾某冬投资比例为80%，胡某杰投资比例为10%，王某禄投资比例为10%。天川公司于2010年11月18日因未参加2009年度年检被宁波市工商管理局吊销营业执照，至今股东未组织清算。

2008年12月11日，张某秀为与天川公司及顾某冬民间借贷纠纷一案向宁波市江北区人民法院(以下简称江北法院)起诉，江北法院于2009年1月4日作出(2008)甬北民二初字第930号民事调解书，确认天川公司及顾某冬欠张某秀借款3,500,000元，该款在2009年1月10日前归还清。后张某秀向江北法院申请强制执行，江北法院于2009年4月15日作出(2009)甬北民执字第127

号执行裁定书，载明："本院在执行申请执行人张某秀与被执行人天川公司、顾某冬(2008)甬北民二初字第930号民间借贷一案中，因被执行人天川公司所有的财物已被本院另案查封，目前正在评估、拍卖之中，除此外，无财产可供执行，本院予以程序终结执行。"

案外人单某以天川公司已经解散但未及时成立清算组进行清算为由，向浙江省宁波市中级人民法院申请对天川公司进行强制清算，宁波市中级人民法院于2013年8月19日受理单波对天川公司的清算申请，并指定了清算组。后因天川公司及其股东无法向清算组提交相关账册及主要文件，无法清算，浙江省宁波市中级人民法院于2013年11月19日作出终结天川公司强制清算程序的民事裁定书，并在裁定书中指出，债权人可另行依据《最高人民法院关于适用〈中华人民共和国公司法〉若干问题的规定(二)》[以下简称《公司法司法解释(二)》]第18条之规定，要求怠于履行相关义务的天川公司的股东、董事、实际控制人等清算义务人对其债务承担偿还责任。

张某秀于2014年6月23日以顾某冬、胡某杰、王某禄怠于履行清算义务致使公司资产流失为由向原审法院起诉，请求判令：顾某冬、胡某杰、王某禄对天川公司3,500,000元的债务承担连带清偿责任。在原审审理过程中，张某秀变更诉讼请求，要求顾某冬、胡某杰、王某禄对天川公司欠张某秀的3,290,000元债务承担连带清偿责任。

裁判观点

法院认为，根据各方当事人的诉辩主张，本案的争议焦点在于：胡某杰、王某禄是否应就天川公司尚欠张某秀的3,290,000元款项承担连带清偿责任。虽然胡某杰、王某禄作为天川公司的股东在天川公司于2010年11月18日被吊销营业执照后，未在法定期限内履行清算义务，但天川公司财务账册于2009年11月24日由当时的天川公司财务经理黄某领取，而据黄某陈述，其受当时天川公司法定代表人顾某冬委托向公安机关领取了财务账册，并放置于顾某冬家中，可知2009年11月24日之后天川公司财务账册并非由天川公司或胡某杰、王某禄保管。另外，至2010年1月底，江北法院在以天川公司为被执行人的系列执行案件中，已经将天川公司的厂房、设备、应收款作价，按比例分配给包括张某秀在内的各债权人，可知至天川公司被吊销营业执照时，天川公司的主要财产已经作价分配给各债权人。故张某秀称胡某杰、王某禄因怠于履行义务，导致天川公司主要财产、账册、重要文件等灭失，无法进行清算理由不充分，证据不足，法院不予采信。为此，张某秀要求胡某杰、王某禄对天川公司尚欠张某秀的款项承担连带清偿责任，法院难以支持。由于顾某冬在另案生效法律文书中已经认定其须与天川公司共同向张某秀就涉案款项承担清偿责任，故张某秀在本案中再要求顾某冬对此债务承担连带清偿责任理由不充分，法院不予支持。

裁判结果

法院判决驳回张某秀的诉讼请求。

案例启示

一、因股东剩余财产分配请求权产生的纠纷类型

第一种，公司清算结束后，未按股东会决议通过的清算方案向股东履行支付剩余财产的义务，引发纠纷。此类案件更接近于一般意义的债权债务清偿纠纷。双方对于债权债务的数额没有争议，只是债务人没有履行偿债义务，引发争议。

第二种，公司是否经过清算存在争议，或未经清算，股东要求行使剩余财产分配请求权，此类案件一般都不能得到法院的支持。解决路径是股东可以向股东会要求自行清算，也可以向法院申请强制清算，通过清算完成剩余财产的分配。

第三种，公司无法自行清算，经过法院强制清算程序，因公司无财产、缺乏财务账册和重要文件，法院裁定终结清算程序，之后发现公司存在剩余财产未

分配,股东提出分配剩余财产或者要求控股股东或董事、高管赔偿股东投资损失的案件。

二、股东剩余财产分配权的行使应注意以下几方面

(一)严格履行清算义务

行使剩余财产分配请求权必须满足公司已经清算,且清算后尚存剩余财产,行使剩余财产分配请求权的主体是股东,有限责任公司的股东是清算义务人,成为清算组成员,股东具备可以介入实现自身剩余财产分配请求权的机会。股东应当积极履行清算义务,保障公司债权人等利益相关者的权益能够实现。在实践中经常出现股东之间因发生矛盾而怠于履行清算义务,拒不移交清算材料,导致清算活动无法正常进行,抑或是清算组成员违背了法定的分配比例标准,获得了不正当所得的情况,股东怠于履行清算义务损害其他股东权益的,应该承担损害赔偿责任。

(二)剩余财产按照实缴资本进行分配

根据我国《公司法》的规定,公司财产在分别支付清算费用、职工工资和劳动保险费用、缴纳所欠税款、清偿公司债务后的剩余财产,有限责任公司按照股东的出资比例分配,股份有限公司按照股东持有的股份比例分配。有限公司剩余财产按照股东出资比例分配,虽然未规定是按照实缴比例还是认缴比例进行剩余财产分配,但依据《公司法司法解释(三)》第16条之规定,在股东存在出资瑕疵时,公司章程或股东会决议可以对出资瑕疵股东的剩余财产分配权进行限制。权利与义务相一致是法律的基本原则和理念,就出资瑕疵的股东而言,按实际出资比例对应剥夺其剩余财产分配请求权同样符合公平合理原则。

(三)明确股东怠于履行清算义务应承担连带责任的情形

《公司法司法解释(二)》第18条第2款规定了股东有限责任的例外情形,即“有限责任公司的股东、股份有限公司的董事和控股股东因怠于履行义务,导致公司主要财产、账册、重要文件等灭失,无法进行清算,债权人主张其对公司债务承担连带清偿责任的,人民法院应当依法予以支持”。该条是调整债权人

与债务人之间法律关系的重要条款,但在实践中经常会出现对该条内容的过度解读,导致股东承担连带责任范围的扩张,违背公司法的基本精神。

为了避免不公正的裁判结果,2019 年 7 月 3 日,在全国法院民商事审判工作会议上,最高人民法院审判委员会专职委员刘贵祥在会议中对该条款的理解及适用作出了进一步阐述和说明。根据这一说明,所谓怠于履行清算义务,指的是能够履行清算义务而不履行。如果有限责任公司股东如果能够举证证明其已经为履行清算义务作出了积极努力,或者未能履行清算义务是由于实际控制公司主要财产、账册、文件的股东的故意拖延、拒绝清算行为等客观原因所导致,或者能够证明自己没有参与经营也没有管理账册文件的,均不构成怠于履行清算义务。

三、追究股东怠于履行清算义务的责任应关注因果关系要件

《公司法司法解释(二)》第 18 条第 2 款规定的有限责任公司股东承担责任的条件是,股东的怠于履行清算义务行为,导致了财产、账册、文件灭失,最终造成无法清算的后果,这其中包含了因果关系要件。在实践中,存在一种简单化处理倾向,只要股东怠于履行清算义务,就直接判令其承担责任,这是不妥当的。如果有限责任公司的股东能够证明,公司主要财产、账册、文件灭失与其怠于履行清算义务之间没有因果关系的,也不应判令其承担责任。

此外,还要注意追究股东连带责任的诉讼时效问题。债权人以公司未及时清算、无法清算为由主张清算义务人承担民事赔偿责任的诉讼时效,是自债权人知道或者应当知道公司法定清算事由出现之日的第 16 日起开始起算的。

第三章　股东治理权

第一节　股东表决权

法理解说

一、股东表决权的概念

股东表决权，是指股东以其因支付对价而所持有的公司股份，从而拥有股东地位，获得参与股东会或股东大会的机会，并对会议决议作出或支持或反对或弃权的意思表示，进而上升为公司意志以影响、控制公司的权利。[1]

二、股东表决权的性质

表决权是基于股东地位而存在的一种权能，除非依据法律规定，否则无法以公司章程或公司决议对其进行剥夺或限制，因此，表决权是一种固有权。

同时，表决权是一种共益权，它更多地体现在对公司经营事务参与管理的决策上，在确保股东个人利益的同时，也具有维护公司整体利益和股东整体利益的特点，因此属于共益权。

此外，一股一表决权的原则使得表决权只能是单独股东权，无论股东持股数量的多寡，都可以由股东一人单独行使的权利。

---

〔1〕 参见盖蓉蓉：《股东表决权制度研究》，山东大学 2013 年硕士学位论文，第 13 页。

三、股东表决权的行使原则

(一)一股一表决权原则

一股一表决权是各国公司法的通行原则,公司的资本以均等份额划分,每一股份所包含的价值、风险和权利都是相等的,同种类股份的法律地位和享有的权利也是相同的,股东根据自身的持股比例来获得相应的表决权。

一股一表决权是公司资合性的当然体现。股东以其全部出资额承担有限责任,而出资额又体现在股东的持股数量上,股东的出资额越多也意味着要承担更高、更大的投资风险。而一股一表决权原则的存在,使股东出资额、风险负担及其对公司的影响力成正比。

(二)资本多数决原则

资本多数决原则是股东(大)会决议时遵循的重要原则,指股东(大)会决议依照相应的持股比例,以少数服从多数的方式进行表决,具有资合性的特点。资本多数决原则有助于激发股东的投资热情,保障了公司的决策效率,为公司的经营发展保驾护航。

但资本多数决原则也是一把"双刃剑",现实中存在许多大股东利用自己控股的优势地位,滥用资本多数决侵害中小股东利益的情形,股东会议在某种程度上变成大股东牟利工具,致使公司整体利益受到损害。

(三)集体行使原则

集体行使原则是指股东在进行表决时,必须在股东(大)会会议上进行,也即符合公司法规定的召集程序和表决程序。除一人有限公司外,当存在多数股东时,表决权的行使必须在股东会议上进行。当然,如果全体股东均同意某项决议,经法定程序后,也可以在非股东会议上作出决议。

四、表决权的行使方式

(一)亲自行使

亲自行使指股东亲自参加股东(大)会并投票,是股东行使表决权的通常方式。股东本人亲自行使表决权,既可以真实准确地表达自身对会议事项的赞同与否,尽可能避免损害自身利益的决议形成,维护自身的合法权益,也是最能体现股东(大)会目的方式。

但是,就股份有限公司的中小股东而言,由于自身所拥有的表决权对股东大会决议的影响非常有限,再加上对参加股东会议成本及利益追求不同的考量,使中小股东亲自出席股东会议的情况有所减少,由表决权的其他行使方式取而代之。

(二)代理行使

由于股权结构高度分散,人数众多的小股东因为参与股东会议所需要的时间、精力和金钱等成本较高,抑或者是缺乏对公司管理经营所需的必备知识、时间精力有限等主客观原因而放弃参会,表决权毕竟是稀有资源,为了避免前述事项的发生,表决权代理制度因此产生。现行《公司法》第106条规定了表决权的代理制度,在股东不具备参加股东会议的情况下,通过他人的专业知识和能力进行表决活动,使表决权能被充分利用起来,提高公司决策的科学性。

(三)书面行使

代理表决有可能出现代理人违背股东的意愿进行投票的情况,表决权的书面行使可以让股东可以不出席股东会议却也能真实表达自己对会议事项的看法,但书面表决对事先没有通知的突击表决则缺乏制约机制。

(四)网络投票

网络投票是伴随着互联网技术发展而来的新型投票方式。早在2004年,证监会颁布了《关于加强社会公众股股东权益保护的若干规定》和《上市公司股东大会网络投票工作指引(试行)》,出现了对网络投票的具体规定。经过十几年的实践,到《上市公司股东大会规则》(2016年修订)、《上市公司股东大会网络投票实施细则》(2019年修订),有关网络投票的适用主体、适用事项、计票规则等,都在实践中不断完善。网络投票能激发中小股东参与股东大会的热情,在完善公司治理机制,消除股东大会形式化、提高公司决策科学性和信息透明性方面,具有不可替代的作用(见图3-1)。

图 3-1　深圳证券交易所股东大会网络投票系统

资料来源:深圳证券交易所的股东大会网络投票系统,最后访问时间:2020 年 7 月 2 日。

对于人合性强、股东人数较少的有限责任公司,同样适合运用现代科技手段进行表决。特别是在新冠疫情发生后,极大地刺激了网络股东会的实践,股东通过网络会议作出股东会决议的模式不断发展。

当然,举办网络股东会议同样应当符合法定的召集程序、表决程序和决议内容,同样应当切实履行通知义务、核对参会人员身份、主持召集方式合法,全程进行录音录像,会后做好备案签名等,避免股东会决议存在重大瑕疵而被诉讼撤销。

(五)累计投票

累计投票制度是为了保护小股东而设计的一种董事选举制度,与直接投票制度相对应。在直接投票制下,选任公司董事和监事时,股东所持有的每一股份只有一个表决权。在大股东拥有绝对多数股份的情况下,大股东可以选出代表自身利益的全部董事,而小股东对此则毫无办法。而在累计投票制度下,股东所持有的每一股的表决权等于要选任的董事的人数,小股东在投票时可以将表决权累计起来投票,从而有机会选择代表小股东利益的董事进入董事会。

累计投票有利于防止大股东利用表决权的优势地位操纵董事、监事的选举,通过限制表决权的重复使用,限制了大股东对董事、监事选举过程的绝对控制力。投票时,中小股东可以将其表决权集中投给一个或几个董事候选人,通过这种局部集中的投票方法，能够使中小股东选出代表自己利益的董事进入董事会，避免大股东垄断整个董事会。

五、特殊事项的表决权回避

（一）表决权回避

表决权回避又称表决权排除，是指利害关系股东在表决事项上存在利益冲突，其表决权应该回避排除的表决程序。

追求实质正义是法律的本质要求，当表决事项与股东自身存在利害关系时，其表决权的回避是表决程序应有之义，是公司意思表示真实的必要条件，有利于保护其他股东的合法权益，避免资本多数决的滥用，保障公司真实意思表示的顺利行使。虽然损害其他股东利益的公司决议可以被撤销，但那毕竟是事后的救济手段，而表决权排除制度是一种事前防范机制，可以从源头上阻断表决权的滥用。

《公司法》第 16 条明确规定了公司为股东或实际控制人提供担保时，被担保的股东应该回避。此外，《公司法》第 124 条还规定了上市公司涉及关联交易时董事会的表决权回避。

（二）表决权回避的局限性

即使是最早确立表决权回避的德国，也曾出现废除该制度的情况，目前我国的立法也颇为保守谨慎，因为表决权回避制度本身存在诸多“先天不足”。例如，商事活动的复杂性导致利害关系难以通过立法穷尽所有的情形；有限责任公司、股份有限公司、一人有限公司也各有不同；资本认缴制下带来的必然结果；受股权架构、股东人数的影响，制度可能被滥用，影响公司决策效率性等。

1. 表决权回避的预设前提未必正确

表决权回避其实有一个重要的预设前提，即假定有利害关系股东表决时一定会损害公司和其他股东的利益。但是，这种潜在的假设又是否真的经得起推敲？事实上，有利害关系的一方未必会损害公司利益，无利害关系的一方也可能损害公司利益。

排除了利害关系的表决权，作出的决议就一定符合公司的整体利益吗？答案显然是否定的，这样做未必能实现股东利益和公司利益“双赢”。表决权排除还使中小股东拥有了超乎其剩余索取权的表决权，对大股东来讲也是一种不公平。

2. 表决权回避损害资本多数决原则

表决权在性质上属于固有权，是法律直接赋予股东的权利，不能通过公司章程或公司决议进行剥夺或限制。

股东会决议时遵循一股一表决权的原则，而资本多数决是一股一表决权的当然结果。资本多数决原则平衡了股东间的利益冲突，保障了公司决策的效率，在保护和刺激股东的投资热情上具有不可磨灭的贡献。公司法人的财产来源很大程度上是股东的投资，股东对公司的投资越多，承担的风险也越大，根据权利与义务相一致原则，大股东在公司表决时理应拥有相应份额的表决权，但是表决权回避却与资本多数决原则相冲突。

虽然目前《公司法》只有上述两种情况规定了表决权回避，但无论是公司的内部治理还是外部经济活动，在实践中存在利益冲突的股东会决议是数不胜数的，司法实践对于其他存在利益冲突、利害关系的表决权回避是持肯定态度的，因此，表决权回避的具体情况总是多于法律的规定（在第二节的案例分析会详细解析）。

六、上市公司表决权的限制〔1〕

上市公司在应对“野蛮人”〔2〕恶意收购时，普遍采取通过限制其股东表决权的方式来达到抵御“入侵”的目的。2016 年的“万宝之争”开启了中国公司控制权之争的新篇章，万科工会为阻止宝能系行使投票权，诉请判令宝能系因违规增持所得股份不得行使股东表决权，因案件涉众广也引发了社会关注。

在司法实践中，民事诉讼程序成为上市公司实际控股人与违规持股股东权力角逐的竞技场。该程序主要有以下三种类型：（1）上市公司向法院申请行为

〔1〕 参见张泽、罗娜：《司法裁判视角下“野蛮人”股东表决权的不当限制及其规范》，广东省深圳市福田区人民法院商事审判庭。

〔2〕 “野蛮人”出自布赖恩·伯勒的《门口的野蛮人》一书，是指违背公司现任管理层意志企图控制公司的“敌意”收购者。

保全,请求限制违规持股股东表决权;(2)上市公司直接起诉违规持股股东,诉请之一为判决限制违规持股股东表决权;(3)违规持股股东起诉上市公司作出的限制其股东表决权的董事会决议、股东会决议无效或可撤销。此外,民事诉讼程序中还存在上市公司的小股东或公司工会也"不甘寂寞"到民事诉讼中来"插一脚"起诉违规持股股东,请求法院判决限制其股东表决权的类型。

法律层面上对限制股东表决权的法律责任规定寥寥无几,作为规范公司组织和行为的《公司法》对限制股东表决权未作强制性规定,作为规范证券发行和交易行为的《证券法》仅第213条有所涉及,并在证监会部门规章及规范性文件中对限制股东表决权有相应规定。

(一)公司法对限制股东权利的相关规定

1.股东合法权利受法律保护,为现代公司制度的基石

股东对公司出资是取得股东权的对价,股东权利由股东的直接投资行为而产生,根据权利义务相统一的原则,股东若完全履行出资义务则应享有完整的股东权利。《公司法》第4条规定,公司股东依法享有资产收益、参与重大决策和选择管理者等权利。故股东的合法权利受法律保护,除非经股东自愿放弃或由实施机关依据公权力、根据法律明文规定、遵守严格的法定程序才能剥夺或限制,否则就动摇了公司制度的基石。

2.股东自益权限制的规定

《公司法司法解释(三)》第16条规定,股东未履行或者未全面履行出资义务或者抽逃出资,公司可以根据公司章程或者股东会决议对其利润分配请求权、新股优先认购权、剩余财产分配请求权等股东权利作出相应的合理限制。该条款被认为是第一次确立股东权利可以被依法限制的制度。

该条款列举了可以由公司限制的三项资产收益权,并不包括股东表决权。从某种程度上说,公司的该限制权实际上属于"伪限制权"。从《公司法》第34条的规定来看,股东按照实缴出资比例分红;公司新增资本时,股东有权按实缴出资比例优先认缴出资;但全体股东另有约定的除外。若股东未履行出资义务、未实缴出资,则依法不享有分红权、新股优先认购权,该两项权利已被法定排除而不需要章程或公司股东会作出特别决议。

3. 公司没有理由限制股东表决权

《公司法》并没有排除股东共益权的规定，也没有排除股东表决权的规定。如公司未根据《公司法司法解释（三）》第 17 条的规定，对未全面履行出资义务的股东予以除名，则表明公司认可其股东资格，自然也就不应限制其股东表决权。而对于已经足额履行出资义务，却违反大额持股信息披露义务等规定的股东，因该股东违反的为监管部门的规定而并不直接损害公司利益，公司限制其权利的做法则没有意义。

4. 公司内部治理机关无权限制股东表决权

《公司法》及司法解释对股东未履行出资义务这一基本义务时都没有规定限制股东表决权，股东违反其他瑕疵义务时表决权更不应予以限制。表决权实属控制权，是股东之间对公司控制权争夺的主要形式。违反大额持股信息披露义务的投资人并没有损害上市公司的利益，其损害的是公司原控制人的利益。而公司原控制人的权利救济，不应通过公司内部治理机关限制股东表决权的途径解决。

一方面，公司的初始章程是不能限制股东表决权的。章程是公司社团的自治法则，在《公司法》未设置强制性规则以限制股东表决权的情况下，公司的初始章程也不应当限制股东表决权。

另一方面，董事会决议、股东会决议不得以多数决或修改章程限制股东表决权。《公司法》第 37 条、第 46 条对股东会、董事会的职权予以规定，条文内容均与公司内部事务处理相关。从公司内部治理结构看，股东会为公司的权力机关，董事会为公司的管理层、执行机关，均无权限制作为公司所有权人股东的权利。因此，公司的内部治理机关和章程均不得限制股东表决权。

（二）证券法对限制股东表决权的规定

法律法规层面仅有《证券法》第 63 条涉及限制股东表决权，该条第 3 款规定："违反第一款、第二款规定买入上市公司有表决权的股份的，在买入后的三十六个月内，对该超过规定比例部分的股份不得行使表决权。"

部门规章层面上，证监会《上市公司收购管理办法》有 5 条相关规定。该部门规章亦是实践中当事人引用最多的规定。该办法共 90 个条文，涉及限制股东表决权的条文分别是第 60 条、第 75 ~ 78 条。第 60 条规定在第五章"间接收购”,是对上市公司实际控制人及受其支配的股东的表决权的限制,不属本书讨论范围,不做评判。第75～78条规定在第九章“监管措施与法律责任”。第75条、第76条分别针对上市公司的收购及相关股份权益变动活动中的信息披露义务人,未履行报告、公告等义务或所作披露不真实应承担责任的相应规定。第77条对收购行为中未按规定聘请财务顾问等应承担责任的规定。第78条对收购人未按规定履行相关义务或者相应程序擅自实施要约收购等应承担责任的规定。根据《立法法》第80条关于“部门规章规定的事项应当属于执行法律或者国务院的行政法规、决定、命令的事项”的规定看,这些条文的内容应为对《证券法》第196条所做的细化规定,均是为了让该条更具有可操作性、执法依据更明确具体,进而规定的一系列属于监管部门所作的行政监管措施或违规收购,股东应承担的行政法律责任的内容。

至于第75条、第76条规定的主体除收购行为中的信息披露义务人,还包括“相关股份权益变动活动中的信息披露义务人”,看似超越了《证券法》第196条所规定的主体范围,存在上位法渊源缺位现象。但后者是指按《证券法》第63条规定持股达5%应进行披露而未达收购条件的信息披露义务人,根据“举重以明轻”的法律解释原则,《证券法》第196条有权对此类投资者的信息披露义务进行规定是应然之义。

此外,在其他规范性文件中,《证券期货市场监督管理措施实施办法(试行)》、《中国证券监督管理委员会行政复议办法》(2010年)对“限制股东权利”作出规定。《证券期货市场监督管理措施实施办法(试行)》“第二章监督管理措施”第8条、第25条规定,应为“法律、行政法规规定的监督管理措施”。第53条规定了实施监督管理措施确有错误(如应实施监督管理措施而未实施、违反规定程序实施监督管理措施),由证监会或其派出机构进行改正或处分。《中国证券监督管理委员会行政复议办法》“第二章行政复议范围”第7条第4项明确了中国证监会或其派出机构、授权组织责令限制股东行使股东权利属于可向中国证监会申请行政复议的具体行政行为。

可见,现行的法律体系将限制股东表决权归为证监会作出的一项行政监管措施,是可复议可诉讼的具体行政行为,因而不属于民事案件受理的范围。

七、滥用表决权的救济

不可否认,资本多数决的议事方式和表决程序有其正当性和合理性,在公司决策中起不可替代的作用。但是资本与权利的集中也容易导致资本多数决被滥用的情况,极易将共益权性质的表决权异化为攫取个人私利的自益权。虽然《公司法》明确规定了表决权的回避,但由于商事活动中各主体信息披露的优先性,中小股东难以判断交易对象与公司股东之间的隐秘关系,看似合理的经济活动背后也可能是大股东的利益输送。而在资本认缴制下,认而不缴或分期缴纳注册资本的情况大量存在,出资瑕疵股东抱着经营失败便一走了之的心态,作出不负责任的表决,上述情形也应当归属于表决权的滥用。

股东滥用表决权对其他股东和公司造成严重侵害的,视具体情况可以行使撤销决议的诉权、股东代表诉讼、异议股东回购请求权、解散公司的诉权等权利来维护自身及公司的合法权益。

裁判规则

由于与"股东表决权"有关的司法纠纷,在很大程度上是以"公司决议撤销纠纷"表现出来的,两者存在相当部分的重叠,关于股东会决议伪造表决签名,表决事项、表决程序、表决比例不符合法律法规和章程规定的,本书"撤销决议的诉权"部分会详细论述,在此不赘述。本节重点讨论与"表决权回避(排除)"的有关的案例。

裁判规则一:公司股东会对出资瑕疵股东作出除名表决时,被除名股东应当进行表决权回避,不能参与该决议的表决。

案例 万禹公司与豪旭公司公司决议效力确认纠纷案

案号:(2014)沪二中民四(商)终字第1261号

案情简介

原告万禹公司因股东之一豪旭公司一直拖欠出资,故作出股东会决议,取消豪旭公司的股东资格,由于豪旭公司对上述股东会决议不认可,万禹公司股东诉至上海市黄浦区人民法院,请求确认万禹公司的该次股东会决议有效。

裁判观点

上海市黄浦区人民法院认为,《公司法》及相关司法解释、万禹公司章程均未对抽逃出资股东表决权的限制作出规定或约定,万禹公司亦未就此形成股东会决议。因此,对于除名豪旭公司的股东会审议事项,在无《公司法》规定或公司章程约定的其他限制股东表决权的情形下,即便豪旭公司作为股东违反出资义务,抽逃出资,其表决权并不因此受到限制,豪旭公司应根据其认缴出资的比例行使表决权,万禹公司认为豪旭公司在股东会中的不享有有效表决权或应当回避的观点缺乏依据。一审驳回原告的起诉,后原告不服提起上诉。

上海市第二中级人民法院认为,万禹公司以股东会决议形式解除豪旭公司股东资格的核心要件均已具备,但在股东会决议就股东除名问题进行讨论和决议时,拟被除名股东是否应当回避,即是否应当将豪旭公司本身排除在外。《公司法司法解释(三)》对此未作规定。

《公司法司法解释(三)》第17条中规定的股东除名权是公司为消除不履行义务的股东对公司和其他股东所产生不利影响而享有的一种法定权能,是不以征求被除名股东的意思为前提和基础的。在特定情形下,股东除名决议作出时,会涉及被除名股东可能操纵表决权的情形。故当某一股东与股东会讨论的决议事项有特别利害关系时,该股东不得就其持有的股权行使表决权。

本案系除名决议已获除豪旭公司以外的其他股东一致表决同意,即以100%表决权同意并通过,故万禹公司该次股东会决议应属有效。法院对原审判决予以改判。此外,需要说明的是,豪旭公司股东资格被解除后,万禹公司应当及时办理法定减资程序或者有其他股东或者第三人缴纳相应的出资。

裁判结果

法院判决认定原告万禹公司作出的股东会决议有效。

裁判规则二：公司向股东及股东实际控制人支付利息的，属于存在利害关系，利害关系股东的表决权应当回避，且表决权回避事项不能拆分成多项子事项进行表决。

案例 李某明与义乌市住宅建筑工程有限公司公司决议效力确认纠纷案

案号：(2016)浙07民终2331号

案情简介

被告义乌市住宅建筑工程有限公司(以下简称住宅建设公司)注册资本5000万元，股东为马某宜、陈某丽、金某娥(系陈某丽的母亲)、黄某民、李某明，其中陈某丽任董事长、法定代表人。2015年4月25日，被告公司作出股东会决议，其中第4项为："(四)陈某进(系陈某丽的父亲，金某娥的配偶)、马某宜关于向陈某进支付利息(月利率2%)议案，金某娥、陈某丽回避表决，总表决权数为3050万元，经表决，2050万表决权同意，1000万元表决权不同意，同意表决权数占67.21%；关于向马某宜支付利息(月利率2%)议案，经表决，马某宜回避表决，总表决权数为3750万元，其中2750万元表决权同意，1000万元表决权不同意，同意表决权数占73.33%。"股东李某明对上述议案均投了反对票，后向浙江省义乌市人民法院提起诉讼，要求确认此次股东会决议无效。

裁判观点

浙江省义乌市人民法院认为,《公司法》第16条规定了公司为公司股东或者实际控制人提供担保的,必须经股东会决议,该股东或该受实际控制人控制的股东不得参与表决。虽然除上述规定外,《公司法》没有再明确规定其他的表决权排除情形,但并不意味着法律法规未规定的情形就不能适用股东表决权排除规则,如果出现大股东滥用资本多数决规则损害公司利益和少数股东的利益的,仍应适用该规则。涉案股东会第4项决议表决的事项为公司向股东及股东的实际控制人支付利息的事项,该事项与相关股东存在利害关系,在表决中排除利害股东的表决权,是符合法律规定的。从公司向原告发送的股东会通知及本案股东会决议的记载来看,公司以每月2%的标准向陈某进、马某宜支付利息为一项议案,鉴于股东马某宜及股东陈某丽、金某娥就是该项议案的利益一方,应当适用表决权排除规则。排除陈某丽、金某娥、马某宜的表决权(共计3200万元)后,表决通过的为800万元,表决不同意的为1000万元,故该项决议表决结果不通过。被告将同一项决议的表决,分成子表决项分别计算表决票的做法实质上违反了表决权回避的规则,应认定为无效。后被告不服提起上诉。

金华市中级人民法院认为,针对涉案股东会第4项决议,马某宜的出借行为与陈某进的出借行为虽然是各自独立的两个行为,但两个行为具有同质性,且属于同一项议案,两人在该表决问题上具有利益相关性,故即便分成两个子表决分别计算表决票,马某宜及陈某丽、金某娥也应当在另一方的表决中适用表决权回避规则。

裁判结果

法院判决住宅建筑公司于2015年4月25日作出的《义乌市住宅建筑工程有限公司2015年第二次临时股东大会股东会决议》无效。

裁判规则三:股份被司法行为保全禁止行使股东权利的,其表决权任何决议中都应当被排除。

案例 深圳市鑫腾华资产管理有限公司与江苏中超控股股份有限公司公司决议撤销纠纷案

案号:(2018)苏02民初577号

案情简介

原告深圳市鑫腾华资产管理有限公司(以下简称鑫腾华公司)是被告中超公司的股东之一,其认为江苏中超控股股份有限公司(以下简称中超控股公司)《2018年第四次临时股东大会决议》召集程序错误、投票计票错误,该决议应当被撤销。被告中超控股公司提出抗辩,案外人中超集团和杨某向上海仲裁委员会提交了行为保全申请书,请求禁止鑫腾华公司案外仲裁裁决书执行完毕前就其持有的25,360万股股份(20%股份)行使股东权利。2018年10月10日,江苏省宜兴市人民法院经审查后作出(2018)苏0282行保1号民事裁定书,裁定禁止鑫腾华公司在上海仲裁委员会(2018)沪仲案字第2336号案件作出仲裁裁决前就其持有的中超控股25360万股股份行使股东权利(包括但不限于提案权、表决权、盈余分配权、股东知情权等股东权利)。

裁判观点

无锡市中级人民法院认为:行为保全是《民事诉讼法》修订后新增的保全类型,《仲裁法》没有相关规定,但《上海仲裁委员会仲裁规则》第19条第1项规定了"一方当事人因另一方当事人的行为或者其他原因,可能使裁决难以执行或者造成当事人其他损害的,可以提出申请,要求对另一方当事人的财产进行保全、责令其作出一定行为或者禁止其作出一定行为",这与《民事诉讼法》第100条有关行为保全的规定一致,中超集团、杨某在向上海仲裁委员会提起的仲裁案中申请行为保全,有法可依。

中超集团、杨某变更后的仲裁请求中要求对已转让的20%股份以2018年9月27日收市价90%进行回赎,这涉及20%股份的归属争议,自然也与股东权利的归属相关联,故行为保全裁定书裁定禁止鑫腾华公司在上述仲裁案的仲裁裁决作出前就其持有的中超控股公司20%股份行使股东权利,未超出仲裁请求范围。宜兴市人民法院作出的行为保全裁定系生效法律文书,本次股东大会根据生效裁定将鑫腾华公司20%股份的表决权排除在外,中超控股公司于2018年10月17日作出的《2018年第四次临时股东大会决议》不属于可撤销的瑕疵决议,且鑫腾华公司于2018年10月16日已被裁定禁止行使股东权利,其中亦应包括股东请求撤销公司决议的权利。

裁判结果

法院认定中超控股《2018年第四次临时股东大会决议》有效,驳回鑫腾公司的诉讼请求。

案例启示

一、实际出资是行使表决权的基础

虽然目前实行资本认缴制,股东可以选择未来缴纳出资而不用立即缴纳出资,但这并不意味着出资责任的免除,实际履行出资责任依然是股东主要义务之一。在未履行出资、未完全履行出资或者抽逃出资的情况下,依然存在股东表决权被限制的可能,甚至是被股东会作出决议解除股东资格的可能。

二、股东会议上股东行使表决权的方式方法

就股东会议上行使表决权,传统的做法是由股东按照出资比例行使,这对出资多的大股东是有好处的,而且看起来也公平合理,所以叫资本多数决原则。但是这种方式也存在缺点,有时候会损害其他中小股东的利益,或者会造成股东独断专行,不利于公司的民主决策。因此,《公司法》规定,公司章程可以另行

规定行使表决权的方式,这就给公司股东以比较大的自治权,股东在股东会上行使表决权可以按照公司章程规定的方式方法行使,而不必按出资比例行使。这对公司完善治理结构有很大好处。

三、合理行使表决权

表决权行使的方式一共有五种。

第一种是股东按出资比例行使表决权。

第二种是董事会在议事时实行一人一票的表决方式。

第三种是累计投票制。享有的表决权数等于所持有的股票数乘以待选的董事或监事人数。

以上三种表决方式,在《公司法》中有相关规定。但是,如果公司章程规定了表决方式,那么就采取公司章程规定的表决方式。

第四种是一人一票并经全体合伙人过半数通过。

第五种则是双重多数标准通过。

任何权利的行使都有其合理边界,股东表决权也不例外。表决权行使的合理边界在于,不得滥用表决权损害其他股东或者公司的合法权益。在这一原则下,合理的选择适当的方式并行使,对公司和股东都有十分重要的意义。

四、表决权的回避

追求公平正义是社会进步发展永恒的追求,回避制度正是因此而诞生。无论是古代的官员任职回避、科举考官回避,还是近现代诉讼活动、仲裁活动的回避制度,抑或是会计师、律师等执业纪律中的回避要求,无不体现着人类社会为防止利益冲突、道德风险,追求实质正义而作出的努力。当公司股东与表决事项存在利害关系、利益冲突时,理应作出表决回避,这也是公司股东权利里面的公平正义之体现。

第二节　股东会议召集权

法理解说

一、股东会议召集权的概念

股东会是由全体股东主持的公司机关,其作为公司的最高权力机关和意思决定机关,是公司的法定必备机关。《公司法》将有限责任公司的权力机关称为“股东会”,将股份有限公司的权力机关称为“股东大会”,但两者的称谓内涵并没有本质上的差别,两者在公司法人治理结构和公司营运中的地位作用是相同的。

不同于股东会作为权力机关的含义,股东会会议是权力机关实现的形式,也即股东会从召集、通知、召开到作出决议的动态过程。一般来说,股东会应由董事会召集,董事长主持;当董事会不履行规定的召集程序或董事长不履行主持股东会的职责时,监事会也可以及时召集和主持股东会。但是,不可避免地存在公司董事会或监事会没有及时履行召集股东会的职责,进而可能造成股东或公司利益的重大损失。为了避免上述情形的出现,《公司法》赋予股东召集并主持股东会的权利,这便是股东会议召集权。

《公司法》为了保障股东会会议的有效性以及所作出的决议的合法性,规定召开股东会并作出有效决议必须履行必要的程序,这就是股东会会议的召集制度。股东会会议召集制度是整个股东会运行的起点,对于促进股东会会议顺利进行、保护股东权利,具有重要的作用。因此,境外各国在公司立法中对于股东会会议召集这一程序性制度大都进行了较为完备的规定。股东会议召集制度主要包括召集事由、召集权人、召集时间、召集通知、召集效力及召集冲突的处理等几项具体内容。

二、股东会议召集权的性质

首先,股东会议召集权属于固有权,又称为法定股东权或不可剥夺权,是指由《公司法》直接赋予股东的权利，不得以公司章程或股东会议予以剥夺或限制。

其次，股东会议召集权属于共益权，股东会议召集权的行使是股东为了自身利益且兼顾公司的利益，因此属于共益权。

最后，股东会议召集权属于少数股东权，行使股东会议召集权时需要持股数量达到一定比例的股东才可以行使，因此其属于少数股东权。

三、股东会议召集制度的价值

召集制度是整个股东会议的起点，对于股东会会议顺利进行，保护股权权利具有重要作用，组织会议的程序性制度是必不可少的。

（一）召集制度能保障股东会议顺利启动

召集制度是股东会议顺利召开的前提和必备条件。召集程序的瑕疵会对股东会会议的顺利启动和合法决议产生重大影响。召集程序如果出现问题，往往会导致股东会会议无法启动或产生混乱，而召集制度可以在程序上保障股东会会议的顺利作出。

（二）召集制度能保护股东合法权益

股东作为公司的所有者，其权利的行使以及权益的保护大多需要通过股东会会议的方式落实，依法、有效地参加股东会会议便成为股东权利实现的必然要求。因此，召集制度首先要确保股东及时得到股东会的召集通知，进而顺利参加股东会会议。通过召集程序，股东能提前知道股东会于何时何地召开，了解股东会决议内容，并对此作出充分准备。在召集程序中，召集权人应该按法定期限通知股东们会议的事项。在法律上赋予股东股东会议召集权，对于防止董事滥用职权，保护股东特别是少数股东的合法权益，具有重要意义。总之，股东会议召集制度的重要目的之一就是方便股东行使权利、保护股东权益。[1]

（三）召集制度能提高股东会会议效果

股东会作为公司的权力机关，拥有人事任免权、议案决定权、重大经营决策

---

〔1〕 参见于航：《股东大会召集制度研究》，天津商业大学2013年硕士学位论文，第4页。

权等权利,凡公司的重大事务都由股东会来决定。如果股东会会议召集不力、组织混乱,不仅会对会议决议的作出和会议效果的实现产生不利影响,甚至可能会因为程序上的重大瑕疵而被撤销。因此,一个设计合理、运行高效的股东会会议召集制度才能让股东会会议在各方充分参与的基础上实现权利的有效行使,从而提高股东会的会议效果。

(四)召集制度能确保公司正常运营

对于瞬息万变的商场,股东会作出的重大决定都可能对公司的经营发展甚至存续产生重大影响,如果不依法、及时地行使召集权、启动召集程序,发展机会就可能转瞬即逝,问题得不到及时解决,公司利益可能遭受侵害,不利于公司的运行和发展。

四、股东会议召集制度的具体内容

(一)召集的模式

股东会按照召集模式的不同可以分为定期股东会和临时股东会。定期股东会是依照公司法和公司章程的规定,每年定期召开的股东会,又叫股东常会,一般是对公司的年度财务预算和决算方案、年度利润分配或损失弥补方案、董事会和监事会所做的年度报告及公司重要的人事任免等作出决定。

临时股东会是公司在运营过程中发生了特定的重大、紧急情况,或者在特定人员的提议下召集的非定期性会议。[1] 临时股东会议的召开往往是公司在经营过程中发生了特别情况、紧急情况,由法定的人员、机构的提议而召开的股东大会。临时股东会议的立法目的在于保护股东的权利,维护股东的利益,监督公司管理层,避免股东和公司利益遭到管理层的侵害。

(二)召集权人

无论是定期股东大会还是临时股东大会都必须依照法律或章程的规定,由召集权人按照召集程序召开。所谓股东大会的召集权人,也即有权召集股东大

〔1〕 参见蔡莹:《临时股东大会召集制度研究》,吉林大学2010年硕士学位论文。

会的人。对于召集权人的立法规定,我国《公司法》采用召集权人法定主义,由法律明确规定哪些主体有权召集股东会议。在2005年以前,《公司法》规定董事会是唯一享有召集权的主体。2005年修订的《公司法》规定了董事会、监事会和持有公司一定份额的部分股东有权召开临时股东会。同时,《公司法》也对各个主体行使召集权进行了顺位安排:原则上,股东大会的召集权由董事会行使,董事会不履行或不能履行召集职责时由监事会召集,监事会不履行的,再由少数符合条件的股东自行召集。

（三）召集时间

《公司法》第100条规定,股东大会应当每年召开一次年会。临时股东大会则需要在出现法定事由的2个月内召集举行。

（四）召集通知

召集通知是指将有关股东大会的召集时间、地点、提案事项等信息送达给全体股东,方便股东出席股东大会并提前作参会准备。

（五）通知主体

《公司法》没有明确规定,但一般认为由召集主体履行通知的义务,也即董事会、监事会或者股东为通知主体。

（六）通知对象

股东大会通知对象是全体股东。《公司法》通过“股东名册”的记载来确认股东身份;一般来说,为了避免在股东会议召开的临近之日出现股权转让时间而出现新旧股东有无资格参会的尴尬境地,在股东会议召开前都会确定一个股权登记日,参会股东资格的确认以该股权登记日为准。

（七）通知期限

通知期限是指拟召开股东大会的通知公告之日与实际召开股东大会之日所间隔的时间段。设置通知期限的目的是预留足够的时间让股东充分了解会议的内容、召开时间和召开地点,做好必要的会议准备,包括收集资料,从而决定是否出席当次股东大会以及在股东大会上想要表达的意思表示。

(八)相关规定

股东大会召集的相关规定整理归纳详见表3－1至表3－6。

表3－1　股东会议的召集相关规定

会议类型	召开事由及次数	审议事项	召开时限	违规监管
定期会议暨年度股东大会	1. 召开事由:法定要求; 2. 召开次数:每年一次	1. 通常审议董事会工作报告、监事会工作报告、年度预算等年度事项; 2. 可同时审议其他临时提案	上一年度结束后6个月内	1. 有正当理由不能按时召开的,应当报告公司所在地证监会派出机构和证券交易所说明原因并公告; 2. 无正当理由不按时召开的,交易所有权要求公司停牌或者要求董事会解释并公告
临时股东大会	1. 召开事由 (1)董事人数不足本法规定人数或者公司章程所定人数的2/3时;(2)公司未弥补的亏损达实收股本总额1/3时;(3)单独或者合计持有公司10%以上股份的股东请求时;(4)董事会认为必要时;(5)监事会提议召开时;(6)公司章程规定的其他情形。 2. 召开次数 无法定次数的限制	与召开临时会议事项相关的不特定议案	法定事由发生后2个月内	

表3－2　董事会、监事会、股东召集股东会议的相关规定

召集权人	召集资格	召集决定	召集程序	其他事项
董事会	没有要求	董事会决议	1. 自主召集 2. 接受提议召集 (1)独立董事提议召开; (2)监事会提议召开; (3)有权股东提议召开	1. 独立董事仅能提议召开股东大会,无权直接召集股东大会; 2. 仅独立董事提议召开股东大会,董事会决定不召开时才需要说明理由并公告,监事会及有权股东提议召开股东大会二董事会决定不召开的,并无说明理由及公告的要求

续表

召集权人	召集资格	召集决定	召集程序	其他事项
监事会	没有要求	监事会决议	1. 自主提议召集 前置程序:(1)以书面形式向董事会提出;(2)董事会10日内提出同意或不同意的书面反馈;(3)董事会不同意或10日内未作出书面反馈的,监事会可以自行召集。 2. 接受提议召集 (1)有权股东向董事会提议召集被拒绝的,可以向监事会提议召集; (2)监事会同意的,在收到提议5日内发出召集通知; (3)监事会未在5日内发出召集通知的,视为监事不同意召集	监事会和股东召集的互动大会,召集人还应当遵循以下要求: (1)书面通知董事会; (2)向所在地证监会派出机构和证券交易所备案; (3)向所在地证监会派出机构和证券交易所提交有关证明材料
股东	1. 持股比例:单独或合计持有10%的股份; 2. 持股期限:连续持股90日以上; 3. 持股类别:普通股及表决权恢复的优先股	书面提议		

表3-3　股东会议的通知相关规定

通知类型及期限	通知方式	通知内容	股权登记日	延期或取消
1. 召开通知发出时间： (1)年度股东大会：提前20天； (2)临时股东大会：提前15天； (3)上述天数均包括通知公告日，但不包括股东大会召开日 2. 补充通知发出时间： 召集人应在收到有权股东临时提案后2日内发出	公告	1. 一般通知内容 时间、地点、期限、召开方式、网络投票的表决方式、股权登记日、议案、有权出席股东、会议联系人、联系方式；其中议案应包括所有提案的完整内容，且： (1)涉及独立董事、保荐机构意见的要求，提案涉及独立董事、保荐机构发表意见的，通知时应当同时披露独立董事和保荐机构的意见及理由 (2)涉及董事和监事选举的要求； 提案涉及选举董事和监事的，通知应包括候选人的如下内容：①教育背景、工作经历、兼职等个人情况；②与公司或其控股股东及实际控制人是否存在关联关系；③披露持有上市公司股份数量；④是否受过中国证监会及其他有关部门的处罚和证券交易所惩戒。 2. 临时提案补充通知 因受到有权股东提交的临时提案发出补充通知的，通知内容应包括： (1)提案股东姓名或名称； (2)提案土洞持股比例； (3)临时提案内容	1. 经过确定的股权登记日在册的股东才有权出席当次股东大会； 2. 时间：与股东大会召开之日的间隔应不多于7个工作日； 3. 股权登记日一经确定，不得变更	1. 无正当理由，通知后股东大会不得延期或取消； 2. 无正当理由，已通知的提案不得取消； 3. 一旦出现延期或取消的情形，召集人应该按原定召开日前至少2个工作日公告并说明原因

表3-4 股东会议的召开要求

召开方式	召开地点	股东出席登记	其他出席及列席人员	主持人	见证律师	投票权征集
1. 召开方式的确定时间:召开方式应在会议通知中确定。 2. 召开方式应包括现场会议和网络会议	1. 地点要求:现场会议的召开地点应为公司住所,或者章程规定的其他地点。 2. 变更要求: (1)通知后,无正当理由不得变更; (2)确需变更的,召集人应当在现场会议召开前至少2个工作日公告并说明原因	1. 现场会议的出席登记 (1)身份证明 ①自然人股东:持股票账户卡、身份证或其他能够表明其身份的有效证件,授权委托书和代理人身份证件(如有代理)。 ②法人股东:法定代表人出席会议的,应出示身份证、法定代表人资格证明;委托代理人出席的,应出示身份证、法人股东单位的法定代表人依法出具的书面授权委托。 ③委托代理权限:委托代理人出席的,应注明对每一项议案的投标指示;如未注明,则应注明代理人是否可以按自己的意思表决。 ④委托签署公证:如委托书并非委托人本人签署,而是由委托人委托他人签署,就委托签署行为,应经过公证机关公证。 (2)资格审核 召集人和律师应根据截止登记日	1. 出席人员 (1)全体董事; (2)全体监事; (3)董事会秘书。 2. 列席人员 (1)经理; (2)其他高级管理人员。 3. 不出席或列席的后果 实务中会存在并非全体董事、监事或高管都能出席或者列席会议的情况。鉴于部分缺席,并不必然影响股东行使权力,从而影响会议的合法性,但相关人员的出席情况仍应保证如下的事项: (1)至少1名监事出席 任何情况下,至少应由1名并非主持人的监事出席,以满足有件事参与机票的要求; (2)议案说	1. 董事会召集时的主持人 (1)董事长; (2)副董事长:在董事长不能或者不履行职务时,副董事长主持; (3)被推举董事:副董事长不能履行执业或者不履行职务时,由半数以上董事推举的董事主持。 2. 监事会召集时的主持人 (1)监事会主持; (2)监事会副主席:在监事会主席不能或者不履行职务时,监事会副主席主持; (3)被推举监事、监事会副主席:监事会副主席不能履行职务或者不履行职务时,由半数以上监事推	上市公司召开股东大会,应委托律师进行见证,并出具见证意见	1. 有权征集人 (1)董事会; (2)独立董事(经过1/2以上董事同意); (3)股东相关方不得对征集股东设置最低持股比例要求。 2. 禁止有偿征集。 3. 征集应披露投票意向

续表

召开方式	召开地点	股东出席登记	其他出席及列席人员	主持人	见证律师	投票权征集
1. 召开方式的确定时间： 召开方式应在会议通知中确定 2. 召开方式应包括现场会议和网络会议	1. 地点要求： 现场会议的召开地点应为公司住所，或者章程规定的其他地点 2. 变更要求： (1)通知后，无正当理由不得变更 (2)确需变更的，召集人应当在现场会议召开前至少2个工作日公告并说明原因	的股东名册对出席股东资格进行审核； (3)会议登记册 公司应制作会议登记册载明参会人员名称、身份证号码、住所地址、持有或者代表有表决权的股份数额、被代理人姓名等事项； (4)登记终止 主持人应在表决开始前宣布出席现场会议的股东及代理人人数和所持股份总数前，此时会议登记应终止(会议开始后，仍可进行会议登记，直至表决开始前才终止)； 2. 网络会议的出席登记 根据网络投票系统进行认证 3. 优先股股东无权出席股东大会，但以下情形除外 (1)股东大会审议如下事项时有权出席，其所持每一优先股有一表决权，与普通股股东分类表决： ①修改公司章程	明人出席：需要向股东充分介绍相关议案的人员应该出席，以应对股东的质询。例如因述职或者回报需要，年度股东大会上，董事长、监事会主席和独立董事原则上不能缺席； (3)特定情况下半数董事出席：在董事会召集股东大会的情况下，如董事长或者副董事长不能出席并主持会议，应有半数以上董事出席，以满足推举主持人的需要； (4)特点情况下半数监事出席：在监事会召集股东大会的情况下，如监事会主席或者监事会主席不能出	举的监事主持。 3. 有权股东召集时的主持人。 4. 主持人的更换 原定主持人违反议事规则使股东大会无法继续进行的，可由现场出席股东大会有表决权过半数的股东推举一人担任会议主持人，继续开会	上市公司召开股东大会，应委托律师进行见证，并出具见证意见	1. 有权征集人 (1)董事会； (2)独立董事(经过1/2以上董事同意)； (3)股东相关方不得对征集股东设置最低持股比例要求。 2. 禁止有偿征集。 3. 征集应披露投票意向

续表

召开方式	召开地点	股东出席登记	其他出席及列席人员	主持人	见证律师	投票权征集
1. 召开方式的确定时间：召开方式应在会议通知中确定。 2. 召开方式应包括现场会议和网络会议	1. 地点要求：现场会议的召开地点应为公司住所，或者章程规定的其他地点。 2. 变更要求： (1)通知后，无正当理由不得变更； (2)确需变更的，召集人应当在现场会议召开前至少2个工作日公告并说明原因	中与优先股相关的内容； ②一次或累计减少公司注册资本超过10%； ③公司合并、分离、解散或变更公司形式； ④发行优先股； ⑤公司章程规定的其他情形。 (2)公司累计3个会计年度或连续1个会计年度未按约定支付优先股股息	席并主持会议，应有半数以上监事出席，以满足推举主持人的要求		上市公司召开股东大会，应委托律师进行见证，并出具见证意见	1. 有权征集人 (1)董事会。 (2)独立董事(经过1/2以上董事同意)。 (3)股东相关方不得对征集股东设置最低持股比例要求。 2. 禁止有偿征集。 3. 征集应披露投票意向

表 3－5　股东会议的召开记录要求

记录人	记录原则	记录内容	签名人	文件保管
董事会秘书	真实、准确和完整	1. 会议时间、地点、议程和召集人姓名或名称； 2. 会议主持人以及出席或列席会议的董事、监事、董事会秘书、经理和其他高级管理人员姓名； 3. 出席会议的股东和代理人人数、所持有表决权的股份总数及占公司股份总数的比例； 4. 对每一提案的审议经过、发言要点和表决结果； 5. 股东的质询意见或建议以及相应的答复或说明； 6. 律师及计票人、监票人姓名； 7. 公司章程规定应当载入会议记录的其他内容	出席会议的董事、董事会秘书、召集人或其代表、会议主持人	会议记录应当与现场出席股东的签名册及代理出席的委托书、网络及其他方式表决情况的有效资料一并保存，保存期限不少于10年

表 3－6　股东会议决议的公告和实施

决议公告	律师见证意见内容及公告	决议实施
1. 签署人 召集人应根据表决结果，制作股东大会决议，并由出席董事签署。 2. 公告时间 应于股东大会结束当日公告。 3. 股东大会公告内容 出席会议的股东和代理人人数、所持有表决权的股份总数及占公司有表决权股份总数的比例、表决方式、每项提案的表决结果和通过的各项决议的详细内容	1. 见证意见内容 (1)会议的召集、召开程序是否符合法律、行政法规、公司章程； (2)出席会议人员的资格、召集人资格是否合法有效； (3)会议的表决程序、表决结果是否合法有效； (4)应本公司要求对其他有关问题出具的法律意见； (5)不得使用“基本符合”“未发现”等含糊措辞。 2. 签署要求 应当由2名执业律师和律师事务所负责人签名、签署日期，并加盖事务所公章。 3. 见证意见公告 律师见证意见应同股东大会决议一并公告	1. 新选举董事、监事的就任 通过有关董事、监事选举提案的，新任董事、监事按公司章程的规定就任； 2. 分红、送股提案的事实 通过有关派息、送股或资本公积金转增股本提案的，应当在股东大会结束后2个月内实施完毕

裁判规则

裁判规则一：股东会议的召集程序和会议主持人违反了公司法及公司章程规定的，存在严重的程序瑕疵的，该股东会议决议可被撤销。

案例 王某峰、江苏天龙置业有限公司等公司决议撤销纠纷案

案号：(2019)苏0830民初3438号

案情简介

被告许某、孙某、施某安、王某均系被告江苏天龙置业有限公司(以下简称天龙公司)股东，原告王某峰为公司股东、执行董事。被告许某、孙某、施某安、王某隐瞒原告，于2019年5月26日私自拟定股东会决议一份，对被告天龙公司现有的法定代表人、执行董事、总经理、监事进行工商变更登记。被告许某、孙某、施某安、王某的行为严重违反了公司章程，侵害了原告的股东权利及其他职务权利，故提起诉讼要求撤销此次股东会决议。

被告许某、孙某共同辩称：(1)关于召集人的问题，执行董事未召集可以由监事召集，而且公司章程虽规定以邮寄方式通知召开股东会决议，但以什么样的方式是没有区别的，本质上都是通知召开股东会决议。该次股东会决议召集人是通过微信方式通知原告，因此已经符合法律规定的通知目的，决议形成有瑕疵，但不影响股东会决议的效力。(2)依据公司章程第16条规定执行董事的任期是3年，任期到2018年4月到期。另外，召集股东会决议对人事进行任免，执行董事就负有义不容辞的义务，而本案原告作为执行董事怠为行使该权利，拖至1年之久未召集股东召开定期会议和临时会议。因此，通过电话通知，要求原告召开定期和不定期的会议均是可以成立的。在执行董事拒不履行该法定义务的情况下，股东召集股东会是符合法律规定的。

裁判观点

江苏省盱眙县人民法院认为，《公司法》规定，有限责任公司不设董事会的，股东会议由执行董事召集和主持，执行董事会不能履行召集股东会会议职责的，由公司监事召集和主持，监事不召集和主持的，代表1/10以上表决权的股东可以自行召集和主持。召开股东会会议，应当于会议召开15日前通知全体股东，但是公司章程另有规定或者全体股东另有约定的除外。本案《天龙公司章程》第11条规定，召开股东会会议，应当于会议召开15日前通知全体股东。股东会会议通知约定以邮寄方式送达，股东应当向公司执行董事报备约定送达地址。股东会会议通知以执行董事向股东约定送达地址发出通知邮件为送达标志。《天龙公司章程》第12条规定，股东会会议由执行董事召集，执行董事主持。执行董事不能履行或者不履行召集股东会会议职责的，由监事召集和主持；监事不召集和主持的，代表1/10以上表决权的股东可以自行召集和主持。天龙公司2019年5月26日召开的股东会，因召集程序和主持人违反《天龙公司章程》及《公司法》的规定，应当予以撤销。

首先，原告王某峰当时系天龙公司的股东、执行董事，被告孙某及公司其他股东未提供证据证明股东提议执行董事召集股东会，而原告王某峰作为执行董事不能履行或者不履行召集股东会会议职责。其次，即使原告王某峰作为执行董事不履行召集股东会职责，依据《天龙公司章程》及《公司法》的规定，也应当由其公司监事召集并主持股东会。而被告孙某及公司其他股东也未提供证据证明股东提议公司监事召集并主持股东会，而监事也不能履行或者不履行召集股东会会议职责。被告孙某作为公司股东直接召集并主持股东会，不符合《天龙公司章程》及《公司法》的规定。最后，本案天龙公司股东会定于2019年5月26日召开，但通知股东王某峰的时间是2019年5月12日，也未在股东会会议召开15日前通知股东王某峰。故本案天龙公司2019年5月26日召开的股东会，召集程序和主持人违反《天龙公司章程》及《公司法》的规定。

裁判结果

法院判决撤销被告江苏天龙置业有限公司 2019 年 5 月 26 日的股东会决议。

裁判规则二：股东会议所议内容对股东权利和公司经营构成实质性重大影响的而事前未有效通知参会股东的，属于召集程序存在严重瑕疵，该股东会议决议可被撤销。

案例 肖某、湘西自治州龙凤置业有限公司等公司决议撤销纠纷案

案号：(2019)湘 3101 民初 2680 号

案情简介

原告肖某收到被告湘西自治州龙凤置业有限公司(以下简称龙凤公司)于 2019 年 9 月 3 日作出的《湘西州龙凤置业有限公司股东会决议》。根据《公司法》第 41 条的规定，召开股东会应当提前 15 日通知全体股东，而原告未收到 2019 年 9 月 3 日召开临时股东会的通知，股东会召开程序违反公司法的规定，不合法。股东会决议的内容与事实不符。肖某依法享有龙凤公司 30% 的股权，任何人无权剥夺，决议召开程序违法，内容歪曲事实，遂起诉撤销该次股东会决议。

裁判观点

湖南省吉首市人民法院认为，《公司法》第 41 条第 1 款规定："召开股东会会议，应当于会议召开十五日前通知全体股东；但是，公司章程另有规定或者全体股东另有约定的除外。"在案件中，召开股东会议的通知是在会议召开前 3 日作出，没有在会议召开 15 日前通知肖某，且《龙凤公司章程》对股东会召集程序没有另行规定，股东肖某、熊某清、章某君之间亦没有对股东会召集程序另行进

行约定,故该次股东会议召集程序违反了法律规定。又根据《公司法》第22条第2款“股东会或者股东大会、董事会的会议召集程序、表决方式违反法律、行政法规或者公司章程,或者决议内容违反公司章程的,股东可以自决议作出之日起六十日内,请求人民法院撤销”的规定,肖某在法定期限内诉请人民法院撤销案涉股东会决议,符合法律规定。

龙凤公司抗辩称,根据《最高人民法院关于适用〈中华人民共和国公司法〉若干问题的规定(四)》第4条“股东请求撤销股东会或者股东大会、董事会决议,符合公司法第二十二条第二款规定的,人民法院应当予以支持,但会议召集程序或者表决方式仅有轻微瑕疵,且对决议未产生实质影响的,人民法院不予支持”的规定,本案中股东会议召集程序瑕疵只是轻微瑕疵,且对决议未产生实质影响,不应撤销股东会决议。法院对龙凤公司的抗辩主张不予支持,理由如下:案涉股东会议所议内容对肖某的股东权利和公司经营构成实质性重大影响,保障会前的15天法定期限对于肖某准备、参加会议,发表意见影响多数意见形成具有重要意义,故上述会议召集程序瑕疵不是轻微瑕疵,股东会议决议应予撤销。

裁判结果

法院判决撤销湘西自治州龙凤置业有限公司2019年9月3日的股东会议决。

裁判规则三:董事会临时决定更改会议召开时间和地点,违背了《公司法》关于通知期限的规定,召开的股东会议无效。

案例 ST宏智科技股份有限公司“双股东大会”案例

案情简介

王某是ST宏智科技股份有限公司(以下简称宏智科)的第一大股东,

2004年,其认为公司股东会的一些不作为行为侵犯了股东利益,于是向宏智科技提议召开临时股东大会,要求改选董事会和监事会成员并提名了候选人;王某在《中国证券报》发布将有期召集并主持临时股东大会的公告,并载明了开会的时间及地点。而就在召开股东大会的前一天,宏智科技董事会也在《中国证券报》上发布公告,声明董事会已经决定出席并由现任董事长黄曼民主持王某提议召开的临时股东大会。

临时股东大会召开那天,董事长提出接管会务并主持会议的要求,遭到王某拒绝。随后董事长以口头方式通知到会人员更改会议地点。结果同日出现了两个股东大会及两个决议:由王某主持召开的股东大会提议通过了王某改选董事会及监事会成员的提案,而由董事长主持召开的股东大会否决了王某的议案。

新的董事、监事入驻宏智公司,原有董事会成员拒绝向新董事交接工作,宏智科技也因此出现两个董事会的混乱局面。为此,王某向福建省福州市中级人民法院提起诉讼,要求法院确认其主持召开的股东大会决议有效,同时,宣告宏智科技原董事会主持并召开的股东大会决议无效。

裁判观点

在本案中,假定王某享有股东大会召集权,是合法的召集权人,那么其通知程序是否合法呢?在本案中,王某在会议召开30日前通过《中国证券报》发布公告的方式通知其他股东会议召开事项,这是符合法律程序的。但是法律规定,当董事会为召集人时,董事会为会议通知人,而当股东为召集人时,股东是否当然的就为会议通知人还是需要请求董事会通知,法律并没有明确。在本案中,董事会临时决定更改会议召开时间和地点并口头通知变更该事项,严重违背了《公司法》关于通知期限的规定,侵害了广大中小股东的知情权。

裁判结果

一审法院判决认定双方召开的两个股东会议均无效，二审法院维持了原判。

延展阅读

九龙山“双股东大会”

原告平湖九龙山海湾度假城休闲服务有限公司（以下简称平湖九龙山）是被告上海九龙山旅游股份有限公司（以下简称上海九龙山）的股东，该公司时任董事长李勤夫，第三人海航置业控股（集团）有限公司（以下简称海航）是上海九龙山第一大股东，徐海宁为海航董事长。原告诉请法院判令撤销关于股东海航自行召开的上市公司2012年第一次临时股东大会通过的议案。

海航收购上海九龙山成为其最大的股东，在公司经营过程中，海航对以公司董事长李某夫等人组成的董事会产生怀疑，认为董事会无视其提出的改选董事会的申请，遂向监事会发出通知提请立即召开临时股东大会改选董事会、监事会成员，但时任监事会以海航所持有股份被冻结为由拒绝了海航的请求，于是海航以“上海九龙山监事会拒绝召集临时股东大会是违法行为应罢免”为由，自行召开临时股东大会，罢免了以李某夫为代表的原董事会，选举产生清一色的“海航系”新董事会，形成了“双董事会”共同管理公司的局面，2013年2月19日两个董事会同一天同一个公司召开两场股东大会，各自就同一个议题通过了截然相反的决议，两个董事会各说各话，公司治理陷入僵持混乱状态，平湖九龙山质疑海航召开股东大会的资格而提起诉讼。

股东大会分为年度股东大会和临时股东大会，《公司法》第100条列举了召开临时股东大会的6种情形，符合条件的就应当在2个月内召开临时股东会议，其中第3项规定：“（三）单独或者合计持有公司百分之十以上的股东请求时。”而本案中的股东海航满足这一条件。

后原告平湖九龙山于 2014 年 1 月 17 日以其与被告上海九龙山、第三人海航已就解决争议达成一致为由向一审法院提出撤诉。

此案后续发展到 2016 年进入新的高潮，原告平湖九龙山先后对被告海航创新(上海)股份有限公司(原名上海九龙山旅游股份有限公司，以下简称海航创新公司)提起 3 宗公司决议撤销纠纷一案。

公司决议撤销纠纷之一

(2016)沪 0106 民初 1159 号案中，原告平湖九龙山诉称：2015 年 12 月 5 日，被告海航创新公司召开的第六届董事会第 27 次会议召集程序存在瑕疵，违反《海航创新公司公司章程》的相关规定，所形成的决议应当撤销，请求法院判令撤销被告第六届董事会第 27 次会议通过的决议。

上海市静安区人民法院一审认为：为了充分保障董事表达意见，正常行使表决权，董事会的召集程序应符合我国《公司法》及公司章程的规定。对于召集程序、表决方式等方面存在的瑕疵，与《公司法》及公司章程的规定相悖，应予撤销。《海航创新公司公司章程》和董事会议事规则都对董事会会议的召集程序作了严格的规定，被告召集董事会的程序应符合公司章程和董事会议事规则的规定。如果情况紧急需要尽快召开董事会临时会议的，可以随时通过口头或者电话等方式发出会议通知，但召集人应当在会议上作出说明。被告在召开董事会前一天以邮件通知董事参加董事会，应当属于“情况紧急”的情形，但被告没有在会议上作出说明。本案中，被告也没有对“情况紧急”的情形作出合理的说明。《海航创新公司公司章程》和董事会议事规则规定，公司章程和董事会议事规则由公司董事会负责解释，董事会确实有权对公司章程和董事会议事规则存有异议的条文作出解释。但应当注意的是，董事会的解释应该符合事实、法律，应该符合社会一般常识。被告没有证据证明其召集董事会存在“情况紧急”的情形。因此，被告召集董事会的程序存在瑕疵，不符合《公司法》及公司章程的规定，应予撤销。

一审法院判决：撤销海航创新公司第六届董事会第 27 次会议审议通过的《关于修改公司章程的议案》的决议。

海航创新公司不服，提起上诉，二审[(2016)沪 02 民终 5408 号]发生了逆转。

上海市第二中级人民法院认为:公司在法律及章程规定的范围内,对涉及公司治理等事项享有决策权,如无法定撤销情形,应当予以尊重。根据《公司法》的规定,董事会的会议召集程序、表决方式违反法律、行政法规或者公司章程,或者决议内容违反公司章程的,股东可以自决议作出之日起60日内,请求人民法院予以撤销。根据诉辩双方的意见,本案争议的焦点为海航创新公司第六届第27次董事会关于修改公司章程的决议是否存在法定的可撤销理由。海航创新公司认为该次董事会决议修改公司章程系紧急情况,董事会有权就此进行决议。平湖九龙山则认为,修改公司章程并非情况紧急,召集程序违反公司章程,应予撤销。对此,需要明确两个方面的问题。一是应如何把握司法介入与公司自治的尺度,即在海航公司章程规定"情况紧急"时董事会有权召开临时会议的前提下,对于该"情况紧急"的判断应由法院予以界定,还是交由公司在商业判断的基础上自行认定?二是因紧急情况召开临时董事会应遵循何种召集方式与程序?

对于问题一,即如何把握司法介入与公司自治的尺度,关键在于在《海航创新公司公司章程》规定"情况紧急"时董事会有权召开临时会议的前提下,对于该"情况紧急"的判断应由法院予以界定,还是交由公司在商业判断的基础上自行认定?首先,就法律适用而言,《公司法》及其司法解释对于涉及公司内部治理时何为"情况紧急"并未进行相应规定。但是,《公司法》在尊重公司意思自治的基础上,赋予作为市场主体的公司,可以通过制定章程等方式进行自治管理,此亦《公司法》尊重公司内部治理的体现。其次,《海航创新公司公司章程》规定了董事会可以在情况紧急情形下召开临时会议,但综观《海航创新公司公司章程》及董事会议事规则,并未就"情况紧急"进行任何定义或者列举。根据海航公司提供的2005年5月及9月、2006年3月因紧急情况召开临时董事会的情况来看,海航创新公司以往分别因修改公司名称、变更公司经营范围、修改公司章程、任命副总经理等事项召开过临时股东会。由此可见,对于海航创新公司来讲,"情况紧急"并非一般生活意义上所理解的诸如生命安全、财产安全等紧急状况,而是海航创新公司基于自身市场经营以及商业管理状况进行的商业判断，属于公司自治的范畴，修改公司章程是否属于“情况紧急”应由海航创新公司作出判断为宜，对此，法院应当予以尊重。最后，在庭审中，双方当事人已确认，第六届第 27 次董事会临时会议的起因系之前董事会对于公司重组等处置事项，因关联董事回避表决，导致对于该等事项存在争议。基于此，海航创新公司拟通过修改公司章程，增加独立董事席位的方式解决争议问题。法院认为，董事会在公司从事商业运营过程中具有举足轻重的地位，如无法对相关事项形成有效决议，将会导致董事会决议陷入僵局，在章程规定董事会有权提出章程修正案的情况下，董事会通过修改公司章程、增加董事席位等方式解决争议问题，并无不妥。因此，修改公司章程、增加独立董事等事项属于公司内部治理事项，人民法院仅宜在法律规定范围内就有无法定撤销情形进行审理，不宜对涉公司自治事项进行过度干预与介入。

对于问题二，即因紧急情况召开临时董事会应遵循何种召集方式与程序？对此，《海航创新公司公司章程》及董事会议事规则载明，情况紧急需要尽快召开董事会临时会议的，可以随时通过口头或者电话等方式发出会议通知，但召集人应当在会议上作出说明。书面通知包括但不限于信件、传真、电子邮件等形式。海航创新公司于 2015 年 12 月 5 日以邮件方式向各位董事发出召开第 27 次会议的通知，于 12 月 6 日以通讯方式召开紧急会议。由此可见，该次会议召集程序符合公司章程因紧急情况召开临时董事会的规定。平湖九龙山主张召集人并未就紧急情况在会议上作出说明，但在其未参加会议，且未提供相应证据予以证明的情况下，对该主张，法院不予采信。需要指出的是，第六届第 27 次董事会会议明确，该次决议应当提交股东大会审议通过，而海航创新公司已于 12 月 23 日召开 2015 年第一次临时股东大会，审议通过了《关于修改公司章程的议案》，故修改公司章程的事项已得到了海航创新公司最高权力机构即股东大会的审议通过。原审法院认为海航创新公司第六届第 27 次会议召集程序存在瑕疵的认定，有所不当，依法予以纠正。

二审法院判决：撤销上海市静安区人民法院（2016）沪 0106 民初 1159 号民事判决；驳回被上诉人平湖九龙山海湾度假城休闲服务有限公司全部诉讼请求。

公司决议撤销纠纷之二

(2016)沪 0106 民初 831 号案中原告平湖九龙山诉称:2015 年 12 月 14 日,被告海航创新公司召开第六届董事会第 28 次会议,上海大新华实业有限公司不享有独立董事的提名权,其向被告提名徐某祥、傅某德为董事会独立董事职务的两项议案违反《九龙山股份协议转让的框架协议》规定;其向被告提请免去李某夫、李某强董事会董事职务的两项议案违反上海市高级人民法院(2013)沪高民二(商)终字第 37 号民事调解书确定的内容。故请求法院判令撤销被告第六届董事会第 28 次会议通过的五项决议。

上海市静安区人民法院一审认为:股东、董事应当正常行使表决权,董事会和股东大会的召集程序、表决方式和决议内容等方面应当符合公司法及公司章程的相关规定。(1)被告第六届董事会第 27 次会议,审议通过的《关于修改公司章程的议案》,须提交公司股东大会审议。被告在没有召开股东大会审议《关于修改公司章程的议案》的情况下即召开第六届董事会第 28 次会议,按第六届董事会第 27 次会议的决议规定,增设 2 名独立董事,有悖于公司章程的规定。(2)被告公司章程第 107 条规定:"董事会由 9 名董事组成,设董事长 1 名。董事会成员中应当有 3 名独立董事。"根据《九龙山股份协议转让的框架协议》的约定,董事会的候选人由受让方推荐四名董事候选人、2 名独立董事候选人,其他董事由出让方推荐,一方推荐的董事候选人应事先向对方征求意见。也即原告作为出让方中的成员,可以推荐两名董事候选人、1 名独立董事候选人。上海大新华实业有限公司提议免去由股份出让方推荐的董事,且未征求对方的意见,违反了协议约定。(3)应当指出的是,章程是股东之间协商一致的协议,尽管《九龙山股份协议转让的框架协议》不是被告公司章程,但它是被告股东签订的具有约束力的协议,上海大新华实业有限公司作为股东,也是签订协议的当事人,理应受到协议的约束;同理,被告作为协议所指向的标的公司,也应受协议的约束。此外,民事调解书中也有相类似的约定。(4)被告第六届董事会第 28 次会议通过的《关于提请免去李某夫先生第六届董事会副董事长职务的议案》,并未违反公司章程和《九龙山股份协议转让的框架协议》的规定。综上所述,第六届董事会第 28 次会议通过的《关于提议免去李某夫先生第六届董事会董事职务的议案》、《关于提议免去李某强先生第六届董事会董事职务的议案》、《关于提名徐某祥先生为第六届董事会独立董事的议案》和《关于提名傅某德先生为第六届董事会独立董事的议案》，不符合公司法及《海航创新公司公司章程》的规定，应予撤销。原告诉请撤销《关于提请免去李某夫先生第六届董事会副董事长职务的议案》，缺乏依据，不予支持。

一审法院判决如下：(1)被告海航创新公司第六届董事会第28次会议审议通过的《关于提议免去李某夫先生第六届董事会董事职务的议案》的决议，予以撤销。(2)被告海航创新公司第六届董事会第28次会议审议通过的《关于提议免去李某强先生第六届董事会董事职务的议案》的决议，予以撤销。(3)被告海航创新公司第六届董事会第28次会议审议通过的《关于提名徐某祥先生为第六届董事会独立董事的议案》的决议，予以撤销。(4)被告海航创新公司第六届董事会第28次会议审议通过的《关于提名傅某德先生为第六届董事会独立董事的议案》的决议，予以撤销。(5)原告平湖九龙山公司其余诉讼请求，不予支持。

海航创新公司不服，提起上诉，此案二审[(2016)沪02民终5409号]发生了逆转。

上海市第二中级人民法院二审认为，公司在法律规定及章程规定的范围内，对涉及公司治理等事项享有决策权，如无法定撤销情形，应当予以尊重。(1)就海航创新公司第六届第28次会议决议的内容来看，该次会议内容主要为增加、任免董事，该事项属于董事会会议的审议范围。需要指出的是，在本案所涉董事会决议之前，海航创新公司就增加2名独立董事的事项，已经召开过第六届第27次会议，审议通过《关于修改公司章程的议案》，尽管第六届第28次会议召开时，公司章程并未进行修改，但第27、28次董事会会议均明确，所涉议案均需要提交股东大会审议通过。海航创新公司已经于2015年12月23日召开2015年第一次临时股东大会，该次临时股东大会审议通过了关于修改公司章程的议案以及董事的增免提案，股东大会作为海航创新公司最高权力机构，已经认可了修改公司章程及增免董事的议案，对此，出于尊重公司自治的考虑，法院应当给予认可。(2)就第六届第28次董事会决议的提案来看，《公司法》规定,单独或者合计持有公司3%以上股份的股东,可以提出临时提案并书面提交董事会。上海大新华实业有限公司作为持有海航创新公司8.97%股份的股东,有权就增免董事事项向董事会进行提案。此系《公司法》赋予股东的权利,依法应予尊重。(3)尽管《九龙山股份协议转让的框架协议》中有关于董事席位的相关约定,但该框架协议的合同方为海航创新公司的部分股东,海航创新公司并非该框架协议的合同方。且针对该框架协议的上海市高级人民法院(2013)沪高民二(商)终字第37号民事调解书亦明确,"任何一方新、旧股东必须合法合规地行使自己的权利,不得越权,不得干涉新董事会行使法律和公司章程规定的职权"。由此可见,海航创新公司董事会有权就职权范围内的事项进行审议。

二审法院判决:(1)撤销上海市静安区人民法院(2016)沪0106民初831号民事判决;(2)驳回被上诉人平湖九龙山海湾度假城休闲服务有限公司全部诉讼请求。

公司决议撤销纠纷之三

在(2016)沪0106民初832号案中原告平湖九龙山诉称:2015年12月23日,被告海航创新公司召开2015年第一次临时股东大会,上海大新华实业有限公司不享有独立董事的提名权,其向被告提名徐某祥、傅某德为董事会独立董事职务的两项议案违反《九龙山股份协议转让的框架协议》规定;其向被告提请免去李某夫、李某强董事会董事职务的两项议案违反上海市高级人民法院(2013)沪高民二(商)终字第37号民事调解书确定的内容。故请求法院判令撤销被告2015年第一次临时股东大会通过的《关于修改公司章程的议案》、《关于提议免去李某夫先生第六届董事会董事职务的议案》、《关于提议免去李某强先生第六届董事会董事职务的议案》、《关于提名徐某祥先生为第六届董事会独立董事的议案》和《关于提名傅某德先生为第六届董事会独立董事的议案》的五项决议。

上海市静安区人民法院一审认为:股东、董事应当正常行使表决权,董事会和股东大会的召集程序、表决方式和决议内容等方面应当符合公司法及公司章程的相关规定。(1)股东大会审议的《关于修改公司章程的议案》由董事会提交,因被告第六届董事会第27次会议的召集程序存在瑕疵,审议通过的《关于修改公司章程的议案》业已经本院(2016)沪0106民初1159号民事判决撤销。因此,《关于修改公司章程的议案》未经被告董事会审议表决,2015年第一次临时股东大会审议通过的《关于修改公司章程的议案》违反了法律和公司章程的规定。(2)根据《九龙山股份协议转让的框架协议》的约定,董事会的候选人由受让方推荐4名董事候选人、2名独立董事候选人,其他董事由出让方推荐,一方推荐的董事候选人应事先向对方征求意见。也即原告作为出让方中的成员,可以推荐2名董事候选人、1名独立董事候选人。上海大新华实业有限公司提议免去由股份出让方推荐的董事,且未征求对方的意见,违反了协议约定。(3)被告增加的2名独立董事系被告公司修改的章程提议,《关于修改公司章程的议案》违反了法律和公司章程的规定,上海大新华实业有限公司的提名2名独立董事的议案也违反了相应的规定。(4)章程是股东之间协商一致的协议,尽管《九龙山股份协议转让的框架协议》不是被告公司章程,但它是被告股东签订的具有约束力的协议,上海大新华实业有限公司作为股东,也是签订协议的当事人,理应受到协议的约束;同理,被告作为协议所指向的标的公司,也应受协议的约束。此外,民事调解书中也有相类似的约定。综上所述,海航创新公司2015年第一次临时股东大会审议通过的《关于修改公司章程的议案》、《关于提议免去李某夫先生第六届董事会董事职务的议案》、《关于提议免去李某强先生第六届董事会董事职务的议案》、《关于提名徐某祥先生为第六届董事会独立董事的议案》和《关于提名傅某德先生为第六届董事会独立董事的议案》,不符合《公司法》及公司章程的规定,应予撤销。

一审法院判决:(1)被告海航创新公司2015年第一次临时股东大会审议通过的《关于修改公司章程的议案》,予以撤销。(2)被告海航创新公司2015年第一次临时股东大会审议通过的《关于提议免去李某夫先生第六届董事会董事职务的议案》的决议,予以撤销。(3)被告海航创新公司2015年第一次临时股东大会审议通过的《关于提议免去李某强先生第六届董事会董事职务的议案》的决议,予以撤销。(4)被告海航创新公司2015年第一次临时股东大会审议通过的《关于提名徐某祥先生为第六届董事会独立董事的议案》的决议,予以撤销。

(5)被告海航创新公司2015年第一次临时股东大会审议通过的《关于提名傅某德先生为第六届董事会独立董事的议案》的决议,予以撤销。

海航创新公司不服,提起上诉,此案二审[(2016)沪02民终5407号]发生了逆转。

上海市第二中级人民法院二审认为,公司在法律规定及章程规定的范围内,对涉及公司治理等事项享有决策权,如无法定撤销情形,应当予以尊重。根据诉辩双方的意见,本案争议的焦点为海航创新公司2015年第一次临时股东大会决议内容是否存在法定可撤销的事由。对此,(1)根据本案查明的事实,海航创新公司为修改公司章程、增免董事事项,先后召开两次董事会会议,该两次会议决议均明确,所涉事项需提交股东大会审议。因此,对于公司章程而言,在股东大会对修改公司章程等事项决议通过之前,章程关于董事席位的规定亦无法进行变更。因此,该决议关于增免董事等决议内容未违反公司章程规定。2015年第一次临时股东大会针对修改公司章程、增免董事等事项进行决议亦属于章程规定的股东大会的职责范围。(2)关于上海大新华实业有限公司提案的问题。根据公司章程第83条的规定,董事候选人名单须以提案的方式提请股东大会表决。上海大新华实业有限公司作为海航创新公司的股东,所持股份比例为8.97%。根据《公司法》的规定,上海大新华实业有限公司有权提出临时提案并书面提交董事会,此系法律赋予股东的权利,依法应当予以尊重。《九龙山股份协议转让的框架协议》中虽有关于董事席位的相关约定,但该框架协议并未对董事席位的增加作出限制性规定。此外,针对该框架协议的上海市高级人民法院(2013)沪高民二(商)终字第37号民事调解书亦明确,“任何一方新、旧股东必须合法合规地行使自己的权利,不得越权,不得干涉新董事会行使法律和公司章程规定的职权”。因此,海航创新公司董事会对于包括修改公司章程、增加及任免董事等事项有权在职责范围内进行决定并提交股东大会进行审议。由此可见,股东大会作为海航创新公司最高权力机构,对该等事项进行决议并无不妥,并未违反《公司法》及章程的规定,亦是通过履行法定职责进行公司自治的表现,依法应予以尊重。

判决结果

二审法院判决平湖九龙山海湾度假城休闲服务有限公司全部诉讼请求。

案例启示

一、召集权人的确定

我国《公司法》在第 40 条、第 101 条规定，具有召集权的“人”依次为董事会（执行董事）、监事会（监事）、代表 1/10 以上表决权的股东。就召集权人的确定，实践中的主要争议集中在：(1) 可否在章程上另行约定其他会议召集人；(2) 对于股东自行召集的情形，是否可以另行约定股东会召集权人，需要关注《公司法》对召集权人的规定是强制性还是允许章程自主约定的规范性规定。我们认为该两条规定为强制性规定，只有法定召集权“人”才有权力和义务召集股东（大）会，不允许章程就此作出其他另行约定。

二、公司章程可对股东会议召集程序进行细化约定

由于《公司法》未对通知方式作出规定，公司章程可以根据实际需要在章程中约定：关于通知生效时间，公司可采用“通知发出生效主义”“通知到达生效主义”等不同通知生效模式；对于通知对象，可在章程中进一步明确，一般为全体股东，为了防止会议召开期间发生股东表决权变动，进而导致股东资格及表决权的难以确定。对此，也可在章程中就此期间的股权转让设置限制性的规定。

三、遵循股东会议召集程序，避免出现召集程序瑕疵

无论是有限责任公司还是股份有限公司，在召开股东会议时都应该严格遵循会议召集的法定程序，避免会议召开要件缺失，或者存在严重瑕疵；如若不然，则该次股东会决议可能会被撤销或宣告无效。

第三节　股东提案权

法理解说

一、股东提案权的含义

股东提案权,是指符合一定资格的股东向股东大会提出符合一定要求的提案,使该提案可以在股东大会上被审议和表决的权利。[1]

股东提案权是股东参与公司运行管理的重要方式,对于平衡大小股东间权利的行使、保障中小股东的合法权利、增加股东的企业归属感和公司责任感发挥着重要作用。

虽然现行法律仅赋予了股份有限公司股东具有提案权。但对有限责任公司来说,有限责任公司股东本身就有提案权,无论大小股东都可以在股东会上提出自己的议案并接受表决。因此,没有为有限责任公司的股东特别规定提案权的必要。

而股份有限公司的股东,尤其是小股东,一般不参与公司的实际经营,因而给予他们特殊的保护是有必要的。股份有限公司的股东大会在召开前,审议事项是提前确定的,对于没有提前确定和通知股东的审议事项不得进行表决。这就意味着股份有限公司除了董事会和监事会成员的其他股东,只有表达是否同意的权利,而没有提出议案的权利,这不利于少数股东发挥对公司运营的决策参与和监督纠正作用,因而需要专门赋予股东提案权。

二、行使提案权的要件

1. 行权主体。只有单独或合计持有公司股份 3% 以上的股东可以提出股东

---

〔1〕 参见李英豪、张德郑:《股东提案权研究》,载《广西质量监督导报》2019 年第 7 期。

提案。

2. 行权程序。股东行使提案权需在股东大会召开10日前提出临时提案并书面提交董事会;董事会应当在收到提案后2日内通知其他股东,并将该临时提案提交股东大会审议,未经通知的提案不得在股东大会上审议。

3. 提案内容。临时提案的内容应当属于股东大会职权范围,并有明确议题和具体决议事项,且不得违反法律、法规和公司章程的规定。

三、股东提案权的法律性质

首先,股东提案权属于固有权。股东提案权是由《公司法》明确授予股东的权利,不可通过公司章程或其他方式予以限制剥夺,因此其属于固有权。

其次,股东提案权属于共益权。股东提出议案不仅仅是为了自身的利益,在很大程度上也是兼顾公司的利益。如果股东认为公司存在管理漏洞或是运营错误等而行使提案权,在纠正公司不当行为的同时也维护了自身的权益,因此属于共益权。

最后,股东提案权属于少数股东权。为了防止股东滥用自身权利,目前大部分国家对股东提案权都设置了一定的行使条件,例如,达到一定的持股比例才可以行使,因此其属于少数股东权。

四、股东提案权的立法价值

股东提案权对于促进公司信息公开透明、保障中小股东合法权益、完善公司经营决策等方面具有重要意义。

(一)股东提案权有助于促进公司信息公开透明

股东与管理层之间存在一定的信息不对称,提案权的行使,使公司管理层在和股东的交流中不得不回应、公开公司的相关经营信息,为中小股东获取公司信息提供了重要渠道。对于适格股东提出的符合条件和程序的提案,公司董事会应当及时通知其他股东,并将该提案提交股东大会审议,以便股东决定是否参加股东大会和表决意向。如果董事会不同意将该提案提交股东大会审议,应当作出说明,对于上市公司来说,董事会应当将股东提出的相关议案,以及董事会不同意提交股东大会审议的理由进行公开披露。股东提案规则的功能即为公开提出疑问,要求公司公开予以答复,以表明管理层对该问题的态度,以供舆论评价。因此,股东提案权制度有利于增强上市公司治理的透明度,强化对上市公司的舆论监督和市场约束。[1]

(二)股东提案权有助于完善公司经营决策

股东提案权使中小股东有机会给予管理层不同意见作参考,增强股东与管理层之间的沟通交流。提案的存在能够弥补董事会决策考虑不周的不足,在董事会决策存在明显漏洞的情况下,股东的提案能够给予决策层参考意见,从而凝聚集体智慧,保障公司重大决策的正确、客观和全面。同时,在股东提交内容符合法定条件的提案时,董事会不能无视该提案的存在,必须使其明确列明于股东大会召集事由的通知书中。在股东提交提案与董事会排除并解释的过程中,增强了股东与董事会的沟通和交流,这也是股东对董事会决策的监督过程,从而有助于公司经营决策的完善。

(三)股东提案权有助于公司践行社会责任

股东提案权诞生之初,提案主要聚焦于公司内部事务,如管理层的薪酬、分红派息、股份回购等。但自 20 世纪 70 年代后,各大型公司尤其是跨国公司股东大会中,有关环境保护、种族歧视、商业道德、消费者权益保护等公共议案逐步增多,这些公共议案对公司在拟定政策及展开营运产生了重大影响。与此相适应,国际上掀起了上市公司披露社会责任报告的潮流。股东提案权制度对公司践行社会责任发挥了重要的推动作用。

(四)股东提案权有助于实现公司民主

股东提案权制度随着公司民主理论的发展而产生,同时又随着股东主权运动而进一步成熟和完善。股东提案权的首要目的是保证股东能够行使其权利以实现其作为公司所有者对公司重要决策的控制,如果公司由没有所有权的管理层经营,或所有者无法对管理层进行有效的监控时,管理层将会有不当行为。

---

[1] 参见邓钰杰:《股东提案权制度研究》,上海师范大学 2018 年硕士学位论文,第 10 页。

因此，公司股东民主权应当得到提倡，而股东提案权将有效促进公司民主。[1]

五、国外股东提案权的发展情况

美国是最早确立股东提案权制度的国家，也是该制度的集大成者。1938 年美国国会为了落实公司民主机制而开始制定委托书规则，该规则规定公司的管理层向其他股东邮寄委托书时，应当在委托书中明确记载股东的提案。1942 年美国证券管理委员会正式确立了股东提案权制度，股东可以将其自认为对公司治理有帮助的提案提交给董事会，并要求董事会将该提案刊载于邮寄给公司各股东的材料之中，由此产生的费用由公司承担；此后，美国证券管理委员会根据市场和现实的需要，对股东提案权制度进行多次修订完善。

（一）股东提案权的主体资格

美国《委托书规则》规定："提案股东必须持续一年以上持有公司 1% 或者市值 2000 美元以上的有表决权的证券，并在股东大会期间持续持有。"

日本《会社法》规定："连续六个月以上持有已发行股份总数 1% 或者 300 股以上的与表决权股份的股东，可以行使股东提案权。对于美元公开发行股票的公司股东，不需要连续持有六个月以上的股份。"从条文可以看出，日本借鉴了美国对股东持股的双标准规则以及对持股期限的要求。不同的是，日本公司法对股东持股的具体数量以及持股的具体时间作出了更宽松的限定，这也符合日本当时的市场环境。[2]

（二）股东提案的内容范围

美国《委托书规则》规定了 13 项可排除事由：(1) 依据当前公司所在地的州法，提案内容不属于股东大会决议事项范畴内。(2) 提案的执行将会与州法或联邦法或外国法相违背。(3) 违反委托书规则。(4) 提案仅仅关乎自身个人利益。(5) 提案不关乎公司的经营业务。(6) 公司无权执行提案相关事项。

---

〔1〕 参见陈凡：《股东提案权制度探析》，华东政法大学 2018 年硕士学位论文，第 12 页。

〔2〕 参见梁上上、〔日〕加藤贵仁、朱大明：《中日股东提案权的剖析与借鉴——一种精细化比较的尝试》，载《清华法学》2019 年第 2 期。

(7)提案关乎公司管理层的日常运营。美国公司法规定公司事务的处理权由董事会独揽而股东不得插手,由董事会集中处理公司事务有利于提高公司经营效率。(8)提案关系到董事会及类似管理机构的选人。(9)股东提交的提案与公司提交的提案在同一次股东大会中存在直接的冲突。(10)股东提交的提案内容公司已经实施。(11)二人以上同时提出内容基本一致且已经记载于委托书征集材料中的提案。(12)为使实质内容相同的提案顺利在股东大会中表决通过,但每年能到表决权支持率又达不到一定标准,则审查机关有权排除。(13)股东提案的内容关注的是股东股利分配问题。

美国《委托书规则》还规定:“公司管理层欲排除股东提案,则应当在申报委托书征求材料确定稿之前80日向SEC提供股东的提案内容并释名排除提案的理由。”

日本在立法上将股东提案区分为“议题提案”和“议案提案”。对于“议题提案”,其提案内容必须在股东会议权限范围内,否则会被排除。对于“议案提案”,首先,其提案内容必须符合法律以及公司章程的规定;其次,若某提案在上一次的股东会议中没有获得超过1/10表决权的支持,那么在3年内重复提出该提案的,则该提案会被排除。在提案的内容上,日本也吸收了美国关于提案内容排除的相关规定,但排除事由中没有提案涉及董事会选任的规定。

(三)股东提案权的行使程序

美国《委托书规则》规定:“(1)倘若提交的提案想在股东大会年会中予以表决,那么股东应当在上一年度的委托书征求材料邮寄之日的120日前将提案提交至董事会。(2)倘若公司去年没有召开股东大会,或者公司今年召开股东大会的日期与去年日期不一样且相差30天以上,股东则需要在一个合理期限内向公司提交其提案,该合理期限在公司法中并没有一个明确的界定,但是必须是公司着手印刷或邮寄委托书征集材料之前。(3)倘若提交的提案是想在临时股东大会中予以表决,那么股东提交提案的日期与第2点是一致的。”

日本《公司法》第202条第2款规定:“股东应该在股东大会召开日的八周前向公司提交提案。”

(四)提案权的救济方式

在股东提案的过程中,主要涉及的争议是股东和公司提案审查机关意见不一致,股东对审查机关排除提案的合理性、合法性存在质疑。传统的争议解决机制便是提案权诉讼,而美国公司法对提案权争议解决机制提出了新的救济方式,即“无异议函”机制。

根据美国《证券交易法》的规定,凡董事会计划将股东的提案排除,不将其列入征集材料的,董事会必须向 SEC(证券交易委员会)进行通报,并且必须出具相应文件。SEC 进行审阅后,认为该提案属于排除事项的范围,则会向董事会出具一份“无异议函”;此外,如果对 SEC 出具的“无异议函”有争议的,股东或董事会均可以向法院提起诉讼。

日本《公司法》同样规定了事前的行政救济和事后的司法救济的途径,日本《公司法》规定“公司违反股东提案的相关规定,没有将合法提案比较至股东大会决议的,将对董事处于 800 万日元以下的罚款。但其行为触犯刑法的除外”。此外,股东大会的召集方式等不合法的,股东可以向法院请求撤销该次股东大会决议。

以上股东提案权制度体现的相关规定是各国社会实践精华的总结,也是各国立法者的智慧结晶,但是法律先天的滞后性使法律不得随着社会发展的改变而改变。美国股东提案权内容从仅关乎公司内部经营到公司的社会责任成为关注重点,意味着股东对提案内容自由的渴望,同时也说明公司经营层的内部管理实务越来越合理化、科学化,股东提案权制度的重要性就此体现出来。

一路走来,股东提案权制度体系已经趋于完善和成熟,基本完成维护中小股东合法权益、推动公司民主、完善公司治理决策、贯彻公司社会责任的立法目标。

裁判规则

裁判规则一:股东会决议损害股东提案权,可以通过诉讼撤销该股东会决议。

案例　肖某与熊某清、章某君公司决议撤销纠纷案

案号:(2019)湘3101民初2680号

案情简介

湘西自治州龙凤置业有限公司(以下简称龙凤公司)成立于2005年7月20日,营业期限至2025年7月19日,注册资本1800万元,股东章某君任职执行董事占股5%、肖某任职监事占股30%、熊某清占股65%。2019年1月16日,该州中级人民法院作出(2017)湘31民初10号《民事调解书》,肖某与熊某清、章某君、龙凤公司达成调解协议,熊某清、章某君、龙凤公司将“文峰豪廷”的商业面积共9000平方米分配给肖某,肖某只需交纳包括契税、印花税、维修基金、工本费等4种税费。7月25日,龙凤公司作为甲方,肖某作为乙方,熊某清作为丙方,三方订立《商品房销售合同补充协议》约定,由龙凤公司和熊某清共同负责,肖某配合,为肖某或肖某指定的人办理9000平方米的商业门面的网签、备案、预告登记等相关手续。肖某在办完所有商业门面有效预告登记后3日内,将所持龙凤公司30%股权转让给龙凤公司或者熊某清,签署股东会决议,协助办理相关股权变更登记手续。8月30日,龙凤公司向熊某清、肖某、章某君发出《召开临时股东会通知》,根据熊某清提议,决定于9月3日在公司办公室(文峰豪廷8栋)召开临时股东会,会议议程:(1)清理肖某在公司的往来财务账目,清结平衡财务收支科目;(2)讨论确定股东肖某所持公司30%股权的缴纳问题,确定其是否具备股东身份。9月3日,熊某清、章某君在龙凤公司办公室(文峰豪廷8栋)召开股东会,作出《湘西州龙凤置业有限公司股东会决议》,通过了以下事项:“一、因肖某通过诉讼方式从公司抽取了不低于价值10,500万余元的实物资产(其中取得9074.95平方米商业门面所有权,6000平方米商业门面用以冲抵欠熊某清4200万元借款本息),远远大于其出资额540万元,且既不补缴出资,也不将出资义务、股东权利转让给他人。为维持公司资本不变,保障公司债权人的合法权益,经占70%表决权的股东表决决定解除肖某的股东资格,其

所占公司30%股权，股东熊某清自愿承担出资义务，同时享受相应份额的股东权利。二、向公司登记机关办理股权变更登记、修改相应的公司章程。”9月6日，龙凤公司向肖某发出《通知》，向肖某送达股东会决议，要求肖某作出选择，即：(1)在3日内补缴出资540万元，继续保留股东资格；(2)不履行补缴全部出资义务，放弃股东资格。9月25日，州中级人民法院作出(2019)湘31执82号《执行通知书》，责令肖某“一、配合申请执行人湘西自治州龙凤置业有限公司办理按揭贷款、公积金贷款以及办理股东决议签字手续。二、负担案件执行费500元”。肖某不接受龙凤公司的股东会决议，遂起诉。

裁判观点

湖南省吉首市人民法院认为，《公司法》第41条第1款规定：“召开股东会会议，应当于会议召开十五日前通知全体股东；但是，公司章程另有规定或者全体股东另有约定的除外。”本案中召开股东会议的通知是在会议召开前3天作出，没有在会议召开15日前通知肖某，且龙凤公司的章程对股东会召集程序没有另行规定，股东肖某、熊某清、章某君之间亦没有对股东会召集程序另行进行约定，故该次股东会议召集程序违反了法律规定。又根据《公司法》第22条第2款“股东会或者股东大会、董事会的会议召集程序、表决方式违反法律、行政法规或者公司章程，或者决议内容违反公司章程的，股东可以自决议作出之日起六十日内，请求人民法院撤销”的规定，肖某在法定期限内诉请人民法院撤销案涉股东会决议，符合法律规定，法院予以支持。

龙凤公司抗辩称，根据《公司法司法解释(四)》第4条“股东请求撤销股东会或者股东大会、董事会决议，符合公司法第二十二条第二款规定的，人民法院应当予以支持，但会议召集程序或者表决方式仅有轻微瑕疵，且对决议未产生实质影响的，人民法院不予支持”的规定，本案中股东会议召集程序瑕疵只是轻微瑕疵，且对决议未产生实质影响，不应撤销股东会决议。法院对龙凤公司的抗辩主张不予支持，理由如下：案涉股东会议所议内容对肖某的股东权利和公司经营构成实质性重大影响，保障会前的15天法定期限对于肖某准备、参加会议,发表意见影响多数意见形成具有重要意义,故上述会议召集程序瑕疵不是轻微瑕疵,股东会议决议应予撤销。

裁判结果

法院判决撤销龙凤公司2019年9月3日的股东会议决议。

裁判规则二:董事会无权决议将符合条件的临时提案不予提交股东会审议,董事会决议剥夺股东提案权的,可以向法院请求撤销。

案例 中国农业生产资料集团公司与广州东凌国际投资股份有限公司公司决议效力确认纠纷案

案号:(2018)粤0105民初761号

案情简介

广州东凌粮油股份有限公司成立于1998年10月27日,注册资本75,690.3272万元,企业类型为其他股份有限公司(上市)。2016年3月4日广州东凌粮油股份有限公司名称变更为广州东凌国际投资股份有限公司(以下简称东凌国际公司)。中国农业生产资料集团公司(以下简称中农公司)持有东凌国际公司股份数量为144,913,793股,持股比例19.15%,系东凌国际公司的股东。

东凌国际公司董事会于2017年6月3日发出召开2016年年度股东会的公告,定于2017年6月26日召开年度股东会。中农公司于2017年6月12日向东凌国际公司董事会发出四份《中国农业生产资料集团公司关于广州东陵国际投资股份有限公司2016年年度大会的临时提案》(中农函字〔2017〕29号、中农函字〔2017〕30号、中农函字〔2017〕31号、中农函字〔2017〕32号),提请董事会增加2016年年度股东大会审议上述四项临时提案。中农函字〔2017〕29号临时提案的名称为“关于提请罢免徐某平监事职务的议案”,主要内容:徐某平先生在担任公司监事期间未能履行忠诚和勤勉尽责的义务,存在故意违反《公司法》和《东凌国际公司公司章程》规定的行为和重大失职行为:一是违法参与私自变更公司监事会组成人员结构的活动,严重侵犯全体股东的合法利益。在东凌国际现有监事会人员组成中,股东代表监事和职工代表监事的人数和比例是历次相关股东大会通过实际选举安排确认的,即股东大会选举二名监事,职工代表大会选举一名监事。张某钢为股东大会选举的监事,于 2017 年 6 月 9 日辞职后,东凌国际职工代表大会违反《公司法》和《东凌国际公司公司章程》的规定,于同日私自召集会议选举周某萍女士为东凌国际职工代表监事,徐某平先生作为公司监事没有依据《公司法》和《东凌国际公司公司章程》的规定就前述违法行为进行制止,反而同意和参与监事会接受违法选举行为。徐某平先生的行为严重违反《公司法》和《东凌国际公司公司章程》。二是对东凌国际控股股东、实际控制人、董事损害公司利益的行为没有依据《东凌国际公司公司章程》进行纠正,属于重大失职行为。徐某平先生已不适宜继续担任东凌国际的监事,应根据《东凌国际公司公司章程》第 43 条“股东大会是公司的权力机构,依法行使下列职权:(二)选举和更换非由职工代表担任的董事、监事”的规定,由东凌国际股东大会予以罢免。

中农函字〔2017〕30 号临时提案的名称为“关于不予确认周某萍女士为公司监事的议案”,主要内容:根据《公司法》和《东凌国际公司公司章程》规定,监事会应当包括股东代表和适当比例的公司职工代表,其中职工代表的比例不得低于 1/3,具体比例由公司章程规定。无论是东凌国际董事会、监事会还是东凌国际职工代表大会均无权自行决定由股东大会选举的监事和由职工代表大会选举的监事的人数和比例。在东凌国际现有监事会人员组成中,股东代表监事和职工代表监事的人数和比例是历次相关股东大会通过实际选举安排确认的,即股东大会选举二名监事,职工代表大会选举一名监事。张某钢为股东大会选举的监事,于 2017 年 6 月 9 日辞职后,东凌国际职工代表大会违反《公司法》和《东凌国际公司公司章程》的规定,于同日私自召集会议选举周某萍女士为东凌国际职工代表监事。此行为违法变更了监事会人员的组成机构,混淆了监事成员的合法性，严重侵犯全体股东特别是中小股东的知情权、监事推荐权、选举权和对监事会人员组成的决定权。股东大会作为东凌国际的最高权力机构，对监事会的违法行为具有否决权和追究监事法律责任的权利，因而，股东大会需针对东凌国际监事会违法接受周某萍女士为东凌国际职工监事的行为和《东凌国际公司关于公司监事会召集人辞职及补选职工代表监事的公告》作出不予确认的决议，纠正违法行为，并按照《东凌国际公司公司章程》的规定，依法由股东大会选举新的监事接替张某钢先生的职务。

中农函字〔2017〕31 号临时提案名称为“关于补选公司监事的议案（一）”，主要内容为：张某钢系东凌国际股东大会选举的非职工代表监事，于 2017 年 6 月 9 日辞职，导致东凌国际监事会人数低于法定规定，需由股东大会补选监事接替其监事职务。东凌国际职工代表大会违法选举周某萍女士为东凌国际职工代表监事的行为不具有法律效力。本公司提议以非累积投票制普通决议方式补选一名监事接替张某钢监事的职务。本公司提名高某为监事候选人。

中农函字〔2017〕32 号临时提案名称为“关于补选公司监事的议案（二）”，主要内容为“徐某平为非职工代表监事，因存在故意违反《公司法》和《东凌国际公司公司章程》行为和重大失职行为，已不具有担任监事的适格条件，本公司已提出《关于提请罢免徐季平监事职务的议案》。为保证东凌国际公司监事会的正常运作，在股东大会批准该罢免徐某平监事职务的议案后，本公司提议由公司股东大会以非累积投票制普通决议方式补选一名监事接替其监事职务。本公司提名×××为监事候选人。”

东凌国际公司董事会于 2017 年 6 月 14 日经审议作出案涉《广州东凌国际投资股份有限公司第六届董事会第三十九次会议决议》，东凌国际公司董事会不同意将中农公司提请的四项临时提案提交东凌国际公司 2016 年年度股东大会审议。董事会不同意的理由如下：（1）公司监事会组成结构不违反现行法律法规。现行法律法规及《东凌国际公司公司章程》，除明确规定监事会应当包括股东代表和适当比例的公司职工代表，其中职工代表比例不得低于 1/3 外，并无其他关于监事会组成结构方面的限制。因非职工代表监事辞职后导致监事会人数低于法定人数 3 人，东凌国际公司需补选一名监事以保证监事会的正常运作,但目前相关法律法规并未规定非职工代表监事辞职后仅能补选非职工代表监事。东凌国际公司监事会现由一名股东代表监事和两名职工代表监事共同组成,并不违反法律和《东凌国际公司公司章程》规定。(2)周某萍当选职工代表监事合法有效。《公司法》及《东凌国际公司公司章程》规定了监事会中的职工代表由公司职工通过职工代表大会、职工大会或者其他民主选举产生。周某萍女士通过公司的职工大会当选职工代表监事符合《公司法》及《东凌国际公司公司章程》规定的程序和形式,该选举结果合法、有效。(3)中农公司所提议案于法无据,不予认可。中农公司提出罢免徐某平监事职务的议案、不予确认周某萍女士为公司监事的议案以及补选监事的两项议案是建立在周某萍当选监事违法的基础之上,但周某萍当选监事并无违法违规之处。因此,中农公司所提四项议案于法无据,进而不同意将该四项议案提交股东大会进行表决。

原告认为,原告是被告公司持股19.15%的股东,在被告召开股东会前向董事会提交了《股东大会的临时提案函》,明确要求审议四项临时提案,被告董事会作出董事会决议,不接受将原告的四项临时议案提交股东大会审议,其行为实际剥夺了原告的股东提案权,特向法院请求撤销被告第六届董事会第三十九次会议决议。

裁判观点

广州市海珠区人民法院认为,《公司法》和《东凌国际公司公司章程》均没有规定董事会有权对符合"属于股东大会的职权范围,有明确议题和具体决议事项,并且符合法律、行政法规和公司章程有关规定"条件的股东提案不予提交股东大会审议。《东凌国际公司公司章程》第56条第2款规定召集人应当收到提案后两日内发出股东大会补充通知,公告临时提案的内容。可见,召集人对符合形式要件的提案应当提交股东大会审议,并无权决定不予提交。董事会作为召集人审查后决定不予提交股东大会审议实质上剥夺了股东的提案权,侵犯了原告的股东权利。

裁判结果

法院判决撤销该次董事会决议。

目前,股东提案权较为广泛的运用于上市公司,而上市公司在运用股东提案权的过程中,常常将其用于争夺公司的控制权或者操作股价,股东提案权呈现出被滥用的风险。下面试举两例。

典型案例一:“ST慧球科技案”

鲜言作为ST慧球科技的董事会成员,为争夺对公司的控制权,推出“1001项奇葩议案”,大部分议案内容是与公司的管理、发展毫无关系的议案内容,且前后交叉矛盾,提案逻辑混乱,擅自更改股东提案,作为公司第一大股东的提案被任意更改,后上交所拒绝将其1001项议案进行披露,而ST慧球科技的实际控制人又授意相关人员在互联网上将议案公开进行违规披露,但是无论是证监会的行政处罚以及上交所的工改谴责或纪律处分,都不是针对公司更改股东提案而作出的,而是基于其在信息披露和规范运作过程中,违反勤勉尽职的基本要求,蓄意挑战监管底线,对证券市场造成了十分恶劣的负面影响,因违反勤勉义务的董事会职权而被证监会处以罚款及终身市场禁入。

典型案例二:“华润炒作股价案”

2014年4月,上市公司华润信托发行的“华润信托泽熙6期单一资金信托计划”,大量购入宁波联合的股份使其持股比例达4.98%,由此华润信托向宁波联合行使临时提案权,提出《关于2013年度利润分配的临时提案》,由于该临时提案对市场利好,宁波联合股价两天之内涨幅达到19.57%,华润信托随后卖出股份(其持股比例不到5%,可以不受短线交易红线限制而随时卖出),导致大量期待分红的股民被套。

以上两个案例,最终都是由行政主管部门予以行政处罚而告终,体现的是股东提案权的事前救济途径。

案例启示

一、行使提案权的条件

《公司法》第 102 条第 2 款规定:“单独或者合计持有公司百分之三以上股份的股东,可以在股东大会召开前十日提出临时提案并书面提交董事会;董事会应当在收到提案后二日内通知其他股东,并将该临时提案提交股东大会审议。临时提案的内容应当属于股东大会职权范围,并有明确议题和具体决议事项。”这样既能保证小股东能够有机会提出议案,同时,也能确保股东大会及其他股东有充分的时间审议、表决议案。只有达到3%这个条件才有提案权,也即3%是提案权的实质条件。股东临时议案的提出必须在股东大会召开 10 日前进行并提交通知董事会。

二、提案内容要求

股东临时提案的内容应当属于股东大会职权范围,并有明确议题和具体决议事项。符合要求的股东提案,董事会应当在收到提案后 2 日内通知其他股东,并将该临时提案提交股东大会审议。

三、不得滥用股东提案权

任何权利的行使有其正当边界,那就是不能侵害他人的合法权益。正如上一节所列举的案例,小到数量众多的“垃圾提案”,大到滥用提案权扰乱市场秩序、操作股价损害大众利益的,股东提案权一旦被滥用,就可能受到证监会或证券交易所的行政处罚。

四、侵害股东提案权行使的,可以诉请法院撤销

《公司法》第 22 条规定:“公司股东会或者股东大会、董事会的决议内容违反法律、行政法规的无效。股东会或者股东大会、董事会的会议召集程序、表决

方式违反法律、行政法规或者公司章程，或者决议内容违反公司章程的，股东可以自决议作出之日起六十日内，请求人民法院撤销……”如果董事会不履行法定义务，或者无正当理由等方式侵害股东对提案权的正常行使的，或者董事会决议限制股东提案权行使的，可以依法向人民法院提起民事诉讼，要求撤销该次股东大会决议或董事会决议。

第四章　股东知情权

第一节　股东查阅权

法理解说

一、股东查阅权的含义

股东查阅权是股东知情权的下级概念，是股东作为公司的出资人依法享有对公司章程、股东会会议记录、董事会会议记录、监事会会议决议、财务报告、公司债券存根等公司材料查阅和质询的权利。

我国现行法律规定的股东知情权是狭义概念，也即股东查阅权（仅包括公司法规定的查阅范围），广义上的知情权范围应当包括对公司各方面经营情况的知情，包括质询权等。具体到现行法律，《公司法》明确规定股东有权查阅、复制公司章程、股东会会议记录、董事会会议决议、监事会会议决议和财务会计报告，有正当理由的情况下还可以要求查阅公司会计账簿。

股东查阅（知情）权，是除了分红权、表决权以外股东享有的重要权力，既是对公司各方面经营情况的知晓的权利，也是股东依法行使资产收益、参与重大决策和选择管理者等权利的基础性权利和固有权利。

面对专业性强的财务报表、账簿，没有相关背景的股东可能难以知悉的真实含义，因此，法律规定行使查阅权时可以委托会计师、律师等专业机构执业人员辅助查阅，并且规定了相关人员的保密义务和损害赔偿责任。

二、股东查阅权的性质

首先，股东查阅权属于自益权。因为股东行使查阅权，可以了解公司的财务信息，避免或减少投资风险，争取自身利润的最大化，保障股东获得应该有股利分配，具有明显的自益权特征。

其次，股东查阅权属于固有权。股东查阅权是《公司法》直接、明确规定的一项法定权利，是股东行使其他权利的重要保障，无法通过公司章程或股东(大)会决议剥夺或限制股东的查阅权。

最后，股东查阅权属于单独股东权。股东权查阅是股东为了自身利益而行使的权利，法律没有规定持股限制或人数上的限制，因此属于单独股东权。

三、查阅权的主体资格限制

(一)继受股东能否查阅进入公司之前的文件材料

新股东受让其他股东的股权转让或者在公司增资时入股而成为公司股东，此时新股东能否查阅进入公司之前的文件材料呢？

在司法实践中，法院一般认为，公司的现任股东可以查阅其成为公司股东前的公司资料。之所以支持继受股东可以查阅其成为股东之前的公司资料，主要是考虑了以下两个方面的原因。

第一，民商事领域奉行的法律原则是法无禁止皆自由。也就是说，只要法律条文没有明确禁止的行为就可以那么做，充分赋予了大家自由和权利的空间。而在《公司法》的相关条款中，没有限制股东查阅公司文件的时间范围。也就是说，公司的股东可以查阅任何时间范围的公司资料。

第二，公司的设立、运转、发展是一个动态的持续的过程，是不能被割裂的。公司现在的情况是不可能和过去的发展情况完全脱节的，也是有前后联系的，如果拒绝后加入公司的新股东查阅其成为股东之前的公司文件，可能导致其对公司的信息掌握得不充分、不全面，不仅不利于保护他的公司股东权利，也不利于公司的健康发展。

（二）股东退出公司后能否查阅文件材料

"前股东"是指已经全部股权转让或公司回购股权后退出的股东。股东查阅权是基于股东这一特殊身份而享有的权利，股东身份的丧失也意味着失去行使查阅权的权利基础。此外，如果允许股东退出后行使查阅权，可能会给公司的正常经营和商业秘密保护造成侵害，因此，目前法律仅规定了股东在其持股期间才可以行使查阅权。

（三）隐名股东能否行使查阅权

隐名股东能否行使查阅权，在实践中存在两种做法，少数法院认定隐名股东没有股东的形式要件（包括工商部门的公示、股东名册等），或者现有证据无法证明其是真实出资人，不具有股东资格，因而不能提起知情权纠纷；多数法院支持隐名股东的知情权，如果证据足以证明隐名股东可以显名，则隐名股东可以行使查阅权。

对内关系和对外关系是商事案件审理考虑的重要因素。如果案件涉及第三人（其他股东、民事主体）的，则审理思路不能仅考虑私法自治，还需要考虑商事外观主义，维护市场交易的安全性，平衡股东、公司与第三人的利益。而隐名股东知情（查阅）权纠纷，多数是公司（股东）内部纠纷，一般不涉及其他股东、外部第三人的利益，因此更多的是尊重当事人的意思自治，及时化解隐名股东与名义股东的权利纠纷问题直接支持隐名股东行使查阅权，也是避免当事人诉累。

四、查阅范围的限制

目前，法律规定的查阅范围包括公司章程、股东会会议记录、董事会会议决议、监事会会议决议和财务会计报告，存在正当理由的情况下还可以要求查阅公司会计账簿。

司法实践对查阅权范围的不同认定主要分歧在查阅公司会计账簿是否包含会计凭证，也即能否查阅会计凭证。

会计凭证，是用以记录或证明经济业务的发生或完成情况的文字凭据，包括原始凭证和记账凭证；会计凭证是会计核算的起点和基础，是记账的原始依据；相比财务报告、报表容易被粉饰，原始凭证的法律效力、背后经济活动的真实性自然不言而喻。

在《最高人民法院公报》2011 年第 8 期（总第 178 期）所载，李淑君、吴湘、孙杰、王国兴诉江苏佳德置业发展有限公司股东知情权纠纷案的二审案判决中，法院是支持查阅会计凭证的。在 2016 年《公司法司法解释（四）征求意见稿》中，关于股东知情权的查阅范围列举中也是会包括会计原始凭证的。可惜到 2017 年正式颁布时，《公司法司法解释（四）》最终没有会计凭证的列举。

目前的司法实践对于查阅公司会计账簿是否包含会计凭证，有的支持有的不支持。

支持查阅会计凭证的理由有以下两种。

一是从查阅权设置的立法目的来解释，认为该制度设立的目的是保障股东特别是中小股东充分地了解公司的经营情况，实践中大股东掌握着公司的人事、财物、运营，大股东与高管很容易将公司的真实状况进行隐瞒，仅查阅财务报告难以切实维护小股东的合法权益，而会计凭证能够真实地反映公司财务状况，因此应该允许股东查阅会计凭证。

二是从《会计法》角度分析来看，会计凭证是会计账簿编制的依据，既然股东可以查阅会计账簿，也就意味着应当可以查阅会计凭证。

不支持查阅会计原始凭证的观点如下。

一是对法律规定进行文义解释从而得出股东无权查阅会计凭证。

《公司法》第 33 条已明确列举的股东知情权的查阅范围且未出现“等”“其他”等具有解释空间的词汇，《会计法》第 15 条也明确规定了会计账簿不包括会计凭证，故不能盲目对已有立法作出扩大解释，《公司法司法解释（四）》最终将征求意见稿中查阅会计原始凭证的条款删去也证实这一点，足见立法者、最高人民法院的考量与谨慎。

二是从股东与公司两者利益的平衡角度来看，股东也无权查阅会计凭证。

会计凭证关系公司经营细节，涉及公司核心商业秘密。在个案处理中既要保护小股东知情权，也要维护公司经营秩序，平衡双方的利益。如果任一股东都可以查阅会计凭证,可能会损害公司的整体利益和其他股东的利益。查阅会计凭证的工作量大(涉及审计),将耗费一定的时间、物力、人力,势必会对公司的正常经营活动产生一定的影响。况且《会计法》等亦规定了虚假披露、遗漏重大披露事项的法律责任。因此,如果对财务报告的真实性存疑的,股东有其他救济途径,而不是只能依靠查阅原始会计凭证,这给公司的日常经营和商业机密带来极大的风险,这不是《公司法》应有的意义和价值追求。

目前,主流的司法裁判是支持股东查阅会计凭证,但也存在个案根据具体情况而不支持股东查阅会计凭证。究竟是否应当支持股东查阅会计凭证,应当进行以下几个方面的考量。

(一)价值选择考量

公司的实质就是股东借以谋求和实现自身利益的工具,股东作为公司的投资者,是公司的真正主人和风险承担者。作为股东出资的对价,股东享有从公司获得经济利益和参与管理的各项股东权利,这也是股东投资于公司的根本目的所在。而股东知情权及其范畴内的查阅权作为一项工具性权利,是股东的所有权利得以实现的前提,因此,充分保障股东查阅权的行使有助于激励股东投资。

有限责任公司的人合性特点决定了股东之间的相互信任是公司存在和发展的基础,封闭性特点决定了股东所持股份转让所受到的严格限制,使股东查阅权的行使意愿更为迫切。因此,充分保障股东查阅权的行使,有助于消除股东之间在经营管理上的误解与隔阂,增进股东之间的相互信任,进而保证公司的正常运转。

由此可见,充分保障股东查阅权的行使,以激励股东投资、维持公司运转,是法律应有的价值选择。《公司法》第 33 条对股东查阅对象的列举式规定中虽没有列举公司会计凭证,但从查阅权的立法价值选择出发,只要股东的查阅请求符合《公司法》第 33 条关于查阅权的实质和程序要件的规定,即应准许其查阅权的行使,包括对会计凭证的查阅。

(二)利益平衡考量

法律的最高任务就是平衡利益,股东查阅权案件的裁判除需要平衡股东和公司的利益,还必须要平衡股东之间的利益。现代公司所有权与经营权分离,大股东易于通过操纵经理层获得实质性的管理权,而中小股东却对公司的经营状况在很大程度上缺乏直接的了解,由此造成了大股东和中小股东之间在公司经营管理上的信息严重不对称,这也形成了大股东损害中小股东利益的“温床”。要平衡股东之间的利益,必须倾斜保护中小股东的利益以达到股东之间权利的实质平等。

《公司法》在总则中体现了保护中小股东权益的立法意旨,在第 4 条规定:“公司股东依法享有资产收益、参与重大决策和选择管理者等权利。”确立了股东之间权利的平等性。而会计凭证是记录经济业务、明确经济责任,按一定格式编制的作为记账依据的书面说明。《会计法》第 15 条第 1 款规定:“会计账簿登记,必须以经过审核的会计凭证为依据,并符合有关法律、行政法规和国家统一的会计制度的规定……”因此,作为会计账簿依据的会计凭证,其法律意义在于能够真实地反映公司每笔交易的具体情况,是股东准确了解公司运行状况、行使其他股东权利、监督公司管理所依据的最可靠的材料。不查阅会计凭证,中小股东可能无法准确了解公司真正的财务状况。

因此,从设定查阅权的利益平衡目标出发,应赋予股东查阅会计凭证的权利。

(三)立法完善考量

从立法技术考量,股东查阅权范围的规范模式有概括式、列举式、概括列举式三种。

比如,在美国,关于股东查阅权方面的法律一般是由制定法和判例法共同组成,多数州制定法以概括方式规定只要股东合理地为了投资利益就可以查阅公司记录,如果制定法中的查账权没有涵盖某一种商业记录,但是这一记录却为判例法中的查阅权原理所应包含在内,那么法院将很可能适用判例法。因此,在司法实践中,美国法对关涉股东合法利益的相关公司记录均可要求查阅。

《公司法》第 33 条对股东查阅范围采取了列举式规定,即法条将所规范的事项列举出来,并将其适用范围仅限于所列举的事项,而排除此外的其他事项的适用。

与例示规定相比较,列举规定虽然明确具体,但有时往往挂一漏万、流于僵化,不易于适应变动不居的社会情况。因此,公司法上的查阅权范围受制于法条的有限列举,缺乏判例法层面的补充,会计凭证的遗漏就属于这种情况。因此,以扩张性司法解释的方式进行弥补是必然的选择。应当以概括列举式为宜,从查阅权的价值取向出发,总述查阅权的应有范围再辅以列举方式的分述,以细致且开放的司法解释弥补立法列举的遗漏。

五、查阅权的"正当性"认定

《公司法》第 33 条规定,查阅权行使的程序要件为"向公司提出书面请求,说明目的"。

至于查阅权行使的实质要件,《公司法》第 33 条的规定为"正当目的",且不能损害公司合法利益。所谓"正当目的",可以理解为股东基于自益权或共益权,要求查阅与自身利益关联而又不损害公司合法利益的目的。因为任何一项民事权利都不是绝对和毫无约束的,而是相对的。作为一项民事权利,股东查阅权确立的初衷是为了股东更有效地实现自己的利益,但现代公司的两权分立、股权的可转让性,使股东虽是公司的出资者,但同时又是相对公司而独立的理性经济人,股东有相对独立的利益取向,从其自身具有的自利性和投机性特点出发,股东查阅权的行使可能有被滥用的可能,因此,股东查阅权的行使必须满足"正当目的"。

股东查阅权的正当性要求是民法诚实信用原则在查阅权问题上的体现,是股东查阅会计账簿时的前提条件,为了防止股东滥用查阅权损害公司的情况,有必要审查股东查阅财务账簿时的正当性。《公司法司法解释(四)》第 8 条列举了四种存在不正当目的的情况:(1)股东自营或者为他人经营与公司主营业务有实质性竞争关系业务的,但公司章程另有规定或者全体股东另有约定的除外;(2)股东为了向他人通报有关信息查阅公司会计账簿,可能损害公司合法利益的;(3)股东在向公司提出查阅请求之日前的 3 年内,曾通过查阅公司会计账簿,向他人通报有关信息损害公司合法利益的;(4)股东有不正当目的的其他情形。

但同时，"正当目的"又是一个主观性很强的概念，合理界定其范畴确属不易，且标准多样。国外的界定采两种方式，概括式和列举式。美国《修正标准商事公司法》中只提出正当目的的概括性要件：股东提出查阅和复制文件的请求是善意的；公司股东阐明了他查阅和复制这些文件的目的，并且此种目的阐明是合理的、具体的；所查阅的记录同他所欲达到的目的具有直接的关系。但对于这些概括要件的具体内容并没有解释，具体标准由司法实践中的判例来具体化。日本《商法典》除规定正当目的的概括性要求外，还列举了不构成正当目的的具体情形，该法第 293 条从反面列举了 4 种不属于正当目的的情形，包括非为股东利益、竞业、泄密、时间不恰当。

我国采用的是单纯的概括模式，并未给出具体标准。借鉴上述美日立法模式，可以从积极标准和消极标准两个方面界定"正当目的"。

从"正当目的"的积极标准来说，要求查阅权行使的主体具备股东身份、查阅账簿的直接目的是维护其投资利益；从"正当目的"的消极标准来说，查阅账簿的直接目的如与其投资利益无关、查阅账簿如作为竞业使用等原因将导致查阅涉及的商业秘密可能被股东泄露等，就应被认定为不符合正当目的。

正当目的的证明责任有三种方式：股东应负举证责任；股东目的正当性推定；公司对股东目的不正当负举证责任。目前又有针对不同性质的账簿记录，分别由股东或公司来承担"正当目的"或"不正当目的"的举证责任的方式。

我国《公司法》兼采了股东应负举证责任和公司对股东目的不正当负举证责任的方式。按照《公司法》第 33 条的规定，股东仅负有说明目的的义务，即股东应负有证明其符合积极标准的举证责任；而证明其为不正当目的的责任在于公司，即公司应负有证明其符合消极标准的举证责任。

对于股东查阅账簿的正当性属于举证责任倒置，由公司来举证证明股东具有不正当的目的。在商事领域内，由于市场交易变化的不可测性，对股东正当性目的的审查也是难以穷尽的，需要法官在个案中进行考量。

六、股东查阅权行使的代理方式

是否允许股东委托代理人查阅公司账簿以行使查阅权，不同国家和地区的立法也有不同的规定。

美国《示范公司法》规定“股东的代理人或者律师与其代理的股东享有同等的查阅、复制权”。我国台湾地区“公司法”第229条也规定“股东得随时查阅，并得偕同其所委托之律师或会计师查阅”。我国澳门特别行政区《商法典》的规定最具可操作性，其第53条规定，公司账簿的查阅须在企业内进行，由企业主或其指定之人在场，企业得采取适当措施以适当保存及保管簿册及文件；在任何情况下，获准查阅之人得按法院认为需要之方式及数目由技术员辅助检查。

我国《公司法》对股东查阅权能否采用代理方式并无明确规定。有观点认为，对于股东提出的由他人代为查阅或者对公司进行审计等要求，应当征得公司的同意，因为这些要求可能与公司商业秘密保护相冲突。而在现实中，公司出于自身利益考虑，一般会持反对意见。

从价值考量和利益均衡的角度出发，作为反映公司财务信息的会计账簿、会计凭证等财务资料具有相当强的专业性和复杂性，中小股东不一定具备专业的会计知识，委托具有中立身份和专业经验的注册会计师进行查阅，可以弥补其信息劣势，保障其获取的财务资料质量，避免其非理性怀疑，达致股东利益均衡，亦有助于公司的正常运营。

从立法的完善出发，我国《公司法》迄今未规定检查人制度。由具有中立身份和专业能力的代理人（包括但不限于专业律师和注册会计师）来代理股东行使查阅权，符合检查人制度的立法精神，亦是检查人制度的一种行使方式。

检查人制度，是指公司在发生法定的特殊事由情形下，临时指定无利害关系的专业人士调查特定公司事务的制度；或者公司股东向特定主管机构、法院申请指定检查人检查公司业务和财产事务并最终达到知情的目的的制度。检查人制度，作为一种间接查阅方式，是股东直接查阅方式的补充。

检查人的中立身份与丰富的专业经验得以保证由检查所获取的公司信息质量值得充分信赖。从股东尤其是中小股东的角度看，检查人选任请求权实为弱化其作为公司外部人信息劣势的重要制度安排。

同时,检查人选任制度是实行公司外部监督的重要手段。作为弥补公司内部治理失灵和调整公司利益冲突的一项重要制度,国家公权力机关借此也可以实现对公司事务的外部监督。

在检查人法律制度系统引进之前,以股东查阅权的代理人行使方式,来弥补现行查阅权立法的缺陷,亦是权宜之计。

数据分析

对"股东知情权"的案件进行检索,共检索出裁判文书 13,467 份,其中判决 8152 份,占全部裁判文书的 60.55%;裁定 5273 份,占全部裁判文书的 39.15%;调解 40 份,仅占全部裁判文书的 0.30%(见图 4-1)。

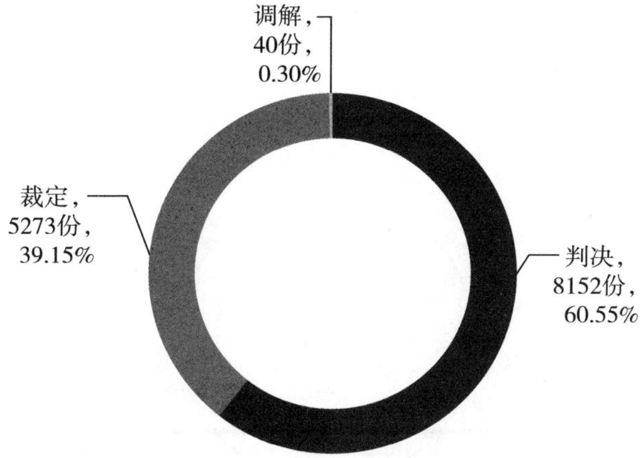

图 4-1 股东知情权诉讼裁判文书类别占比分析

按法院的审理层级进行统计,在上述裁判文书中,各级法院审理案件的比例如图 4-2 所示,基层人民法院审理"股东知情权"的案件数量最多,占全部案件的 61.39%,其次是中级人民法院,占全部案件的 36.03%;再次是高级人民法院,占全部案件的 2.48%;最后是最高人民法院,仅占全部案件的 0.10%。

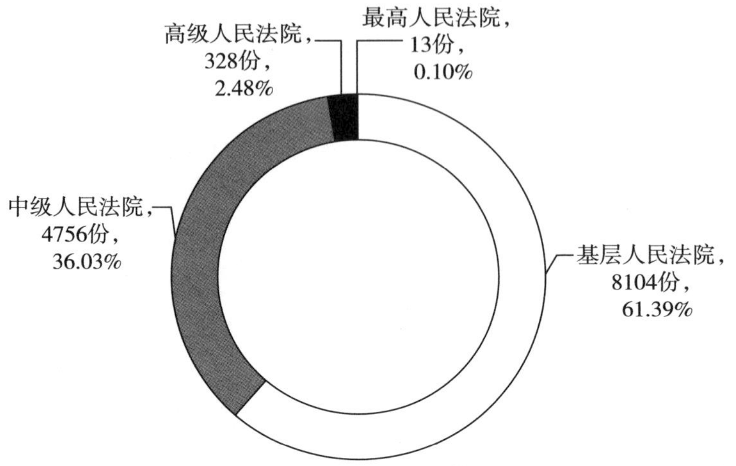

图4－2　股东知情权诉讼审理层级占比分析

按审判程序作为分类进行统计，在上述裁判文书中，各级审判程序案件的比例如图4－3所示。

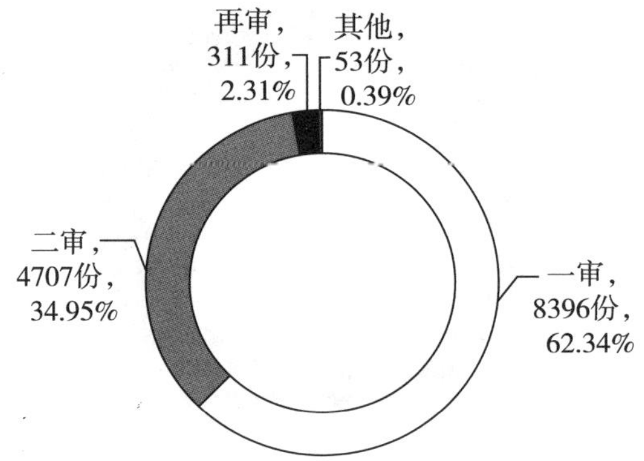

图4－3　股东知情权诉讼审理程序占比分析

由图4－3知，首先是一审程序审理的案件数量最多，占全部案件的62.34%；其次是二审程序，占全部案件的34.95%；最后是再审案件，仅占全部案件的2.31%，基本与法院的审理层级的比例相对应，其他程序多数为执行程序，仅占0.39%。

按照裁判年份来统计，"股东知情权纠纷"案件的裁判年份分布如图4－4所示。

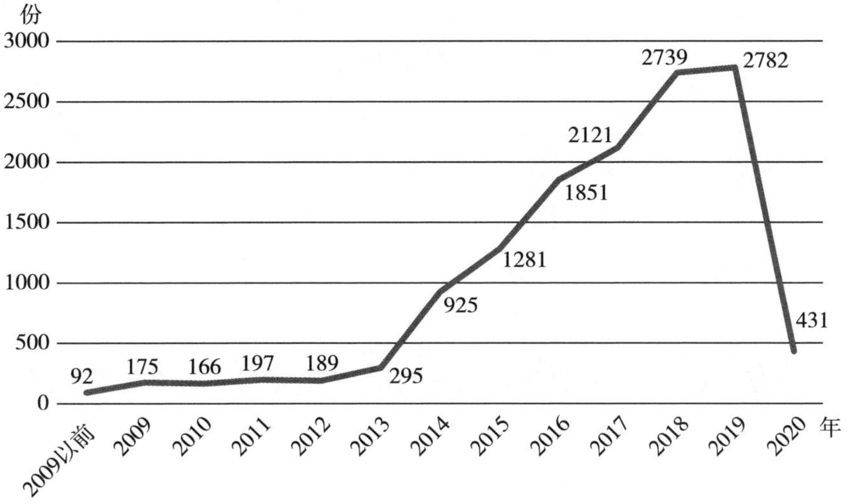

图 4－4　股东知情权诉讼历年趋势

虽然在《公司法司法解释(二)》施行之后,公司解散纠纷案件的数量似乎没有太多的增长,但鉴于裁判文书公开制度从 2013 年后才开始实施,实际在 2013 年以前的案件数量应该会高于网上公布的数量。

按省级行政区域划分,排名前十的省份如图 4－5 所示。

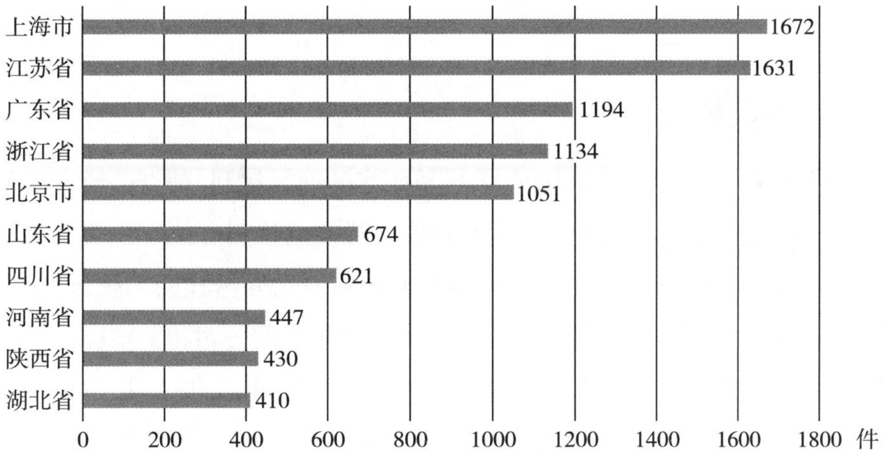

图 4－5　股东知情权诉讼区域分布

股东知情权纠纷案件数量最多的前五个省级行政区域分别是上海市、江苏省、广东省、浙江省和北京市。

裁判规则

裁判规则一：查阅权是股东的固有权利，是否已通过其他渠道知悉或获取公司相关文件并不影响股东依法行使该权利，也不影响新股东查阅进入公司以前的公司经营信息。

案例 深圳市尖尾燕网络科技有限公司、段晓宇股东知情权纠纷案

案号：(2020)粤03民终6667号

案情简介

深圳市尖尾燕网络科技有限公司(以下简称被告公司)于2017年9月13日成立，原告段晓宇于2018年7月31日成为被告公司股东，后原告向法院提起诉讼，要求查阅被告公司经营信息。被告公司以此前已经提供相关信息给原告查阅以及原告无权查阅入股之前信息为由进行抗辩。

裁判观点

深圳市中级人民法院认为：查阅权系股东的绝对权利，是否已通过其他渠道知悉或获取公司相关文件并不影响其依法行使该权利。被告公司关于其已曾向原告出示相关文件，故原告无权再就此行使股东知情权的主张，缺乏事实和法律依据，法律并未就现任股东仅能就其任股东后的公司相关情况行使股东知情权作出限制性规定，故被告公司关于原告无权就2018年7月31日之前公司相关情况行使股东知情权的主张缺乏法律依据，法院亦不予采信。

裁判结果

法院判决：(1)被告公司于判决生效之日起15日内在其办公场所将其自2017年9月13日起至2019年10月22日止的公司章程、股东会会议记录、董事会会议决议、监事会会议决议和财务会计报告提供给段晓宇查阅、复制。查阅、复制时间为被告公司办公时间，最长不超过5个工作日。在段晓宇在场的情况下，可以由其委托的会计师、律师等依法或者依据执业行为规范负有保密义务的中介机构执业人员辅助进行；(2)被告公司于判决生效之日起15日内在其办公场所将其自2017年9月13日起至2019年10月22日止的会计账簿及原始会计凭证提供给段晓宇查阅。查阅时间为被告公司办公时间，最长不超过5个工作日。

裁判规则二：行使股东查阅权的前提是存在股东资格，隐名股东由于不存在股东身份的权利外观，无法行使股东查阅权。

案例 张某洪、深圳市深鹏达科技有限公司股东知情权纠纷案

案号：(2018)粤03民终22212号

案情简介

原告张某洪向法院起诉要求行使股东查阅权，被告深圳市深鹏达科技有限公司(以下简称深鹏达公司)以行使股东知情权的前提必须具备在册的股东的身份，原告并非在册的股东为由进行抗辩。

一审张某洪诉讼请求：(1)深鹏达公司提供2006年11月29日至2017年12月31日的公司会计账簿(含总账、明细账、日记账、其他辅助性账簿)和会计凭证(含记账凭证、相关原始凭证及作为原始凭证附件入账备查的有关合同等相关资料)供张某洪查阅。(2)深鹏达公司提供2006年11月29日至2017年

12月31日的公司章程、股东会会议记录、董事会会议决议、监事会会议决议和财务会计报告供张某洪查阅、复制。(3)判令本案诉讼费用全部由深鹏达公司承担。

裁判观点

深圳市中级人民法院认为,依照《公司法》第32条规定,具有股东身份是享有知情权的前提,原告既不是被告公司工商登记的股东,也未有证据显示其记载于被告公司股东名册,其是否属于隐名股东亦不确定,故其不是股东知情权的行使主体,原告提起股东知情权诉讼缺乏法律依据,裁定驳回上诉。

裁判结果

一审法院判决驳回原告全部诉讼请求,二审法院判决驳回原告上诉。

裁判规则三:有限责任公司股东享有知情权,在不损害公司权益的前提下,股东有权查阅公司会计凭证(记账凭证及原始凭证),并有权委托专业人员代为查阅。

案例 秦某江与崔某荣、南通恒诚房地产评估咨询有限公司股东知情权纠纷案

案号:(2014)通中商终字第0105号

案情简介

2004年,原告崔某荣与秦某等4人成立南通恒诚房地产评估咨询有限公司(以下简称恒诚公司),公司注册资本68.8万元。其中,崔某荣出资22.84万元,占注册资本的33.2%;秦某出资23.12万元,占注册资本的33.6%。由秦某

担任公司执行董事,兼任公司经理;崔某荣担任公司监事。恒诚公司成立后,未按公司章程召开股东会,崔某荣通过工商部门查询得知,公司成立后召开过5次股东会议,主要讨论股权转让、增资和经营地址变更等事宜,崔某荣认为股东会决议及章程中自己的签名均非本人所为。恒诚公司认为,公司成立后4次修改章程但未召开过股东会。崔某荣要求恒诚公司提供自成立至今的会计凭证(包括记账凭证及原始凭证)供崔某荣和其委托的注册会计师、律师查阅,恒诚公司未予答复,崔某荣遂诉至法院,请求判令被告恒诚公司提供自成立至今的财务会计账簿(包括记账凭证及原始凭证)供崔某荣和其委托的注册会计师、律师查阅。

裁判观点

法院认为,会计凭证是公司股东了解公司经营过程的原始依据,是公司股东知情权的重要保障,《公司法》第33条实际上是对股东知情权的确立和保障,其目的不在于限制股东知情权的范围,允许股东在必要时查阅会计凭证,符合保护有限责任公司股东特别是中小股东知情权的立法目的。《公司法》第33条明确规定股东的查阅权,但并未禁止股东委托专业人士进行查阅。同时,根据《民法通则》(已废止)第63条[1]规定,委托代理人实施民事法律行为是公民的应有权利,除非依照法律规定或按双方当事人的约定不得委托的事项,在本案中,崔某荣委托注册会计师、律师查阅会计账簿等公司资料的行为显然不符合前述除外情形。

裁判结果

南通市中级人民法院判决:恒诚公司将该公司成立以来至今的会计账簿、会计凭证(记账凭证和原始凭证)置备于该公司,供崔某荣及其委托的注册会计师、律师查阅。

---

〔1〕 2020年《民法典》修改为第161条。

裁判规则四：股东知情权是股东固有的、法定的基础性权利，无合理根据证明股东具有不正当目的，则不应限制其行使。公司主张股东行使知情权具有不正当目的，应由公司承担举证责任。

案例 李某君、孙某、吴某、王某兴与江苏佳德置业发展有限公司股东知情权纠纷案

案号：(2009)宿中民二终字第319号

案情简介

原告李某君、孙某、吴某、王某兴系被告江苏佳德置业发展有限公司（以下简称佳德公司）股东，其中，李某君的股份系受让于公司原股东张某林。2009年4月8日，四原告向佳德公司递交《申请书》，申请于4月23日前在公司住所地查阅或复制公司的所有资料。孙某、吴某、王某兴在申请书上签字，李某君由案外人张某林代签字。4月20日，佳德公司函复四原告，拒绝提供相关资料给四原告查阅、复制。四原告遂提起诉讼。另查明，李某君的代签人张某林现为广厦建设集团有限公司（以下简称广厦公司）的项目经理，该公司与佳德公司因某楼盘工程款问题已提起仲裁。

裁判观点

法院经审理认为，4名上诉人向佳德公司提出书面请求说明其行使知情权的目的是了解公司实际经营现状，显属其作为公司股东应享有的知情权。佳德公司以4名上诉人具有不正当目的为由拒绝其查阅，则应对4名上诉人是否具有不正当目的并可能损害其合法利益承担举证责任。佳德公司仅凭4名上诉人提交的申请书、诉状及授权委托书中均由张某林代李某君签名，不足以证明4名上诉人具有不正当的目的且可能损害佳德公司合法利益。基于诚实信用原

则，案件当事人理应对法庭或仲裁庭如实陈述，并按法庭或仲裁庭要求提供自己掌握的真实证据，以拒不出示不利于己的证据为手段而获得不当利益，为法律所禁止。如佳德公司持有在仲裁一案中应当提供而未提供的相关证据，则不能认定股东查阅公司账簿可能损害其合法利益。

裁判结果

法院判决佳德公司于本判决生效之日起 10 日内提供自公司成立以来的公司会计账簿和会计凭证供上诉人查阅；驳回其他诉讼请求。

案例启示

一、明确股东查阅财务账册的权利

现代公司虽然实际由经营者控制，但根据委托—代理理论，经营者是根据股东的委托，作为代理人经营管理公司，应当以股东利益最大化为最终目的。在此意义上，公司有义务向股东披露与经营有关的信息和提供相关的财务文件，特别是公司经营过程中形成的会计账簿及相关记录。

二、在章程中明确股东查阅财务账册的范围

对于股东查阅财务账册的范围，美国《商法》列举了股东名册、财务会计账簿、公司的基本章程、附属章程、董事会会议记录、经营委员会和股东大会的议事纪录、公司经营中有关合约和交易记录等；日本《商法典》规定为“会计账簿和书类”。在我国《公司法》所规定的股东查阅权比较窄的情况下，股东可通过公司章程予以明确。

三、确立查阅权行使的程序

有关股东查阅权的行使程序，也有待于立法的完善。股东要求查阅时，应当提前告知公司，以便公司作出合理的安排。且应以书面形式向公司提出请

求,并应在书面申请中,对查阅的目的作出合理的阐述,还应对所要查阅的有关文件的范围明确指明,另应说明查阅的方法,如摘录或复制等;而查阅的地点通常应当是公司的办公场所或根据公司所指定的地点。

四、完善查阅权的司法救济

一旦公司拒绝股东的查阅请求,或对股东的查阅权行使设置障碍,股东有权向法院提出诉讼。而法院在审理此类案件中,具体操作层面的规定亦应完善。比如,就举证责任问题而言,原告应当先向法院阐明其要求查阅公司财务账簿具有正当目的,并作出合理详细的解释,说明其所要查阅的文件与记录确与其目的有直接关联。作为被告的公司,如主张原告行使查阅权是基于不正当的目的,则应当向法院提供证据证明。

第二节　股东质询权

法理解说

一、股东质询权的概念

股东质询权是指股东为了维护自身利益和公司利益,在股东(大)会上按照法律相关程序,向有说明义务的主体提出关于公司经营事项的问询,并要求上述人员予以说明的一项权利。[1]

按照公司“分权”原则,由董事会行使公司经营决策和业务执行的职责,公司其他不参与日常经营管理的股东,获得公司信息的途径相对较少。由此,造成了股东和公司经营层之间的信息不对称,使股东对公司经营层的监督变得困难。为缓解信息不对称所产生的弊端,有效行使股东权,《公司法》规定了股东

〔1〕 参见吴静熠:《股东质询权研究》,华东政法大学 2016 年硕士学位论文,第 6 页。

质询权。股东质询权的确立对于股东,特别是中小股东,弱势地位提升、打破公司与中小股东间的信息不对称格局、真正发挥股东(大)会对公司管理层的监督、完善公司治理等方面有重要意义。

二、股东质询权的性质

股东质询权是由《公司法》直接赋予股东的权利,不可以通过公司章程、股东会议决议对其进行限制,因此其属于固有权。

股东质询权是在股东会议上行使,向董事、监事和高级管理人员提出有关公司经营决策等信息的质询,权利的行使更多地体现出一种对公司管理经营的整体利益以及个人利益的结合,因此其属于共益权。

最后,股东质询权属于单独股东权;根据现行法律法规的规定,股东质询权的行使没有持股比例的特殊限制,持有一股股份的股东也可以行使股东质询权。

三、股东质询权的发展

最初意义上的质询权产生于英国,是议员所享有的一项基本权利,随着现代公司的发展,质询权逐渐进入了公司治理领域。

德国法院在 20 世纪 30 年代的一项判决中,认为股东大会可以请求董事会回答相关问题,董事会如果认为其说明会对公司的利益造成损害,则可以拒绝进行回答,公司股东也不能随意申请撤销这项决议,除非认为董事会的拒绝说明违背了善良风俗原则。德国法院的这项判决标志着股东质询权的诞生,它涵盖了权利主体、义务主体和救济方式等规定。此后,德国开始股东质询权的立法工作,在 1937 年的《股份公司法》中正式确认股东个人的质询权,该法第 112 条规定,任一公司股东均有权在股东大会上进行询问。随着时代的发展,德国关于股东质询权的制度也被越来越多的国家所借鉴移植。

我国 1993 年《公司法》第 110 条规定,股份有限公司股东有权查阅公司章程、股东大会会议记录和财务会计报告,对公司经营提出建议或者质询。这里虽然规定了股东的质询权,但是它仅限于股份有限公司的股东。这一点在现行

《公司法》中得到了突破。我国现行《公司法》第 97 条规定,股东有权对公司的经营提出建议或者质询。《公司法》第 150 条第 1 款规定:"股东会或者股东大会要求董事、监事、高级管理人员列席会议的,董事、监事、高级管理人员应当列席并接受股东的质询。"这里将股东质询权的适用公司类型扩展到了有限公司。

四、股东质询权的立法价值

在现代公司所有权与经营权分离的情况下,公司日常经营与决策权掌握在经营管理层,这就使其余股东,特别是中小股东对公司经营信息的掌握处于不利地位。而经营管理层滥用优势地位侵害股东权利,进而损害其利益的情况时有发生。

与同样作为监督公司经营管理的重要手段之一的股东查阅权相比,股东质询权有其独特的优势。通过行使查阅权,股东固然可获取相关的信息,但它不能解决的问题是:当查阅对象中有记载不全、错误、迷惑之处时,该股东如何获取所需信息? 这时就只有行使质询权才能达到互补的效果。因此,股东质询权作为最基础、最重要的股东权利之一,尤其对中小股东而言意义重大。

(一)有利于保障中小股东的合法权益

大股东可以通过资本多数决在公司管理层安排董事、监事、高级管理人员,而中小股东因为股权分散无法在公司管理层安插自身利益的代表。通过行使股东质询权,中小股东可以有效辨别大股东及公司管理层的行为,防止损害公司利益甚至直接侵害中小股东合法权益的出现。由此,使大股东和公司管理层重视中小股东在公司中的权益。

通过股东质询权保障机制保护中小股东权利,不仅符合公平正义的法律要求,也使更多社会主体参与企业的设立,扮演中小股东的角色,促进社会经济的发展。

(二)有利于公司经营管理的公开透明

由于股份有限公司所有权与经营权相分离,公司经营的真实信息往往被公司管理层掩盖隐瞒,通过行使质询权,公司管理层不得不针对公司经营问题回应股东的质询,使股东有渠道获知公司经营的真实情况,提高公司经营管理的公开透明。

(三)有利于增强股东大会的实质性作用

很多时候,股东大会往往成了一种摆设,中小股东常常被排除在公司的管理和控制外。一旦中小股东逐渐失去对公司的信心,在股东大会上采取"理性的冷漠",则非常不利于对自我权益的保护,也不利于对公司的监督以及社会经济的健康发展。

股东大会作为公司的最高决策机关,其目的和功能就是为广大中小股东提供一个管理公司和监督管理层的平台,赋予股东质询权,有利于增强股东大会的实质性作用,避免股东大会流于形式成为一种摆设。

五、质询权的行使方式

董事在召开股东大会之前,应将此次会议的讨论事项以书面提前告知股东,使股东有时间对需要质询的事项进行查阅资料等方式做准备,股东行使质询权的,也应当在合理期限内以书面方式向管理层提出,使公司管理层可以提前对股东关心的问题进行准备和资料收集,有助于在股东大会上对质询作出尽量准确完善的答复,避免重复质询或拖延、拒绝答复等情况,提高股东大会的效率。

(一)行权的主体

股东质询权的行权主体为持有公司股份的股东,由于立法将此权利规定为单独股东权,因此质询权的行使不对股东的持股比例、持股时间作出限制。

《公司法》对股东质询权的一般主体进行明确规定,在实践中不会产生较大争议,但是对于因故无法出席股东会议的股东、质押股权的股东、隐名股东、优先股股东等特殊身份的股东能否或如何行使股东质询权却没有明确清晰的规定,而在现代日益复杂的公司结构中,特殊身份的股东更容易引发纠纷。

1. 股东代理人

公司召开股东会议时需要股东参加并对相关议案进行投票表决,但在现实中股东由于身份、时间等原因无法或者不想亲自参加股东会议,股东可能委托代理人参加股东会议。《公司法》第106条规定股东可以委托代理人参与股东大会，代理人应当向公司提交股东授权委托书，并在授权范围内行使表决权。可见，只要代理人获得了股东的合法授权，就可以以股东的名义行使质询权。

2. 质押股权的股东

股权是股东向公司投资，获得股东资格后享有的权利，具有身份和财产双重属性。股权质押是以股权作为债务的担保，在达到一定条件时债权人对该股权享有优先受偿的权利。《民法典》规定质押权在登记后才能设立，且仅规定了质权生效时间和登记机关，而《公司法》也没有对股权已被质押的情况下股东质询权的权利主体问题进行说明，但是结合《民法典》和《工商行政管理机关股权出质登记办法》(2016年修订)等规定可以发现，股权质押只是登记股权进行质押的事实，并不会产生股权变动，登记后并不影响出质人的股东资格。因此，即便质权人享有优先受偿权，基于股东资格产生的股东质询权也只能由出质人行使。

3. 隐名股东

隐名股东，是指借用他人名义设立公司或者以他人名义出资，但在股东名册、公司章程、工商登记中却记载他人为股东，有投资之实，无股东之名。股东质询权是固有权，是股东经依法出资具有股东资格为基础享有的股东权利，若出资人实际不享有股东资格，显然就不具有行使股东质询权的法律依据。

因此，隐名股东是否能行使质询权的争议焦点，在于隐名股东是否享有股东资格。一方面，《公司法》明确规定了股东名册记载的股东可以行使股东权利，也即判断股东资格的标准在于股东名册的记载；另一方面，隐名股东与显名股东会产生股权代持的合同关系，二者的权利义务受《民法典》的调整。而根据合同相对性原则，股权代持协议只能约束合同双方当事人，对第三方不产生约束力。就隐名股东、显名股东和公司三方之间的权利义务关系而言，隐名股东和显名股东的股权代持关系不能对公司、其他股东以及公司的债权人、债务人产生约束力。因此，即便隐名股东是实际出资人，对公司产生投资关系的也是显名股东，隐名股东不具有股东资格，不能行使股东质询权等股东权利。

4. 优先股股东

根据《国务院关于开展优先股试点的指点意见》的规定，满足一定条件的上市公司和非上市公众公司可以发行优先股,而且优先股股东可以优先于普通股股东分配公司利润和剩余财产,但参与公司决策和管理等权利受到一定的限制,例如,优先股股东可以参加股东大会,不享有表决权;只有在股东表决权不受限制和表决权恢复的特殊情况下可以参与股东大会,行使表决权。也就是说,优先股股东原则,不参加股东大会,也没有表决权,只有当股东大会决议对优先股股东的权利产生重大影响以及公司未按约定支付优先股股息达到一定期限的情况下,优先股股东才可以参加股东大会,行使表决权。股东质询权需要在股东大会上提出,不参加股东大会就不能行使股东质询权。因此,优先股股东原则上不是股东质询权的行使主体,只有在表决权不受限制和表决权恢复的情况下,才是行权的适格主体。

(二)行权的义务主体

行权的义务主体,也即股东向谁提出质询,谁来对质询作出回复的问题。

德国《股份法》第131条第1款规定董事会为回复股东质询的主体。日本《公司法典》第314条规定由董事、监事承担对股东质询的说明义务。而我国《公司法》第150条、《上市公司章程指引》及《上市公司股东大会规则》均明确规定了董事、监事及高级管理人员对股东质询的回复义务。为什么我国立法不以董事会、监事会作为回复义务的主体呢?从我国公司的治理经验来看,公司内部尤其是上市公司的管理机制仍不是十分完善,我国《公司法》不选择将董事会作为说明义务主体,而是将董事、监事及高级管理人员都列为说明义务主体,可以有效提升上述人员的责任心,避免成员出现"法不责众"的敷衍懈怠心理。而且,高级管理人员实际掌控公司的运作,对于有关事项比较清楚,由个人承担说明义务,有利于对权利主体质询要求予以及时和全面的答复。

(三)行权的范围

股东质询权的范围即股东质询权的内涵、权利内容,简单来说就是股东就公司的哪些人做的哪些事可以行使质询权。

德国立法规定股东质询的范围以"客观评价会议议事日程"为限。日本立法的质询范围在"与会议有关的事项"之内。法国立法的质询范围以"需要表决的事项”为限。可以看出,尽管国外立法对股东质询权的范围表述方式不同,但几乎都将质询权的范围限制在“会议议题”。

设置范围过大虽然可以让中小股东有机会获取更多公司信息,让公司经营者的行为受到更广泛的监督,但是股东大会每年召开的次数有限,在召开会议期间势必会有很多重要事项需要股东投票表决,股东大会的决议效率和决策质量将不可避免地降低。但是,如果范围设置过于局限的话,也会让股东质询权的效果大打折扣。

我国《公司法》规定股东质询权的对象为公司的经营,同时规定股东有权查阅公司的章程、股东名册、公司的债权债务情况、股东会、董事会、监事会等会议内容。

(四)行权的边界

质询权是保护中小股东的利益,但也不排除个别股东滥用质询权而损害公司利益的情形,管理层在答复质询时并不是所有问题都必须回答,也要保护公司和全体股东的合法权益。

我国《公司法》没有对董事、监事、高级管理人员在履行说明义务时是否享有豁免权进行规定,仅规定董事及高级管理人员不得擅自披露公司秘密。

但对于涉及商业秘密等的质询,公司管理层在特定情况下可以豁免说明义务。以《深圳市证券交易所股票上市规则》和《深圳证券交易所创业板股票上市规定》为例,两者规定涉及国家秘密、公司商业秘密或经证券交易所认可的不应被披露的信息,均可免除信息披露义务;豁免还包括择期履行说明义务。

(五)行权的场合及时间

股东质询权应当限制在股东大会召开期间行使。股东质询权重在解决所有权人和经营者之前的信息不对称问题,赋予股东获取信息、监督管理层的重要途径,但如果不对行权的场合及实践作出一定限制,很可能会造成董事、监事和高级管理人员对“日常质询”疲于奔命,徒增公司的运营成本,因此,仍要在保护中小股东利益和防止股东滥用权利对公司造成负面影响之间寻求平衡点。

综观国内外立法,德国《股份法》第 131 条将股东质询权的行使场合限定在股东大会上。法国《上市公司法》第 162 条规定股东大会召集开始,股东可以书面方式行使质询权。日本《公司法》第 314 条规定股东在股东大会上行使质询权。我国现行《公司法》第 150 条也规定股东质询权在股东会或股东大会期间行使质询权。

当然,在实践中,如果发了一些重大事项,股东以“质询函”“质询建议函”等方式发函给公司要求作出回应,公司管理层在考虑事件影响、媒体曝光等情况后,也可能在股东(大)会以外的场合对质询作出回复。例如,面对中证中小投资者服务中心(中国证监会直属管理的证券金融类公益机构)在股东大会以外的场合发出质询,各大上市公司都会对此作出积极回应。

六、股东质询权的救济

我国《公司法》第 22 条第 2 款规定:“股东会或者股东大会、董事会的会议召集程序、表决方式违反法律、行政法规或者公司章程,或者决议内容违反公司章程的,股东可以自决议作出之日起六十日内,请求人民法院撤销。”这表明,遭拒的股东既可以针对董事会决议的无效或撤销向人民法院提起股东直接诉讼,也可以要求作为义务主体的被质询人履行正确的说明义务。

(一)股东诉讼

针对公司放任第三人肆意侵害公司权益而怠于起诉,不积极维护自身权益的实际情况,根据《公司法》第 151 条之规定,在公司董事会高管层不起诉和怠于起诉且穷尽公司内部的救济途径之后,中小股东可以直接以自身的名义向人民法院提起对侵权人的诉讼。

此种诉讼的前提是董事会、监事会面对损害公司利益的行为均不作为,同时欲帮助公司挽回损失的股东已经穷尽了公司内部一切救济手段但均无法挽回公司的损失。

如果胜诉,那么使公司利益受损的董事、监事、高级管理人员作出赔偿的对象不是具体股东而是公司,而进行诉讼所必要的费用,代表公司胜诉的股东则可要求公司予以偿付;如果败诉,那么败诉的风险必须由提起诉讼的股东自身承担,同时向董事、监事、高级管理人员补偿必要的诉讼费用;如果代表公司利益提起诉讼的股东与使公司利益受损的董事、监事、高级管理人员双方和解，那么双方的和解协议必须向全体股东公布，并经过法院的批准。

（二）股东的股权回购

《公司法》还规定了股东的股权回购和公司的解散请求权两项比较平稳的股东权利救济途径。

《公司法》第74条列出了股东可以请求公司股权回购的三种情况。

第一，不分红利的。公司不向股东分红，且该不分红情形处于连续状态达5年，而公司该5年连续盈利状态，并且符合《公司法》规定的分配利润条件的。

第二，公司合并、分立、转让主要资产的。公司分立、合并、转让主要财产的，股东权利自然会受到影响，故应赋予异议股东退出公司的权利。当然，这得是在相关股东获得合理的补偿后。

第三，变更章程的。营业期限届满或者其他章程规定的公司解散事由出现，公司在股东会会议通过决议修改章程后继续存续经营的。

在以上三种情况下，反对股东会某项决议的中小股东可以要求公司依合理价格对自身股权予以收购，进而维护自身的合法权益。《公司法》之所以作出上述规定，主要是基于司法实践考虑：有限责任公司经常出现小股东的利益被大股东利用自身的优势地位给侵占，导致小股东陷入了自身利益受损却无法退出的困境。《公司法》的上述规定健全了小股东在法定情况下的退出机制。而对于股份公司，《公司法》还增加了股东在对公司的合并、分立的决议持有异议的时候，可以享有的股份回购请求权。这主要是考虑到实践中股份有限公司在作出合并、分立决议时，小股东的权益经常会受到损害。而《公司法》的规定，就成为小股东以股份回购请求权来保障自身的权利的法律依据。

裁判规则

关于股东质询权，通过检索案例发现，实践中鲜有当事人以“侵犯质询权”为理由提起公司决议撤销之诉，“侵犯质询权”仅是原告起诉被告时的“罗列罪状”之举。

就上市公司而言，其公司治理要比有限责任公司规范，相应的信息公开也比较完善，在形式上也能保障股东质询权的行使；而对于有限责任公司，如想要获取公司的相关信息，股东更多的是行使股东查阅权而非质询权，股东知情权纠纷实质上是股东查阅权纠纷。

裁判规则：股东质询权的答复义务主体是董事、监事及高级管理人员，公司作为答复主体属于主体不适格。

案例 冯某泉、山东天安化工股份有限公司股东知情权纠纷案

案号：(2019)鲁14民终3036号

案情简介

上诉人(原审被告)山东天安化工股份有限公司(以下简称天安公司)于2008年7月2日成立，法定代表人系被上诉人(原审原告)朱某根，公司注册资本为8569.1911万元人民币。股东金陵华软科技股份有限公司认缴出资额为7491.9661万元人民币，份额比例为87.429%，股东冯某泉认缴出资额为629.1000万元人民币，份额比例为7.340%。因被告天安公司一直未分配利润，而原告行使质询权未得到回应，遂向一审法院起诉请求判令被告天安公司书面答复原告对被告拒不分配红利的质询。

裁判观点

一审法院认为公司股东享有知晓公司实际经营状况，包括盈利及亏损的真实情况的权利。在本案中，原告冯某泉作为天安公司的股东，对公司多年来的经营情况并不完全了解，原因在于作为掌握公司日常经营权的公司第一大股东几年来向原告提交的财务资料、经营情况说明等并不能全面、客观、真实地反映公司的实际经营、盈利及亏损情况，存在故意隐瞒公司盈利状况的可能。因此，

原告提出诉讼请求是原告的合法权益,不会给公司造成任何损失,也不能造成过大成本,应予支持。如果不支持原告的诉讼请求,将违背民法的平等、公平、诚信原则,也违反《公司法》的基本原则,对于一个实际出资的股东而言并不公平,一审判决支持原告诉讼请求。被告天安公司不服,提起上诉。

德州市中级人民法院认为,本案的争议焦点在于对公司不分配红利的质询是否属于股东知情权的范畴。我国《公司法》第 150 条第 1 款规定,"股东会或者股东大会要求董事、监事、高级管理人员列席会议的,董事、监事、高级管理人员应当列席并接受股东的质询";第 2 款规定,"董事、高级管理人员,应当如实向监事会或者不设监事会的有限责任公司的监事提供有关情况和资料,不得妨碍监事会或者监事行使职权"。质询属于公司内部事务,股东质询的对象是公司内部的董事、监事、高级管理人员,而非公司,公司没有书面答复股东质询的法定义务。因此,冯某泉要求天安公司接受质询,没有法律依据。

裁判结果

二审法院判决,天安公司于本判决生效之日起 10 日内,向冯某泉完整提供自 2013 年 1 月 1 日起的公司章程、股东名册、公司债券存根、股东大会会议记录、董事会会议决议、监事会会议决议、财务会计报告;允许冯某泉(冯某泉可以委托专业会计人员)在天安公司办公区域内查阅,冯某泉应在 10 个工作日内查阅完毕;驳回冯某泉要求天安公司书面答复对其拒不分配红利质询的诉讼请求。

案例启示

一、通过自力救济来维护股东质询权

在股东某一特定利益遭受侵害之后,或与股东某一特定利益相联系的权利被侵犯之后,享有救济权的当事人,在法律许可的范围内,通过自力救济来维护股东权不失为良策。法律本身的局限性使自力救济制度具有重要的弥补作用。

以自力救济方式私下解决纠纷,是我国的历史传统和生活习惯,股东不想

与经营层或控制股东在法庭上直接对抗，选择温和的救济方式，可能更符合和谐理念。这也更有利于节约司法资源，缓解司法压力。

二、通过专业机构来维护股东质询权

当行使质询权受阻时，股东既可以通过公司调解委员会先行调解，也可以就相关专业性问题请求专业机构如律师事务所、会计师事务所出面，由这些机构与公司高管磋商，以解决纠纷。

首先，由专业机构与公司高管协商解决纠纷较之股东个人更有分量与实效，既满足了股东个人利益的要求，也符合低成本原则。其次，这些专业性机构对专业问题更精通，这可以防止或减少说明义务人对外行股东履行说明义务的随意性。另外，专业性机构还可以对公司财务和业务状况进行调查，这又可以弥补股份公司股东人数众多、散居各地和时间、知识、经验或财力有限而造成的股东无法积极行使股东质询权的遗憾。最后，专业机构从中协调，对于修复股东与公司的关系有纽带作用。通过与股东的交流，专业机构可以将股东个人的权利需求、内心呼声传达给董事等说明义务人，从而让公司高管重视股东权利，更好开展公司经营管理，实现公司治理良性循环。

三、通过司法救济来维护股东质询权

为加强对股东质询权的保障力度，落实此权利，股东可通过向法院提起公司决议撤销之诉来实现。

股东(大)会作出决议应当遵守法律、行政法规或公司章程的规定，决议一旦有效作出，即对公司全体股东、经营者以及未来加入公司的股东均具有拘束力。如果决议在内容或者程序上存在瑕疵，自然就应当适用法律上有关行为瑕疵的规则。公司决议瑕疵有广义、狭义之分。狭义的瑕疵仅指决议内容的瑕疵；广义的瑕疵，既包括决议内容的瑕疵，也包括决议程序的瑕疵。对于股东的质询，董事等说明义务人负有说明义务，如说明义务人拒绝回答，或者他们的回答不充分、不完整，侵害了股东的质询权时，股东可以提起股东知情权之诉来维护自己的合法权益。

第五章　股东诉讼权

第一节　决议瑕疵诉讼权

法理解说

股东诉讼权，是指股东有权向人民法院起诉，请求人民法院保护其权益。股东诉讼权具体包括：(1)公司决议瑕疵的诉讼权；(2)股东知情权；(3)异议股东回购请求权；(4)损害赔偿的诉权。

一、公司决议瑕疵的诉权

公司决议瑕疵的诉权，是指公司决议存在内容或程序上的瑕疵时，股东等利害关系人如对公司决议效力持有异议可以向法院提起诉讼，请求确认股东会或股东大会、董事会决议不成立、无效或者撤销决议。

公司自治本质上是私法自治在公司法领域的延伸，公司决议属于公司的自治内容，基于商人是商事组织利益的最佳判断者，法律应当尊重公司内部的治理方式。

但是由于公司决议是多数决而非全体一致决，因此可能发生公司多数参与方滥用多数决损害公司少数参与方的情形。此时，法律必须为少数参与方提供公正的保护，为此，《公司法》规定了公司决议瑕疵诉讼制度。同时，考虑到《公司法》弘扬的公司自治和股东自治精神，在公司决议瑕疵诉讼制度的实施中，既要充分维护少数参与方的正当利益，也要平衡公司和多数参与方的正当利益，以实现股东利益和公司利益的和谐发展。

二、公司决议行为的性质

股东会决议的实质是全体股东通过“资本多数决”原则转化为公司的意志，是多个民事主体在表达其意思表示的基础上，根据法律或者章程等规定的议事方式和表决程序，为形成团体意思而作出的民事法律行为。

不同于双方法律行为和共同行为要求的全员一致，公司决议的行为更强调团体性，并不要求全员一致，只要作出的决议符合法律或章程的规定即可生效，对在决议中异议、反对、放弃的人同样产生效力、拘束力。

三、公司决议瑕疵诉讼的立法模式

关于公司决议瑕疵诉讼的类型，传统大陆法系主要有“二分法”和“三分法”两种模式。“二分法”是将公司决议瑕疵诉讼分为“决议无效之诉”和“决议可撤销之诉”，德国、瑞士即采用此分类法。“三分法”是在“二分法”的基础上增加了一个“决议不成立之诉”，日本、韩国采用此分类法。

我国《公司法》2005 年修订时采取了“二分法”的形式，首次确立了公司决议瑕疵的两种救济途径，分别是决议无效和决议可撤销。

2017 年，《公司法司法解释（四）》对公司决议不成立之诉作了专门规定，自此，我国公司法体系对公司决议瑕疵诉讼的分类由“二分法”改为了“三分法”。

在决议无效和决议可撤销的基础上新加了决议不成立，并进一步细化提高可操作性。

《公司法司法解释（四）》将公司决议的性质定义为民事法律行为，正如民事法律行为有成立与否、生效与否的问题，“三分法”新增加决议成立与否，完善了公司决议的法理基础，更符合法律行为效力体系理论，也解决了实践中“自始未召开会议、伪造决议”类案件的无法归类于决议无效或可撤销的逻辑悖论。[1] 除确立“公司决议不成立”的“三分法”模式外，《公司法司法解释（四）》

---

〔1〕 参见甘培忠、赵文冰：《对公司决议效力的一些思考———析〈最高人民法院关于适用《中华人民共和国公司法》若干问题的规定（四）〉（征求意见稿）中的相关规定》，载《法律适用》2016 年第 8 期。

还进一步完善了股东撤销决议诉权的具体行权条件，如行权的资格条件、被告的选择、行权期限、行权结果等，提高了撤销决议诉权的可操作性；为了防止股东滥用诉权影响公司的正常经营，公司可以要求股东提供担保；此外，为了保障外部第三人的信赖利益，《公司法司法解释（四）》也规定了善意第三人因为原决议与公司建立的民事法律关系不受影响，更加适应公司法发展和司法实践需要。

四、公司决议的不成立、无效与可撤销

（一）公司决议无效

公司决议无效，是指公司股东会或者股东大会、董事会的决议内容违反法律、行政法规而无效。虽然《公司法》未明确规定的“法律、行政法规”是效力性强制性规定还是管理性强制性规定，但从目前的司法实践来看，决议内容违反效力性（强制性）规定才属于无效决议。

决议无效意味着法律对决议的直接否定性评价，与当事人的意志无关。从效力看，决议无效的事由属于最严重瑕疵，法律否定其效力意在从根本上纠正之，故决议无效是自始无效、绝对无效、确定无效，存有诉讼利益的任何人可以在任何时候起诉。从诉讼方式看，决议无效之诉属于“确认之诉”，除了提起无效之诉外，也可以通过诉讼上的抗辩及其他一切方法。

（二）公司决议可撤销

公司决议可撤销，是指股东会或者股东大会、董事会的会议召集程序、表决方式违反法律、行政法规或者公司章程，或者决议内容违反公司章程的。现实纠纷中的程序瑕疵难以穷尽，根据决议的程序流程可分为召集程序瑕疵、表决程序瑕疵和表决内容瑕疵（见图5-1）。

决议可撤销是因为决议存在不公正因素，由法律给予受害方救济，目的在于保护受害方的利益，法律不主动干预，而是将否定决议效力的权利赋予受害方。从效力来看，可撤销决议被撤销前是有效的，已经撤销则自始无效。从诉讼方式看，决议撤销之诉属于形成之诉，只能通过诉讼的方式才能实现撤销的目标。

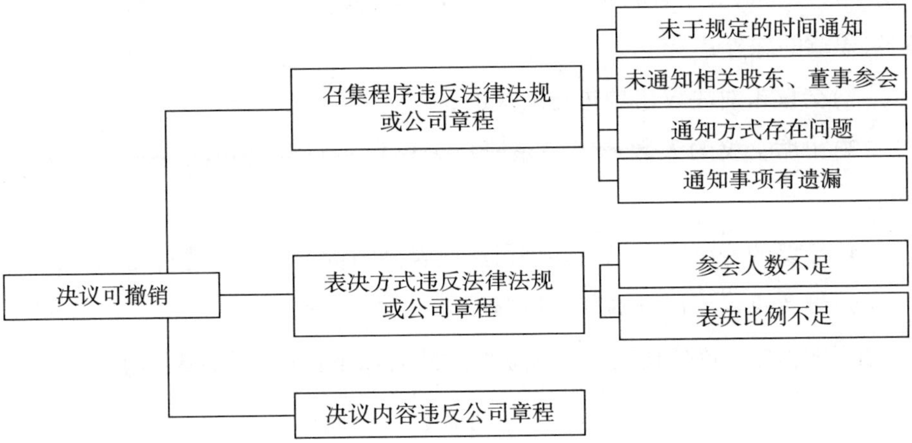

图5-1 公司决议可撤销情形

考虑公司决议作出的成本及决议对公司经营效率的影响,也为了防止股东滥诉,司法解释对仅轻微瑕疵而没有实质性影响的公司决议可撤销之诉不予支持。

《公司法司法解释(四)》规定,"股东请求撤销股东会或者股东大会、董事会决议,符合《公司法》第二十二条第二款规定的,人民法院应当予以支持,会议召集程序或者表决方式仅有轻微瑕疵,且对决议未产生实质影响的,人民法院不予支持"。

(三)公司决议不成立

公司决议不成立,是指公司决议缺乏必要的构成要件从而导致决议自始不成立。公司决议行为作为法律行为的一种类型,其必须满足做出民事法律行为的构成要件,主要是以下三点:(1)有会议召开的事实要件(《公司法》第37条第2款或公司章程另有规定的除外);(2)具备会议召集程序的要件;(3)具备决议程序要件。公司决议必须同时符合上述三点构成要件,才能认定公司决议成立。

《公司法司法解释(四)》第5条列举了四个具体情况和一个概括性兜底规定:

(1)公司未召开会议的,但依据《公司法》第37条第2款或者公司章程规定

可以不召开股东会或者股东大会而直接作出决定,并由全体股东在决定文件上签名、盖章的除外;

(2)会议未对决议事项进行表决的;

(3)出席会议的人数或者股东所持表决权不符合公司法或者公司章程规定的;

(4)会议的表决结果未达到公司法或者公司章程规定的通过比例的;

(5)导致决议不成立的其他情形。

在实践中,导致公司决议不成立的大致有以下情况(见表5-1):

表5-1　公司决议不成立情形

序号	情形
1	作出决议的组织机构没有相应职权
2	公司未履行通知义务(未通知相关股东、董事参会)
3	未召开相关会议
4	会议就未通知事项进行表决(突击表决)
5	伪造签名签章或是无股东授权的代签名
6	出席会议股东所持表决权不符合公司章程

决议不成立和决议可撤销都属于程序瑕疵,二者区别在于可撤销决议的程序瑕疵严重程度弱于决议不成立,可撤销决议的程序瑕疵可以补正,而决议不成立的程序瑕疵无法被补正,只能从法律上认定其不成立(不存在)。一般而言,程序违法的公司决议原则上按照可撤销处理,最严重的按照不成立处理。

数据分析

对“公司决议纠纷”“公司决议撤销纠纷”“公司决议效力确认纠纷”案由的案例进行检索,得到相关数据及分析如图5-2所示。

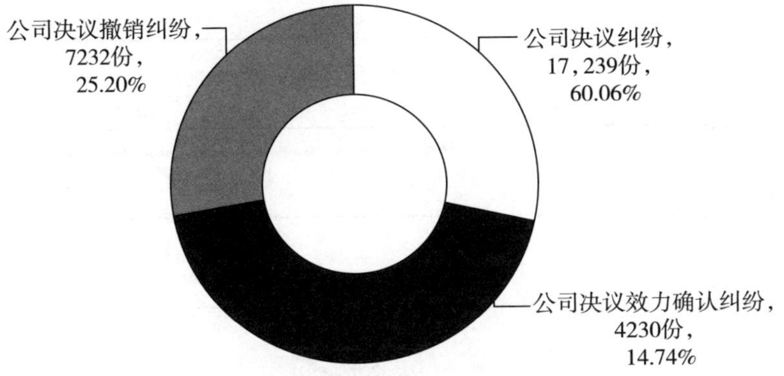

图5－2　公司决议纠纷诉讼案由占比分析

其中，“公司决议纠纷”的裁判文书共17,239份，“公司决议撤销纠纷”的裁判文书7232份，“公司决议效力确认纠纷”的裁判文书4230份。

按省级行政区域划分，公司决议纠纷数量排名前十的省份如图5－3所示。

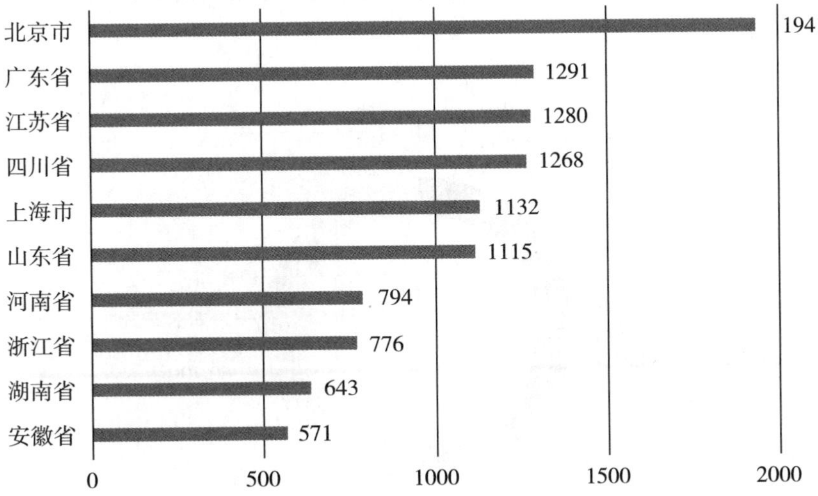

图5－3　公司决议纠纷诉讼区域分布

以裁判年份为标准，公司决议纠纷案件的发展趋势如图5－4所示。

由于2013年以前裁判文书并未全部网上公开，故数据可能会偏低，但从2013年及以后年份的情况来看，公司决议纠纷案件除了2015年略有下降之外，其他年份存在稳定增长趋势。

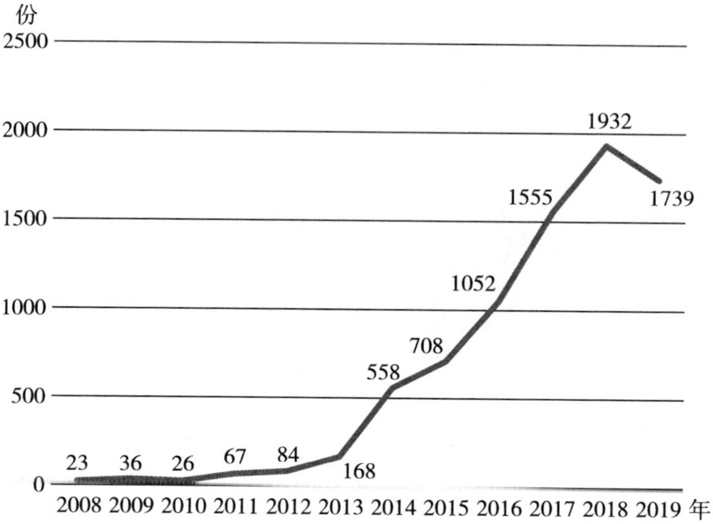

图 5－4 公司决议纠纷诉讼历年趋势

以审级为标准进行统计，在上述裁判文书中，各级法院审理的案件比例如图 5－5 所示。

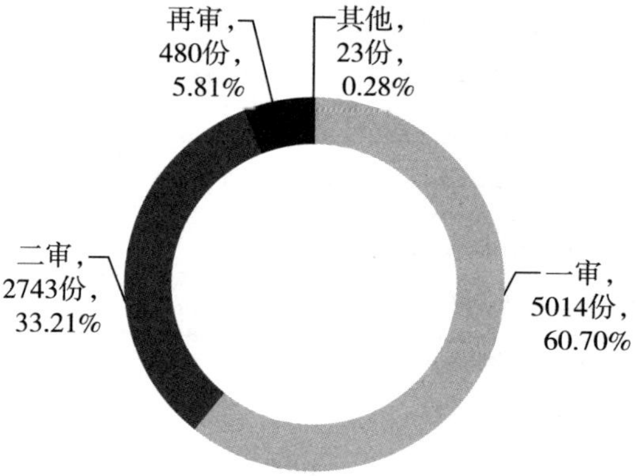

图 5－5 公司决议纠纷诉讼审级

在图 5－5 中，一审案件数量最多，占全部案件的 60.70%；其次是二审案件，占全部案件数量的 33.21%；再审数量最少，仅占全部案件的 5.81%。

按照裁判文书类别进行检索，可以得到数据如图 5－6 所示。

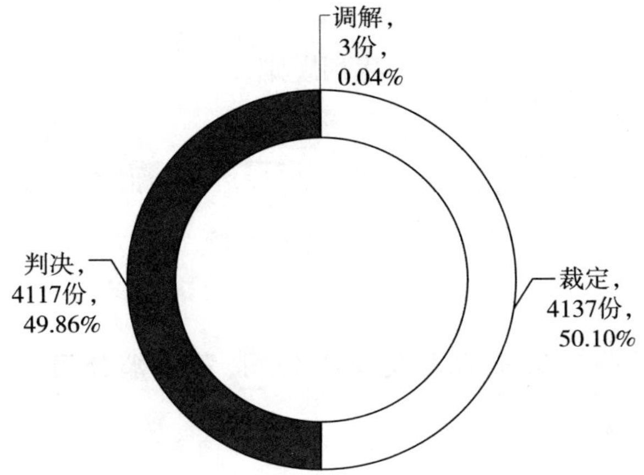

图 5－6　公司决议纠纷诉讼裁判文书类别占比分析

在图 5－6 中，除了调解书外，判决书与裁定书几乎持平，各占 49.86% 和 50.10%。

如图 5－7 所示，审理公司决议纠纷案件最多的是基层人民法院，占全部案件 58.96%；其次为中级人民法院，占比为 35.24%；再次为高级人民法院，占比为 5.56%；最后为最高人民法院，仅占 0.25%。

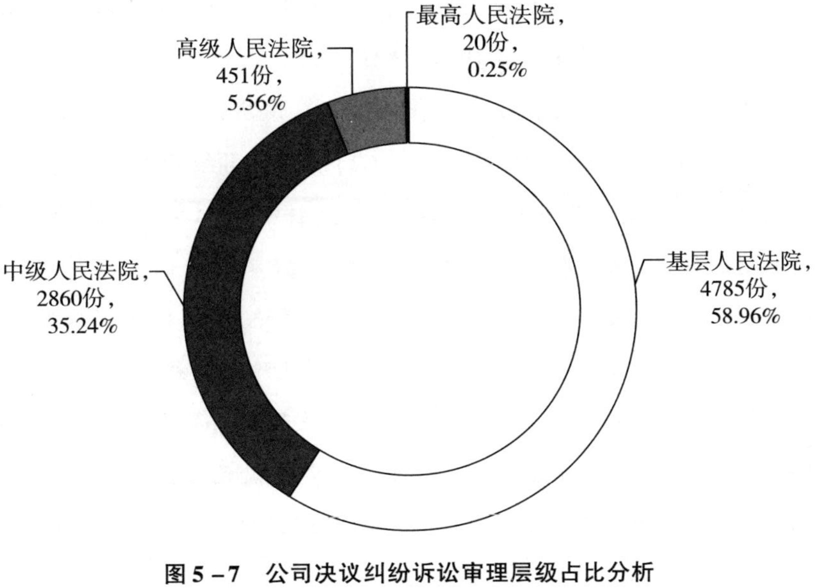

图 5－7　公司决议纠纷诉讼审理层级占比分析

裁判规则

裁判规则一：公司股东虚构召开会议，伪造其他股东签名作出“股东会决议”的，属于公司决议不成立，而非公司决议无效。

案例 广州三荣实业发展有限公司、黄某媚公司决议效力确认纠纷案

案号：(2020)粤01民终4292号

案情简介

被告广州三荣实业发展有限公司(以下简称三荣公司)一共有两名股东，其中黄某眉为本案原告股东；2018年5月9日被告公司作出《股东会决议》，载明：本次股东会于2018年5月9日在会议室召开，本次会议的召集程序、表决方式符合《公司法》及本公司章程的有关规定；公司股东(会)成员2人，出席本次会议的股东2人，代表公司100%表决权，所作出的决议经公司股东表决权100%同意通过，符合《公司法》及本公司章程的规定。该决议内容如下：(1)同意公司注册资本由600万元增至10,000万元；(2)同意公司经营范围变更为商品批发贸易(许可审批类商品除外)，商品零售贸易(许可审批类商品除外)，技术进出口，货物进出口(专营专控商品除外)，场地租赁(不含仓储)，房屋租赁，企业管理咨询服务，建材、装饰材料批发，房屋建筑工程施工，建筑工程后期装饰、装修和清理，室内装饰、装修；(3)同意启用新章程，废除旧章程。

原告股东表示其并未参与此次股东会，未收到过通知，以被告公司伪造自身签名作出股东会决议为由，向法院起诉股东会决议无效，要求向市场监管局申请撤销签署股东会决议事项的变更(备案)登记。

裁判观点

广州市花都区人民法院认为,本案并无证据显示被告公司曾将2018年5月9日召开股东会的事宜通知原告且原告知悉股东会召开而拒不参加,且原告、被告公司以及另一股东均确认2018年5月9日的《股东会决议》中原告的签名并不属实,被告公司仅有两名股东,在原告股东未参会的情况下,实际仅有股东一人参会,也即实际上2018年5月9日的股东会相当于并未召开,也并未对有关决议事项表决。

根据《公司法司法解释(四)》第5条规定,"股东会或者股东大会、董事会决议存在下列情形之一,当事人主张决议不成立的,人民法院应当予以支持:(一)公司未召开会议的,但依据公司法第三十七条第二款或者公司章程规定可以不召开股东会或者股东大会而直接作出决定,并由全体股东在决定文件上签名、盖章的除外;(二)会议未对决议事项进行表决的……(五)导致决议不成立的其他情形"属于决议不成立的范畴。对同一份股东会决议,不会同时存在不成立、无效和可撤销的情形。据此,一审法院对原告主张股东会决议无效的请求不予支持。因2018年5月9日的《股东会决议》不成立,故依据该决议作出的行为不发生法律效力,原告主张被告公司撤销前述股东会决议事项的变更(备案)登记的请求成立。

被告公司不服提起上诉。

广州市中级人民法院认为,无证据显示被告曾将2018年5月9日召开股东会的事宜依照公司章程的规定通知原告且原告知悉股东会召开而拒不参加,原告股东、被告公司和另一股东均确认涉案股东会决议中原告的签名并不属实,涉案股东会实际上未召开,也不存在依据《公司法》第37条第2款或者公司章程规定可以不召开股东会而直接作出决定并由全体股东在决定文件上签名、盖章的情形,故一审认定该股东会决议不成立,符合《公司法司法解释(四)》第5条的规定。在涉案股东会决议不成立的情况下,一审判决被告公司向公司登记机关申请撤销依据前述股东会决议事项的变更(备案)登记正确。

裁判结果

一审法院判决该次股东会决议不成立撤销该次股东会决议;二审法院驳回三荣公司的上诉。

裁判规则二:公司决议关系到公司经营效率和股东的整体利益,当会议召集程序或者表决方式仅有轻微瑕疵,且对决议未产生实质影响的,人民法院不予支持撤销。

案例 广东盛乐房地产投资有限公司与广州市番禺区翠倚华庭房地产有限公司公司决议撤销纠纷案

案号:(2019)粤01民终8528号

案情简介

作为公司股东之一的原告广东盛乐房地产投资有限公司(以下简称盛乐公司)认为广州市番禺区翠倚华庭房地产有限公司(以下简称被告公司)的公司章程及《公司法》均规定了股东会应由董事长主持,被告公司的股东会决议议事过程违反公司章程规定,剥夺和侵害了小股东的法定权益,遂以股东会决议存在重大瑕疵为由,请求法院撤销此次决议。

裁判观点

广州市天河区人民法院认为,对于该次股东会的召开,被告公司已以董事会名义在召开的15日前通知股东。各股东也已派员到会并就决议事项发表了意见。会议决议事项之一就是免除原董事长的董事长职务,故原董事长未主持该次股东会并无不妥。该次股东会未由半数以上董事推举董事长之外的董事主持会议,并不对各股东的表决产生实质性影响。

基于有限责任公司与股份有限公司不同的股东架构、治理结构,《公司法》也仅规定股份有限公司召开股东大会应将审议事项提前通知各股东,而未规定有限责任公司亦须提前通知股东会的决议事项。被告公司会议通知中的第1项决议事项在会议时细化为4个事项,以及第2项决议事项增加选举董事及董事长的内容,均不构成该次股东会决议的重大瑕疵。

《公司法司法解释(四)》第4条规定,股东请求撤销股东会或者股东大会、董事会决议,符合《公司法》第22条第2款规定的,人民法院应当予以支持,但会议召集程序或者表决方式仅有轻微瑕疵,且对决议未产生实质影响的,人民法院不予支持。

原告盛乐公司不服,提起上诉。

广州市中级人民法院认为,根据《公司法》的规定,有限责任公司设立董事会的,股东会会议由董事会召集,董事长主持……董事会或者执行董事不能履行或者不履行召集股东会会议职责的,由监事会或者不设监事会的公司的监事召集和主持;监事会或者监事不召集和主持的,代表1/10以上表决权的股东可以自行召集和主持。本案中,股东会会议通知落款为被告公司,虽未注明是被告公司董事会,但加盖公司印章。该次股东会会议虽未由董事会召集,董事长主持,但会议议题之一就是免除原董事长的职务,原董事长未主持该次股东会也符合实际,原告股东授权代表按照会议通知的时间、地点参会,并就股东会议题发表了意见。现会议的召集及主持并未导致盛乐公司无法公平地参与多数意思的形成,故该次股东会召集程序虽有瑕疵,但对决议并未产生实质影响。况且,本案中也没有证据显示在接到会议通知后至会议召开前及会议召开时,原告股东对会议的召集及主持提出异议。

裁判结果

一审法院判决驳回原告诉讼请求;二审法院认定涉案的股东会决议不具备撤销条件,判决维持原判。

裁判规则三：决议的内容违反法律、行政法规，应该理解为“违反法律、行政法规的强制性规定”，对于违反“管理性规定的法律、行政法规”的，并不必然导致决议无效。

案例 田某力与江苏泰州农村商业银行股份有限公司公司决议无效纠纷案

案号：(2016)苏12民终178号

案情简介

原告田某力系被告江苏泰州农村商业银行股份有限公司(以下简称泰州农商行)的自然人股东，2015年3月8日，泰州农商行举行第六次股东大会，田某力作为泰州农商行的自然人股东参加该次股东大会并行使了表决权。后原告认为股东会决议选举现任公务员的人员为独立董事，违反了《公务员法》第53条“公务员必须遵守纪律，不得有下列行为：……(十四)从事或者参与营利性活动，在企业或者其他营利性组织中兼任职务”的规定，公司决议应为无效。

裁判观点

泰州市中级人民法院认为，公司决议无效之诉的性质为确认之诉，根据《公司法》第22条第1款的规定，决议无效之诉的诉由为决议的内容违反法律、行政法规，即决议的内容存有瑕疵、缺乏实质的生效要件，属于《合同法》(已废止)第52条第5项规定的“违反法律、行政法规的强制性规定”的情形，应视为绝对无效。

尽管我国《公务员法》第53条第14项和第102条第1款均有公务员不得从事参与营利性活动的相关规定，但违反相关规定的法律后果为惩戒、清退、罚款等人事管理部门及行政管理部门予以处分，并不因此导致否认行为的民事效力。关于独立董事的强制性规定应依照《公司法》第146条的相关条款,该法条明确规定了不得担任公司董事的各种情形,本案情形不在其列。

裁判结果

一审法院判决驳回原告诉讼请求;二审法院判决驳回原告上诉。

裁判规则四:公司股东会决议以"补偿金"名义对股东发放巨额款项,公司无法明确款项来源,且不符合《公司法》的分红程序,该行为属于变相分配公司资产,股东会决议应认定为无效。

案例　谢某、刘某与安徽兴达化工有限责任公司公司决议效力确认纠纷

案号:(2014)合民二终字第00036号

案情简介

安徽兴达化工有限责任公司(以下简称兴达公司)是改制企业,现共有25名自然人股东,谢某、刘某系该公司的股东。在本案起诉前,谢某、刘某因认为公司法定代表人及其他一些管理人员侵害公司及谢某、刘某的利益,双方发生诉讼,谢某、刘某在诉讼中提出由兴达公司给谢某、刘某40万元补偿款的调解方案。兴达公司为此召开股东会,股东会通过决议,决议内容为兴达公司给予每位股东发放补偿款40万元,谢某、刘某签字表示不同意。后公司通过转账方式向每位股东支付40万元。谢某、刘某诉至法院,请求确认上述股东会决议无效。谢某、刘某认为公司发放的40万元是分红款,兴达公司认为该款项是福利。

裁判观点

安徽省合肥市包河区人民法院经审理认为,兴达公司经股东会通过决议给每位股东发放补偿款40万元,应定性为福利,不应认定为分红。公司发放福利属于公司自治权范畴,司法权不宜主动干涉。据此,判决驳回谢某、刘某的诉讼请求。宣判后,谢某、刘某不服上述判决,向安徽省合肥市中级人民法院提起上诉。二审法院认为,案涉股东会决议是公司股东滥用股东权利形成,属于变相分配公司资产,违反了《公司法》的强制性规定,应为无效。

裁判结果

法院判决确认案涉股东会决议无效。

裁判规则五:人民法院在审理公司决议撤销纠纷案件中应当审查会议召集程序、表决方式是否违反法律、行政法规或者公司章程,以及决议内容是否违反公司章程。在未违反上述规定的前提下,解聘总经理职务的决议所依据的事实是否属实,理由是否成立,不属于司法审查范围。

案例 上海佳动力环保科技有限公司与李某军公司决议撤销纠纷案

案号:(2010)沪二中民四(商)终字第436号

案情简介

法院经审理查明:原告李某军系被告上海佳动力环保科技有限公司(以下简称佳动力公司)的股东,并担任总经理。佳动力公司股权结构为:葛某乐持股40%,李某军持股46%,王某胜持股14%。三位股东共同组成董事会,由葛某乐担任董事长,另两人为董事。公司章程规定:董事会行使包括聘任或者解聘公司经理等职权;董事会须由2/3以上的董事出席方才有效;董事会对所议事项作出的决定应由占全体股东2/3以上的董事表决通过方才有效。2009年7月18日,佳动力公司董事长葛某乐召集并主持董事会,三位董事均出席,会议形成了"鉴于总经理李某军不经董事会同意私自动用公司资金在二级市场炒股,造成巨大损失,现免去其总经理职务,即日生效"等内容的决议。该决议由葛某乐、王某胜及监事签名,李某军未在该决议上签名。

原告李某军认为,被告佳动力公司免除其总经理职务的决议所依据的事实和理由不成立,且董事会的召集程序、表决方式及决议内容均违反了《公司法》的规定,请求法院依法撤销该董事会决议。

裁判观点

上海市第二中级人民法院认为,根据《公司法》第22条第2款的规定,董事会决议可撤销的事由包括:(1)召集程序违反法律、行政法规或公司章程;(2)表决方式违反法律、行政法规或公司章程;(3)决议内容违反公司章程。从召集程序看,佳动力公司于2009年7月18日召开的董事会由董事长葛某乐召集,三位董事均出席董事会,该次董事会的召集程序未违反法律、行政法规或公司章程的规定。从表决方式来看,根据佳动力公司章程规定,对所议事项作出的决定应由占全体股东2/3以上的董事表决通过方才有效,上述董事会决议由三位股东(兼董事)中的两名表决通过,故在表决方式上未违反法律、行政法规或公司章程的规定。从决议内容来看,佳动力公司章程规定董事会有权解聘公司经理,董事会决议内容中"总经理李某军不经董事会同意私自动用公司资金在二级市场炒股,造成巨大损失"的陈述,仅是董事会解聘李某军总经理职务的原因,而解聘李某军总经理职务的决议内容本身并不违反公司章程。

董事会决议解聘李某军总经理职务的原因如果不存在,并不导致董事会决议撤销。首先,公司法尊重公司自治,公司内部法律关系原则上由公司自治机制调整,司法机关原则上不介入公司内部事务;其次,佳动力公司的章程中未对董事会解聘公司经理的职权作出限制,并未规定董事会解聘公司经理必须要有一定原因,该章程内容未违反公司法的强制性规定,应认定有效,因此,佳动力公司董事会可以行使公司章程赋予的权力作出解聘公司经理的决定。故法院应当尊重公司自治,无须审查佳动力公司董事会解聘公司经理的原因是否存在,即无须审查决议所依据的事实是否属实,理由是否成立。

裁判结果

法院认定原告李某军请求撤销董事会决议的诉讼请求不成立,判决驳回原告诉讼请求。

案例启示

一、完善公司决议相关的制度

根据《公司法》及相关司法解释的规定以及公司章程的约定,建立和完善公司决议相关的制度,形成公司会议召开的规范化操作流程,制作公司决议相关的模板化文件,如会议通知、会议议案、会议签到、会议记录等文件。

公司决议应注意,决议内容不得违反法律、行政法规,不得利用资本多数决原则损害其他中小股东利益,实质性剥夺中小股东的知情权、优先购买权、优先认购权等合法权益,否则可能导致公司决议无效。

此外,公司决议内容也应该注意公司章程是否存在特殊约定,决议内容违反公司章程约定的,也可能被撤销。

二、审查公司决议的内容

股东要审查会议议案,确保最终形成的决议内容既不存在违反法律、行政法规强制性规定的情形,也不存在违反公司章程约定的情形。

同时,要注意不得利用资本多数决原则作出损害其他中小股东利益的决议,实质性剥夺中小股东的知情权、优先购买权、优先认购权等合法权益,避免决议无效或被撤销。

三、遵循并审核公司决议的程序

公司决议应遵循决议程序，决议程序包括召集程序、表决方式，避免出现违反法律、行政法规或者公司章程的程序瑕疵，而导致决议被撤销或者不成立。

选择恰当的会议通知方式提前通知全体会议参加主体，确保充足的会议通知时间，确保没有遗漏通知任何会议参加主体，通知中应当载明会议审议事项，注意会议的提议召开主体、召集人、主持人等为合法主体，有相应的提议权、召集权或主持资格。

做好会议的出席签到和表决记录，如有代理人代为出席必须严格审查是否有合法有效的委托书，会议的表决方式必须符合法律规定或公司章程规定的表决数。

关于会议表决的具体程序，详见“股东表决权”章节的内容。

四、注意对重大决议的高度审慎

对公司的重大决议事项，应当尽可能对会议的召集和主持的全过程进行公证或见证，并尽量聘请专业律师全程参与，把控法律风险，避免出现公司决议瑕疵。

第二节　股东代表诉讼权

法理解说

一、代表诉讼的诉权

股东代表诉讼权，又称股东派生诉讼权，是指当公司利益受到侵害而公司不能或怠于起诉时，股东为了公司利益以自己的名义代表公司提起诉讼的权利。[1]

---

〔1〕 参见赵旭东：《公司法》（第3版），中国政法大学出版社2018年版，第173页。

股东代表诉讼针对的主要是违反信赖义务和忠实义务、损害公司利益的董事、监事、高级管理人员，因为他们的操纵行为可能使公司放弃追究侵害人的责任，所以股东代表诉讼的本质是法院为被“堕落的董事或者股东”所控制的公司主持公道的一种程序设置。公司是股东代表诉讼的真正权利人和利益所有者。

我国《公司法》第 151 条对股东代表诉讼制度作出了明确界定，确定了我国股东代表诉讼制度的基本框架。

二、股东代表诉讼的理论基础

股东代表诉讼的理论基础源于董事、监事、高级管理人员对公司负有的忠实义务和勤勉义务。

忠实义务，又称诚信义务，是指董监高在经营和管理和监督时，应以公司利益为己任，为实现公司利益最大化履行职责；当自身利益与公司利益发生冲突时，应以公司利益为重。

勤勉义务，又称注意义务、善管义务、谨慎义务，是指董监高在管理公司事务时，须以一个合理的谨慎的人在相似情况下所应表现的勤勉和技能履行职责，要采取合理的措施，以防止公司利益遭受损失。

董监高违反忠实义务和勤勉义务，实施了侵害公司的行为而公司因存在内部人控制问题无法提起诉讼，因此，股东代表公司向法院起诉追究侵权人的责任。

我国《公司法》第 147 ~ 149 条明确规定了董监高对公司负有忠实义务和勤勉义务，履职时违反法律、行政法规或公司章程的规定，给公司造成损失的，应承担赔偿责任。

三、股东代表诉讼的立法价值

股东代表诉讼的立法价值集中体现在完善公司经营机制、保护股东和中小股东的权益、加强公司治理能力三点。

（一）完善公司经营机制

公司经营机制不规范，会损害公司甚至股东的利益。股东代表诉讼制度具有重要的威慑作用,使侵害者不敢为所欲为,让公司内部更加注重权利分配和决策机制的完善。对整体市场而言,还可以防止内幕交易等恶性竞争,在社会上营造公平竞争的良好环境。

(二)保护股东和中小股东的权益

董监高违反忠实义务、勤勉义务,可能通过关联关系、自我交易、从事竞业、侵占资产等方式侵害公司的利益,而此时的公司由于被侵害者控制或管理,无法启动对侵害者的追究活动。股东代表诉讼,是一种超越公司内部控制的司法救济权,使股东可以通过诉讼手段维护公司及自身权益。

(三)加强公司的治理能力

股东代表诉讼,有助于提高中小股东的维权积极性,加强公司的治理能力,同时可以对侵害公司利益者形成法律威慑,加强对管理者的监督,使其做好本职工作,履行忠实义务、勤勉义务,维持公司的正常经营。

四、推行股东代表诉讼的必要性

股东代表诉讼制度是公司治理、保护中小股东利益和公司利益的重要保障,对推进我国公司治理水平有重要作用。

第一,确立股东代表诉讼制度,能较大限度地遏制公司控股股东利用控股地位损害公司及中小股东利益的行为,对于保障公司的正常运行,维护市场经济秩序有重大的理论意义和实践意义。

第二,确立股东代表诉讼制度,能有效扩大中小投资者维权的范围。我国法律规定的股东直接诉讼制度,针对的是股东个人利益受到侵害的救济,被告往往是公司,真正侵害公司利益和股东利益的董监高人员可能逃避法律的制裁。股东代表诉讼制度,弥补了股东直接诉讼制度的缺陷,避免无辜的中小股东"自己告自己"反而为他人错误买单。

五、代表诉讼诉权的行权方式

(一)行权主体

为防止恶意提起股东代表诉讼,《公司法》限定了股东代表诉讼的诉讼主体资格，即诉权主体仅限于股东。同时，由于股份有限公司的股份转让比较自由，为了避免通过购买股份滥用股东代表诉讼，对原告资格又进行了一定的限制，即股份有限公司股东应当是连续 180 日以上单独或者合计持有公司 1% 以上股份的股东。

(二)前置程序

股东代表诉讼毕竟不是公司经营的常态机制，因此法律设计时对股东代表诉讼设立了前置程序，即穷尽公司救济原则，避免股东代表诉讼被滥用从而影响公司正常经营。具体来说，股东需书面请求监事或董事代表公司起诉，如果拒绝或情况紧急才可以起诉，防止股东恶意诉讼和滥诉，维护公司的正常经营，避免司法过度干涉公司自治。

但在某些特殊情况下，存在前置程序的豁免，例如，公司监事仅是挂名，从未参与公司经营，或者被起诉的董事、高级管理人员与监事存在夫妻、父女等利害关系。

(三)行权对象

法律明文规定的行权对象包括董事、监事、高级管理人员、他人。对于“他人”的范围，法律没有进行明确的列举，但在实践中“他人”应该是包括除董监高以外一切实施了侵害公司利益的主体，并不局限公司内部人员。实践中经常出现董事、高管与公司外部人恶意串通，转移资产、从事竞业等，对该外部人应作为共同侵权人一并承担责任。

(四)行权结果

股东代表诉讼是为了公司的利益，股东以自身名义代表公司进行诉讼，其本身无法享有权利和权益，行权后的一切利益、结果都由公司所有享有或承担。《公司法司法解释(四)》明确规定，胜诉利益归属公司，且由公司承担胜诉后的诉讼成本，从而鼓励股东运用来维护公司整体利益。

数据分析

在裁判文书网以“损害公司利益责任纠纷”进行检索，共检索获得裁判文书

12,005 份,其中裁定 7260 份,占全部裁判文书的 60.47%;判决 4726 份,占全部裁判文书的 39.37%;调解 15 份,占全部裁判文书的 0.12%;剩余“通知”及“决定”仅 4 份,占全部裁判文书不到 0.04%(见图 5－8)。

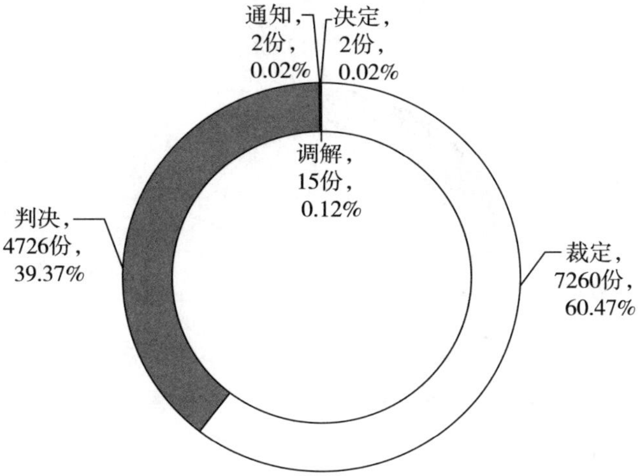

图 5－8　损害公司利益责任纠纷裁判文书类别占比分析

按法院的审级进行统计,在上述裁判文书中,各级法院审理案件的比例如图 5－9 所示。

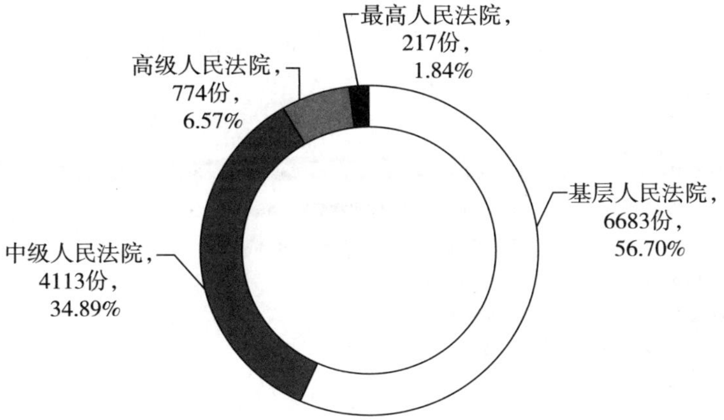

图 5－9　损害公司利益责任纠纷审理层级占比分析

在图 5－9 中,审理损害公司利益责任纠纷案件最多的法院是基层人民法院,占全部案件的 56.70%;其次是中级人民法院,占全部案件的 34.89%;再次是高级人民法院,占全部案件的6.57%;最后是最高人民法院,占全部案件的1.87%。

以审判程序为标准进行分类统计,在上述裁判文书中,各审判程序案件的比例如图5-10所示。

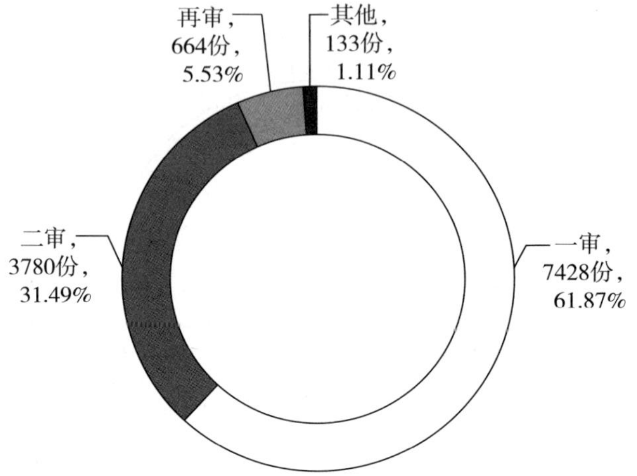

图5-10　损害公司利益责任纠纷审理程序占比分析

在图5-10中,一审案件数量最多,占全部案件的61.87%;其次是二审案件,占不全案件数量的31.49%;再审数量仅占全部案件的5.53%;"其他"主要是保全、执行类的文书。

按省级行政区域划分,股东代表诉讼案件数量排名前十的省级行政区域如图5-11所示。

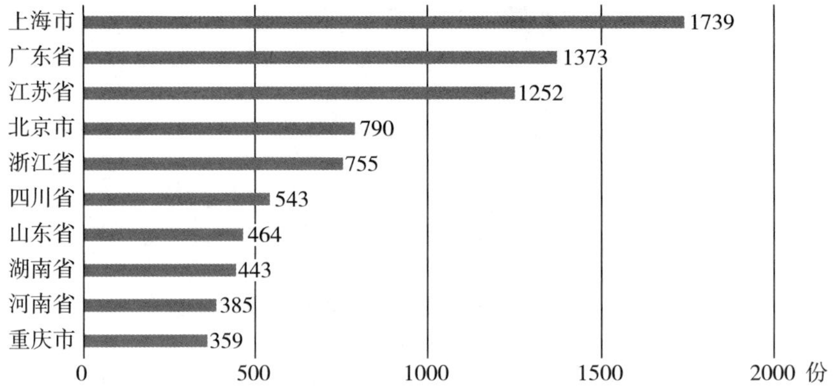

图5-11　损害公司利益责任纠纷区域分布

案件数量排行前五省级行政区域依次是上海市、广东省、江苏省、北京市、浙江省。

按照裁判年份来统计，损害公司利益责任纠纷案件的裁判年份分布如图5－12所示。

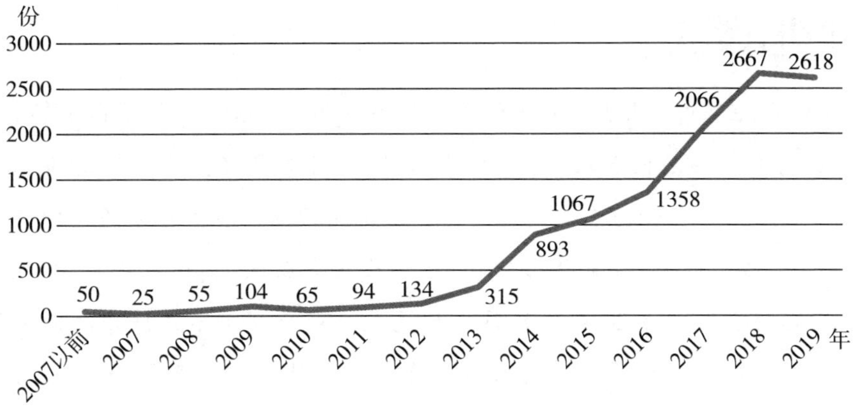

图5－12　损害公司利益责任纠纷历年趋势

由于2013年以前的案件数量可能失真，从2013年及以后年份的情况来看，股东代表诉讼的案件数量存在持续增长的趋势，也反映了股东对公司财产保护意识的提高。

损害公司利益责任的性质是侵权责任，故理论上损害公司利益的构成要件应当包括：存在侵害行为、有故意的主观故意、公司遭受损失、侵因果关系等。但在司法实践中一般也不会这么划分，而是通过认定是否违反法律、行政法规或者公司章程的规定，即是否违反法律规定的忠实义务和勤勉义务，以及公司相关的管理规章制度，来认定是否侵权。

下面通过一些典型的案例来探析股东代表诉权的适用情况。

裁判规则

裁判规则一：高管虽存在违反法律、章程规定的侵害行为，但如果主观目的是公司的利益，则不被认为违反忠实义务和勤勉义务。

案例 巫某风、王某中损害公司利益责任纠纷案

案号:(2018)粤03民终3494号

案情简介

巫某风、王某中、陈某华为深圳市光场技术有限公司(以下简称光场公司)股东,王某中任法定代表人、董事长兼总经理,陈某华任监事。2016年8月9日,光场公司财务主管杨某将光场公司公账里的款项458万元分两笔转给巫某风、陈某华,备注均为"投资款转回"。光场公司向巫某风、陈某华、巫某红发送通知,内容为:"因你方2016年8月9日违反公司章程中不允许无故撤资的条款,未经公司股东一致同意擅自撤回投资款项累计达465万元,致使公司经营困难,目前已拖欠员工工资合计316,591.94元,且目前尚欠各类行政及运作费用30,738.51元,请各位于2016年9月5日到光场公司处理上述所欠各项费用,如未按期处理,将视为你们放弃处理本公司的一切事务,公司法定代表人王某中将有权处理公司的一切资产。"

其后,王某中通过个人银行账户以"代发光场技术工资""代发工资""垫付光场技术公司报销"名义向他人转账。截至2016年8月,光场公司开支共计135万元,剩余资金465万元。2016年9月19日,王某中成立光场视觉公司,并任法定代表人。

2017年4月18日,股东巫某风向光场公司监事陈某华发函要求对王某中提起诉讼,陈某华反馈以其本人公事繁忙为由拒绝起诉。巫某风遂向法院提起损害公司利益责任纠纷之诉,认为光场公司成立后未经董事会或股东会决议,王某中多次实施或企图实施损害公司利益的行为。王某中以杨某、巫某风、陈某华未经正当程序擅自转走公司资金导致光场公司无法正常经营期间所引发的一切后果应由巫某风、陈某华及财务人员杨某等承担为由进行抗辩。

裁判观点

一审法院认为巫某风撤回出资的行为，不仅影响了公司正常的生产经营，也严重损害了公司债权人的利益，甚至造成公司员工的工资不能正常发放，导致公司资金缺失，出现严重的经营管理困难。由于巫某风非法撤资在先，王某中作为公司的法定代表人和总经理，在公司陷入如此经营困境时，迫于解决员工工资及维持公司的正常运转，采取了一系列止损行动，包括变卖公司财产用来抵扣员工工资或直接由员工和其他债权人扣押公司相应财产用以抵扣员工工资及相关债务、将公司财产放置在新设公司的办公场所、将部分员工社保转到被告的其他公司等。故王某中是在巫某风撤回出资导致公司无法运转之后而不得已作出上述行为，其目的正是维持公司的继续经营，使公司免受拖欠员工工资的法律责任。因此，王某中对公司财产的处分应属于正当处置，恰恰是在极为特殊的情况下以果断、高效的方式履行了其高管职责，防止公司各项损失的扩大。故王某中的上述行为并未损害公司的利益。

其次，王某中成立新公司是在光场公司因巫某风等人非法撤资而陷入僵局后为了保护股东利益和稳定技术团队作出的止损措施，系事出有因，是最大限度地降低原告公司及其各股东的损失，且王某中称其愿意在光场公司能够正常运转的情况下将新设公司作为光场公司的全资子公司，故王某中成立新公司并非自营目的，其并未违反公司高管的忠实义务。

裁判结果

法院判决驳回巫某风的诉讼请求。

裁判规则二：公司实际控制人虽未担任董监高等职务，但对公司经营有实际控制权的，应视为公司高级管理人员，实施了侵害公司利益的行为应当承担损害赔偿责任。

案例 深圳市汇众诚邦保险代理有限公司、欧阳某标与张某菊损害公司利益责任纠纷案

案号:(2018)粤03民终7183号

案情简介

深圳市汇众诚邦保险代理有限公司(以下简称汇众公司)起诉欧阳某标、张某菊以挪用公司资金、无故转移公司资产的方式侵害公司资产,违反了高管的忠实义务和勤勉义务,应该承担返还责任。

欧阳某标辩称自己担任营销总顾问,不属于法律规定的董事、监事、高级管理人员的范畴,原告以"董事、监事、高级管理人员应当遵守法律、行政法规和公司章程,对公司负有忠实义务和勤勉义务。董事、监事、高级管理人员不得利用职权收受贿赂或者其他非法收入,不得侵占公司的财产"为由进行起诉不符合法律适用的主体条件。

裁判观点

深圳市中级人民法院认为,虽然欧阳某标在名义上是担任公司的营销总顾问,不属于高级管理人员,但公司股东所持有的股份实际由欧阳某标出资,且欧阳某标对公司的财务具有审批权,应当被视为公司的高级管理人员。欧阳某标依法应予返还。

裁判结果

法院判决欧阳某标返还侵占的全部资金。

裁判规则三:董监高在履职过程中存在侵权行为的,需以违反忠实义务和

勤勉义务为前提。

案例　廊坊杉杉电池材料有限公司与黄某宏损害公司利益责任纠纷案

案号:(2018)粤0304民初33695号

案情简介

被告黄某宏在原告廊坊杉杉电池材料有限公司(以下简称杉杉公司)任职法定代表人、总经理、董事长,原告以被告在尚未获得原告授权与批准的情况下,擅自以原告名义与第三方签订《租赁合同》,而因为《租赁合同》履行不能导致公司存在巨大损失为由向法院起诉,要求被告承担损害赔偿责任。

裁判观点

深圳市福田区人民法院认为,随着经济复杂性和竞争的加剧,公司经营中的不确定因素不断增加,要求董事、监事和高级管理人员在经营决策中永不失误过于苛责,故行为人是否应对公司承担赔偿责任,被告人对外签字的行为符合公司的合同会签和管理制度,在履行职务中未违反股东意志和授权的权限,未违反忠实和勤勉义务。

裁判结果

法院判决驳回原告诉讼请求。

裁判规则四:公司外部人员与董监高共同侵占公司财产的,属于共同侵权,应当对损害公司利益承担连带赔偿责任。

案例 ALWAYSSMILELIMITED(永悦有限公司)与深圳市城市厨子餐饮投资有限公司等损害公司利益责任纠纷案

案号:(2017)粤0391民初2131号

案情简介

2015年12月24日,原告ALWAYSSMILELIMITED(以下简称ASL公司)与被告深圳市城市厨子餐饮投资有限公司(以下简称城市厨子公司)签订《合资契约书》,约定各出资500万元人民币成立第三人宽和公司,原告ASL公司与被告城市厨子公司各占第三人宽和公司50%的股权且约定由被告城市厨子公司负责第三人宽和公司的管理经营,被告刘某利为宽和公司法定代表人及实际经营者;后原告依约定出资人民币4,987,716.68元;宽和公司成立后,被告城市厨子公司及实际控制刘某利利用职权陆续将公司账户内的资金累计转出1130万元,其中380万元直接挪用转账至同样处于被告刘某利实际控制的案外人城市厨子(广东)饮食管理有限公司(被告刘某利是该公司的第一大股东,任职该公司的执行董事和法定代表人)的账户中。原告发现后,被告城市厨子公司出具《返还宽和公司资金承诺书》,承认挪用第三人资金8,640,561.47元并承诺归还,但一直未履行。原告向监事会提出要求追究被告刘某利的责任,监事会以种种理由推脱,遂向法院提起股东代表诉讼,要求追究被告刘某利及被告城市厨子公司的侵权责任。

裁判观点

法院认为被告刘某利同时兼任被告城市厨子公司和第三人宽和公司的法定代表人;从被告刘某利作为被告城市厨子的法定代表人所签署的《返还宽和公司资金承诺书》来看,被告刘某利对被告城市厨子公司挪用第三人宽和公司资金款项的相关事宜是明确知晓;另外,从第三人宽和公司在银行账户预留的印鉴来看,第三人宽和公司资金转款至被告城市厨子公司需要被告刘某利的签章。因此,被告刘某利作为第三人宽和公司的法定代表人在明知被告城市厨子公司挪用第三人宽和公司资金情况下未履行公司高管的忠实义务和勤勉义务,与被告城市厨子公司共同侵害了第三人宽和公司的财产权,根据《侵权责任法》(已废止)第 8 条[1]之规定,应当与被告城市厨子公司承担连带责任。

裁判结果

法院判决被告刘某利、深圳市城市厨子餐饮投资有限公司对上述还款义务承担连带清偿责任。

裁判规则五:在存在特殊情况时,股东可以不经股东代表诉讼前置程序直接提起损害公司利益诉讼。

案例　周某春与庄士中国投资有限公司、李某慰等损害公司利益责任纠纷案

案号:(2019)最高法民终 1679 号

案情简介

湖南汉业公司系 2002 年在湖南省工商行政管理局注册成立,注册资本为 1000 万元,股东为周某春、范某汉(两人系夫妻关系)。2004 年经湖南省人民政府批准,湖南汉业公司变更为有限责任公司,公司注册资本增加至人民币 2500 万元。其中,周某春出资人民币 250 万元,持股比例 10%;新时代投资有限公司出资人民币 2250 万元,持股比例 90%。《湖南汉业公司公司章程》第 15 条规定:董事会由 5 名董事组成,其中 1 名由周某春出任,新时代投资有限公司委派

[1] 对应《民法典》第 1168 条。

4名，董事长由新时代投资有限公司指定。2011年12月29日，湖南汉业公司的法定代表人由范某汉变更为李某慰。湖南汉业公司董事会由李某慰(董事长)、彭某傑、庄某农、李某心、周某春组成。庄士中国投资有限公司(以下简称庄士中国公司)2004年至2017年财政年度业绩报告载明，李某心、彭某傑、李某慰系庄士中国公司董事，庄某农系庄士中国公司高层管理人员。

周某春向湖南省高级人民法院提出诉讼请求。(1)判令庄士中国公司、李某慰、彭某傑共同赔偿湖南汉业公司人民币750.825万元，并赔偿自2005年10月8日起至赔偿款付清之日止的，按照同期银行贷款利率计算的利息损失(暂计算至2017年6月1日的利息损失为5,702,011.15元)。(2)判令庄士中国公司、李某慰、彭某傑共同赔偿湖南汉业公司经济损失32,210,138.92元及2012年7月16日起至庄士中国公司、李某慰、彭某傑实际付清赔偿款之日止，按照同期银行贷款利率计算的利息损失(暂计算至2017年6月1日的利息损失为9,253,525.55元)。(3)判令庄士中国公司、李某慰、彭某傑赔偿因低价折抵湖南汉业公司资产，侵占湖南汉业公司商业机会，而造成的经济损失5000万元(以上经济损失为暂估额，实际损失额以法院查明的给湖南汉业公司造成的实际损失为准)。

裁判观点

法院认为，《公司法》第151条规定："董事、高级管理人员有本法第一百四十九条规定的情形的，有限责任公司的股东、股份有限公司连续一百八十日以上单独或者合计持有公司百分之一以上股份的股东，可以书面请求监事会或者不设监事会的有限责任公司的监事向人民法院提起诉讼；监事有本法第一百四十九条规定的情形的，前述股东可以书面请求董事会或者不设董事会的有限责任公司的执行董事向人民法院提起诉讼。监事会、不设监事会的有限责任公司的监事，或者董事会、执行董事收到前款规定的股东书面请求后拒绝提起诉讼，或者自收到请求之日起三十日内未提起诉讼，或者情况紧急、不立即提起诉讼将会使公司利益受到难以弥补的损害的，前款规定的股东有权为了公司的利益以自己的名义直接向人民法院提起诉讼。他人侵犯公司合法权益,给公司造成损失的,本条第一款规定的股东可以依照前两款的规定向人民法院提起诉讼。”股东先书面请求公司有关机关向人民法院提起诉讼,是股东提起代表诉讼的前置程序。一般情况下,股东没有履行前置程序的,法院应当驳回其起诉。但是,该项前置程序针对的是公司治理的一般情况,即在股东向公司有关机关提出书面申请之时,存在公司有关机关提起诉讼的可能性。如果不存在这种可能性,则不应当以原告未履行前置程序为由驳回起诉。具体到本案中:

其一,根据《公司法》第151条的规定,董事、高级管理人员有《公司法》第149条规定的情形的,有限责任公司的股东可以书面请求监事会或者不设监事会的有限责任公司的监事提起诉讼。本案中,李某慰、彭某傑为湖南汉业公司董事,周某春以李某慰、彭某傑为被告提起股东代表诉讼,应当先书面请求湖南汉业公司监事会或者监事提起诉讼。但是,在二审询问中,湖南汉业公司明确表示该公司没有工商登记的监事和监事会。周某春虽然主张周某科为湖南汉业公司监事,但这一事实已为另案人民法院生效民事判决否定,湖南汉业公司明确否认周某科为公司监事,周某春二审中提交的证据也不足以否定另案生效民事判决认定的事实。从以上事实来看,本案证据无法证明湖南汉业公司设立了监事会或监事,周某春对该公司董事李某慰、彭某傑提起股东代表诉讼的前置程序客观上无法完成。

其二,《公司法》第151条第3款规定:“他人侵犯公司合法权益,给公司造成损失的,本条第一款规定的股东可以依照前两款的规定向人民法院提起诉讼。”庄士中国公司不属于湖南汉业公司董事、监事或者高级管理人员,因湖南汉业公司未设监事会或者监事,周某春针对庄士中国公司提起代表诉讼的前置程序应当向湖南汉业公司董事会提出,但是,根据查明的事实,湖南汉业公司董事会由李某慰(董事长)、彭某傑、庄某农、李某心、周某春组成。除周某春以外,湖南汉业公司其他四名董事会成员均为庄士中国公司董事或高层管理人员,与庄士中国公司具有利害关系,基本不存在湖南汉业公司董事会对庄士中国公司提起诉讼的可能性,再要求周某春完成对庄士中国公司提起股东代表诉讼的前置程序已无必要。本案系湖南汉业公司股东周某春以庄士中国公司和李某慰、彭某傑为被告代表公司提起的损害公司利益责任纠纷诉讼,诉请三原审被告承担共同赔偿责任。

裁判结果

最高人民法院裁定:撤销湖南省高级人民法院(2017)湘民初 18 号民事裁定;本案指令湖南省高级人民法院审理。

裁判规则六:除情况紧急,不立即起诉将会使公司利益受到难以弥补的损失外,必须进行前置申请程序。

案例 张某武、淮南市盛达房地产开发有限公司合同纠纷案

案号:(2019)皖 04 民终 475 号

案情简介

张某武系淮南市长城房地产开发有限公司(以下简称长城公司)持股 10% 的股东。2008 年 8 月 18 日,长城公司与盛某林签订了《合作开发协议》,双方约定长城公司以其取得的原长丰县三宗国有土地使用权与盛某林进行合作开发,盛某林以现金出资 5000 万元人民币,占总股本的 80%,长城公司以其取得的三宗国有土地使用权作价投入,占总股本的 20%。2010 年 3 月 12 日,淮南市国土局将二宗土地的使用权由长城公司变更登记至淮南市盛达房地产开发有限公司(以下简称盛达公司)名下,并颁发了国有土地使用证。2010 年 8 月 3 日,长城公司以淮南市人民政府和淮南市国土局作出变更登记行为所依据的《合作开发协议》尚未实际履行等为由请求撤销土地变更登记,最终被安徽省高级人民法院判决驳回诉讼请求。2009 年 12 月 18 日,长城公司与盛某林签订了《股权转让协议书》,长城公司同意将其持有的盛达公司 20% 的股权作价 5000 万元转让给盛某林。

张某武起诉请求法院撤销上述《股权转让协议》。

裁判观点

根据《民事诉讼法》第64条[1]及《最高人民法院关于适用〈中华人民共和国民事诉讼法〉的解释》(以下简称《民诉法司法解释》)第90条之规定,当事人对自己提出的主张,有责任提供证据;当事人未能提供证据或者证据不足以证明其事实主张的,由负有举证证明责任的当事人承担不利的后果。在本案中,张某武未提交证据证明其履行了《公司法》第151条规定的股东代表诉讼的前置程序,法院裁定驳回起诉。

裁判结果

本案张某武作为长城公司的股东虽然提供了邮寄单,但是该邮寄单系退件,显示不出送达的情况,张某武方证人证言也未能证明进行过前置申请程序,也未能证明"情况紧急,不立即起诉将会使公司利益受到难以弥补的损失",一审判决驳回张某武的起诉。

裁判规则七:必须穷尽公司内部救济,且最后诉讼利益归原告。

案例 广州玺道文化传播有限公司、伍某等与中青朗顿(太湖)教育文化科技股份有限公司等确认合同效力纠纷案

案号:(2019)皖0825民初372号

案情简介

中青朗顿(北京)教育科技股份有限公司为发起设立方式的股份有限公司,

---

〔1〕 2021年修正后改为第67条。

后于2017年2月20日变更为中青朗顿(太湖)教育文化科技股份有限公司(以下简称朗顿公司)。上海尊天文化传播有限公司(以下简称尊天公司)、霍尔果斯朗顿教育文化发展有限公司(以下简称霍尔果斯公司)系朗顿公司的子公司,五原告系朗顿公司股东。2015年12月19日,朗顿公司与北京黄金交易中心有限公司(以下简称黄金公司)签订《"北京黄金"金条定期托管并代租协议》,约定朗顿公司在黄金公司购买1亿元投资型回购金条,年收益率9%,期限12个月。2016年12月19日,双方签订《补充协议》,将合同期限延长至2017年12月18日。2016年1月,尊天公司、霍尔果斯公司分别在黄金公司购买6000万元、1000万元投资型回购金条,年收益率均为9%,到期日均为2017年1月6日。2017年1月1日,朗顿公司召开第一届董事会第二十七次会议,通过议案由周某回购中青旅集团山东投资有限公司(以下简称中青旅公司)、庆云京金电子科技有限公司(以下简称庆云公司)、北京红图恒岳科技产业投资管理有限公司(以下简称红图公司)持有的朗顿公司51%股权,并由朗顿公司向周某提供借款21,350万元用于支付前述股权回购款。2017年1月9日,朗顿公司、尊天公司、霍尔果斯公司、中青旅公司、庆云公司、红图公司、黄金公司、周某等八被告签订《"北京黄金"金条定期托管并代租赁转让合同》(以下简称《八方合同》),约定:朗顿公司、尊天公司、霍尔果斯公司将其在黄金公司黄金理财项目总收益的全部财产权益,实现由黄金公司一次性代支付给周某的合法法律效果。同时约定,由黄金公司将上述理财项目总收益最终代支付给中青旅公司、庆云公司、红图公司,视为周某向中青旅公司、庆云公司、红图公司支付股权转让款。案外人宁波某某企业作为朗顿公司股东,于2018年7月2日向太湖县人民法院提起诉讼,要求确认朗顿公司《2017年第一次临时股东大会决议》无效,太湖县人民法院判决确认朗顿公司2017年1月16日《中青朗顿公司2017年第一次临时股东大会决议》中关于"董事长周某女士向公司借款21,350万元"的议案内容无效。

裁判观点

根据《民事诉讼法》第119条第1项[1]和《民诉法司法解释》第208条第3款之规定，原告是与本案有直接利害关系的当事人，是起诉的法定条件之一。人民法院在立案后发现原告的起诉不符合起诉条件的，应当裁定驳回起诉。据此，人民法院是否应当受理玺道公司等五原告提起的本案诉讼，取决于其与案涉《八方合同》是否有直接的利害关系。在本案中，玺道公司等五原告以其所投资的朗顿公司及其法定代表人周某与尊天公司、霍尔果斯公司、中青旅公司、庆云公司、红图公司、黄金公司恶意串通，签署2017年1月9日的《八方合同》，对无效股东会决议具体履行，直接损害公司利益，侵害了公司财产权益，进而损害公司股东的利益为由，依据《合同法》（已废止）第52条第2款[2]之规定，请求确认案涉《八方合同》无效。由此可见，玺道公司等五原告主张其权益受到损害是基于朗顿公司因《八方合同》致财产减少，进而降低了玺道公司等五原告作为股东的股权价值及投资收益，而非其权益直接受到了《八方合同》的影响。并且，玺道公司等五原告的诉讼主张为确认朗顿公司签订的《八方合同》无效，而合同无效的法律后果是朗顿公司免于承担《八方合同》项下的履行义务，其诉讼利益直接归于朗顿公司，而非玺道公司等股东。《八方合同》的效力直接影响的是朗顿公司的利益，玺道公司等五原告作为朗顿公司的股东，受影响的仅是间接利益，故玺道公司等五原告提起的诉讼应为股东代表诉讼，且五原告诉讼代理人在庭审时亦明确表示其提起的是股东代表诉讼。对于股东代表诉讼，《公司法》第151条第2款规定："监事会、不设监事会的有限责任公司的监事，或者董事会、执行董事收到前款规定的股东书面请求后拒绝提起诉讼，或者自收到请求之日起三十日内未提起诉讼，或者情况紧急，不立即提起诉讼将会使公司利益受到难以弥补的损害的，前款规定的股东有权为了公司的利益以自己的名义直接向人民法院提起诉讼。"根据上述法律规定，提起该诉讼应以"竭尽公司

---

〔1〕 2021年修正后改为第122条第1项。

〔2〕 对应《民法典》第154条。

内部救济”为前提，即其在提起代表诉讼之前必须首先请求公司治理机构向危害公司利益的不正当行为实施者主张权利，且股东代表诉讼的诉请需将利益归于公司。现玺道公司等五原告一方面未向法院提供其已履行了提起股东代表诉讼所应履行的前置程序或有紧急情形的相关证据，另一方面其诉讼请求也并非将利益归于公司，故其起诉亦不符合提起股东代表诉讼的条件。同时，玺道公司等五原告认为其是依据《合同法》(已废止)第52条第2款的规定起诉要求确认《八方合同》无效，法院认为，玺道公司等五原告虽然不是案涉《八方合同》的签订主体，但其是《八方合同》一方朗顿公司的股东，其以股东身份主张公司与他人签订的合同无效，《公司法》第151条已就此种情形下的救济方式作出了特别规定。根据特别法优于一般法的法律适用原则，玺道公司等五原告提起本案诉讼，其法律依据应当优先适用《公司法》的相关规定。综上，玺道公司、伍某、姚某柱、陈某钰、江某雄的起诉，不属于人民法院受理民事诉讼范围。

裁判结果

法院判决驳回原告广州玺道文化传播有限公司、伍某、姚某柱、陈某钰、江某雄的起诉。

案例启示

一、需要行使股东代表诉讼权的情形

股东代表诉讼的情形包含以下两种：(1)公司董事、监事、高级管理人员的行为给公司造成损失时股东代表公司提起诉讼；(2)其他人的行为给公司造成损失时股东提起诉讼。

二、行使股东代表诉讼的主体

公司董事、监事、高级管理人员以外的其他人侵犯公司合法权益，给公司造成损失的，有限责任公司的股东、股份有限公司连续180日以上单独或者合计

持有公司1%以上股份的股东,可以通过监事会或者监事、董事会或者董事向人民法院提起诉讼,或者直接向人民法院提起诉讼。

三、提起股东代表诉讼的必要条件

依照股东对公司董事、监事、高级管理人员给公司造成损失的行为提起诉讼的程序进行。股东代表诉讼只能由股东行使,且原告必须是公司的股东,法院判决结果直接由公司承担。《公司法》第151条规定:董事、高级管理人员有本法第149条规定的情形的,有限责任公司的股东、股份有限公司连续180日以上单独或者合计持有公司1%以上股份的股东,可以书面请求监事会或者不设监事会的有限责任公司的监事向人民法院提起诉讼;监事有本法第149条规定的情形的,前述股东可以书面请求董事会或者不设董事会的有限责任公司的执行董事向人民法院提起诉讼。监事会、不设监事会的有限责任公司的监事,或者董事会、执行董事收到前款规定的股东书面请求后拒绝提起诉讼,或者自收到请求之日起30日内未提起诉讼,或者情况紧急、不立即提起诉讼将会使公司利益受到难以弥补的损害的,前款规定的股东有权为了公司的利益以自己的名义直接向人民法院提起诉讼。

四、完善公司内部管理制度

在实践中,公司内部发生的侵害事件,除了部分是股东、董监高的品行问题外,也有因为股东间发生矛盾、利益分配不均而引起的。如股东间发生纠纷、冲突,应当以合理途径进行解决,或者以股权转让、股权回购等方式退出公司经营,切勿以侵占公司资产、从事竞业等侵害公司利益的方式来“退伙”。

此外,内部侵害事件的发生也可能是因为公司内部存在管理漏洞、制度空缺。因此,公司自身也应该完善内部的各项管理制度,明文公布并严格落实执行,具体包括财务审批制度、授权签字制度、合同管理制度、公章使用保管制度、资产清查制度、董事会股东会决议、重大事项报告等,完善公司内部的治理模式,可以有效避免侵害事件的发生。

当内部侵害行为严重到涉嫌构成职务侵占罪、盗窃罪等刑事犯罪的,也可以通过刑事途径来维护公司的利益。

第三节 解散公司的诉权

法理解说

一、解散公司诉权的概念

解散公司的诉权,又称解散公司请求权,是指公司经营管理发生严重困难,继续存续会使股东利益受到重大损失而无法通过其他途径解决时,股东向法院请求解散公司的权利。

所谓公司经营管理发生严重困难,也即发生"公司僵局"。公司僵局是指股东之间、董事之间以及股东与董事之间,由于公司治理或利益冲突,彼此僵持不愿妥协,导致公司决策和管理机构失灵,公司无法正常运营而陷入瘫痪的状态。[1]

"公司僵局"一旦形成,势必会危害到股东、公司甚至是公司外部人等各方的利益。一是危害公司利益:公司僵局造成公司的决策机构瘫痪,内部管理停滞,延误商机,经营能力和偿债能力遭到减弱,商业信誉降低,威胁公司的发展甚至存续;二是危害股东利益:公司僵局让股东间相互争斗,彼此丧失信任而耗费大量时间精力,难以发挥资本的规模效益,预期投资收益无法实现,浪费投资者的资金投入,控股股东的排挤也极易小股东陷入"经济监狱";三是危害债权人、社会整体利益:公司僵局使公司的外部经济活动受到波折,进而影响公司客户、供应商、场地出租方、债权人的利益,严重的还可能引发劳动者的群体性问题,产生深刻的社会责任。

正是因为公司僵局的问题,《公司法》第182条明确赋予股东解散公司的诉权,以便在公司处于极端状态下的股东获得救济,及时化解纠纷。

---

〔1〕 参见祁妍:《公司僵局及其救济问题研究》,中国政法大学2010年硕士学位论文,第14页。

二、公司解散的分类

依据解散的原因的不同,公司解散可分为自愿解散和强制解散。

自愿解散也称任意解散,是指公司依据公司章程或股东(大)会作出决议而解散,包括:(1)依据章程规定解散;(2)股东(大)会决议解散;(3)公司合并或者分立需要解散。

强制解散是指公司因为违反法律规定,由政府部门或法院的强行命令而发生公司解散,包括:(1)公司依法被吊销营业执照、责令关闭或被撤销;(2)司法解散,是指向法院请求强制解散公司;(3)破产解散,即企业因为资不抵债而申请破产。

解散公司的诉权的行权结果之一就是司法解散。

三、解散公司诉权的适用条件

由于司法解散公司是解决公司僵局的终极手段,根据公司自治原则和司法审慎介入原则,法律对解散公司诉权规定了相当严格的适用条件。

主体资格要件:单独或者合计持有公司全部股东表决权10%以上的股东才有资格提起解散公司之诉。

实体要件,也即法院认定是构成公司僵局的认定标准:

1. 公司经营管理发生严重困难;长期无法召开股东会,长期无法作出股东会决议,董事会长期冲突,公司早已停止经营活动,名存实亡。

2. 继续存续会使股东利益受到重大损失;重大损失不单单是指经济损失,也包括股东参与公司经营、表决权、查阅权、利润分配权等股东权益受到侵害等。

3. 通过其他途径不能解决的;司法解散公司的僵局程度达到了股东穷尽内部救济都无法化解;在诉讼阶段,法院也会进行调解救济,如果可以通过股权转让、股权回购、减资等方式能够使公司继续存续,应尽量避免解散公司。

数据分析

通过对“公司解散纠纷”案由的案例进行检索,共检索出裁判文书10,378

份:其中,判决4943份,占全部裁判文书的47.63%;裁定5399份,占全部裁判文书的52.03%;调解35份,仅占全部裁判文书的0.34%(见图5-13)。

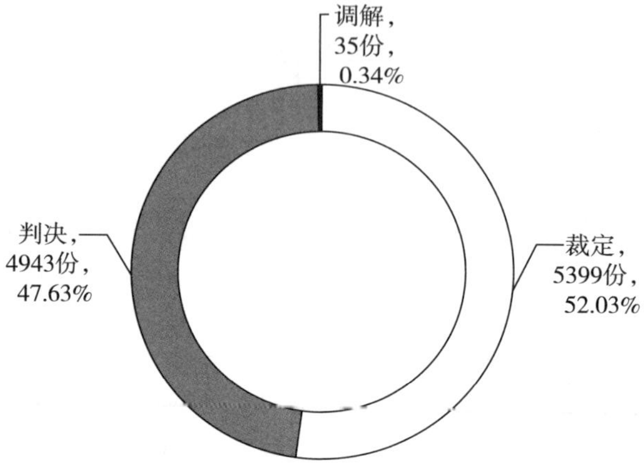

图5-13 公司解散纠纷裁判文书类别占比分析

在5399份裁定中有2619份属于撤诉或者视同撤诉的裁定,占全部裁定的48.50%,从侧面可以反映出司法实践中对公司维持原则的维护及对解散公司的审慎介入。仅有少量案件是通过调解解散,但鉴于调解文书并不在网上公布,实际调解的案件数量应该远比网上公布的数据要多。

按法院的审理层级进行统计,在上述裁判文书中,各级法院审理案件的比例如图5-14所示。

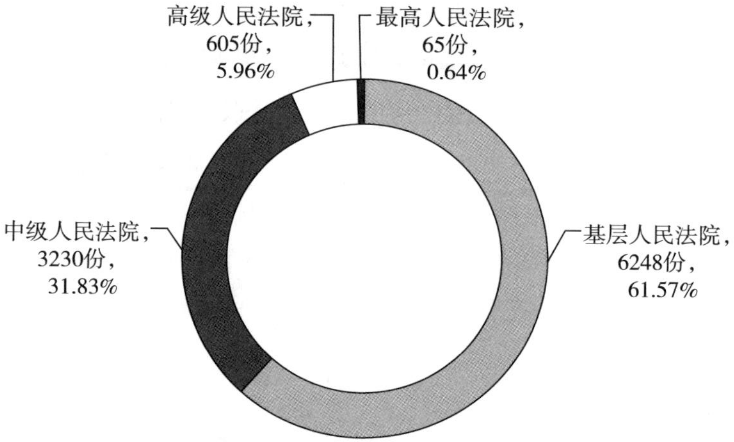

图5-14 公司解散纠纷审理层级占比分析

在图 5－14 中，基层人民法院审理“公司解散纠纷”的案件数量最多，占全部案件的 61.57%；其次是中级人民法院，占全部案件的 31.83%；再次是高级人民法院，占全部案件的 5.96%；最后是最高人民法院，仅占全部案件的 0.64%。

以审判程序为标准进行分类统计，在上述裁判文书中，各级审判程序案件的比例如图 5－15 所示。

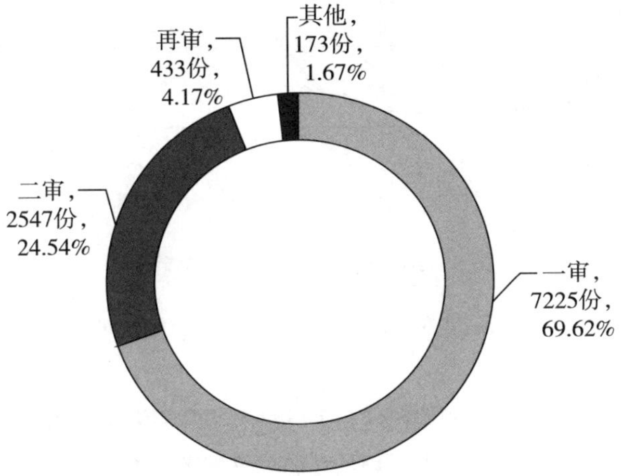

图 5－15 公司解散纠纷审理程序占比分析

一审程序审理的案件数量最多，占全部案件的 69.62%；其次是二审程序，占全部案件的 24.54%；再次是再审案件，仅占全部案件的 4.17%。这些数据基本与法院的审理层级的比例相对应。

按照裁判年份来统计，“请求公司收购股份纠纷”案件的裁判年份分布如图 5－16 所示。

虽然《公司法司法解释(二)》施行之后，公司解散纠纷案件的数量似乎没有太多的增长，但鉴于裁判文书公开制度从 2013 年后才开始实施，实际在 2013 年以前的案件数量应该会高于网上公布的数量。

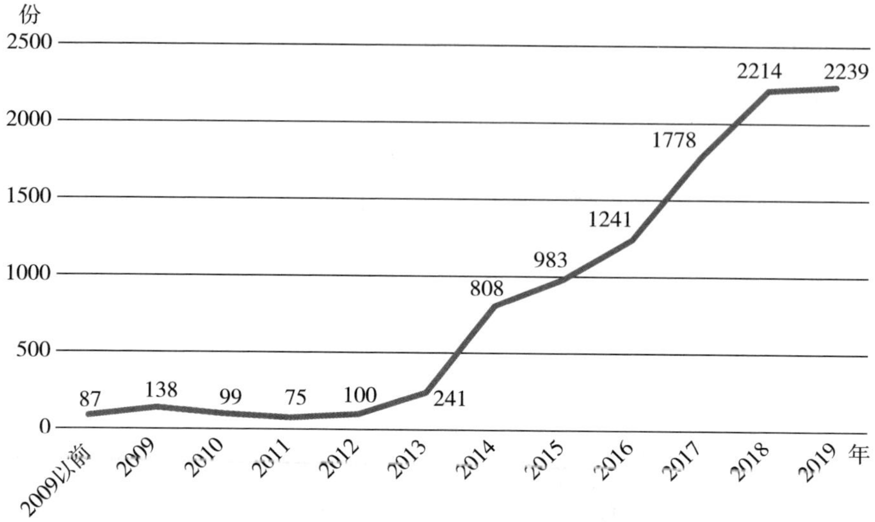

图 5－16　公司解散纠纷历年趋势

按省级行政区域划分，排名前十的省份如图 5－17 所示。

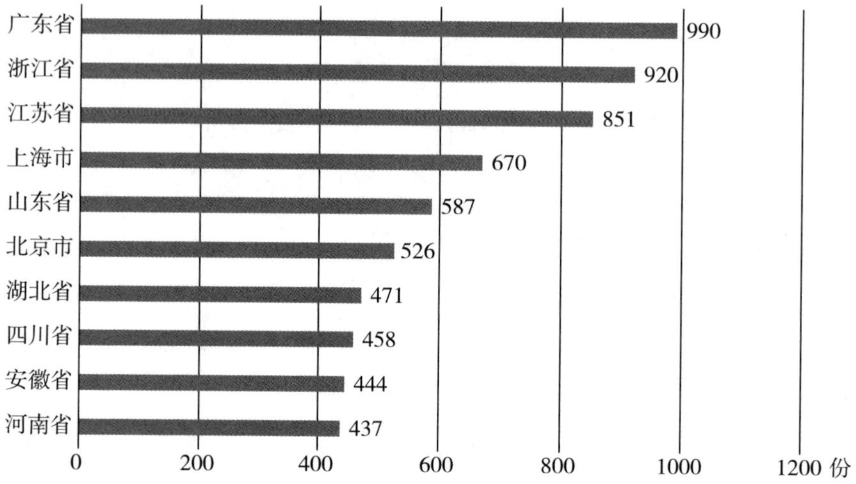

图 5－17　公司解散纠纷区域分布

解散公司纠纷案件数量最多的前五个省级行政区域分别是广东省、浙江省、江苏省、上海市和山东省。

"公司经营发生严重困难"的认定一直是司法实践中的难点，虽有《公司法司法解释（四）》对其认定列举了四种具体情况，但在实践中依然存在困惑，此外,“继续存续会使股东利益受到重大损失”“通过其他途径不能解决”同样也是认定的难点。

裁判规则

在上述4943份裁判文书中有两个案例具有较大的参考价值:一是人民法院报的公报案例,“仕丰公司与富钧公司、第三人永利公司解散纠纷案”,二是最高人民法院的第8号指导性案例,“林方清与常熟市凯莱实业有限公司公司解散纠纷”。下面笔者主要就这两个案例,探析“公司解散纠纷”中的相应认定标准。

裁判规则一:《公司法》所规定的公司经营管理发生严重困难,继续存续会使股东利益受到重大损失,通过其他途径不能解决的认定标准。

案例　富钧新型复合材料(太仓)有限公司、仕丰科技有限公司与永利集团有限公司公司解散纠纷案

案号:(2011)民四终字第29号

案情简介

富钧新型复合材料(太仓)有限公司(以下简称富钧公司)注册资本1000万美元,其中永利公司占40%的出资比例,仕丰科技有限公司(以下简称仕丰公司)占60%的出资比例。2004年4月28日,在仕丰公司缺席情况下,永利集团有限公司(以下简称永利公司)假冒仕丰公司董事签名,伪造董事会决议,单方修改章程,确定“董事长由乙方(永利公司)委派”,以虚假材料报批并进行了变更登记。永利公司通过欺诈手段,使其委派的董事黄崇胜“合法”地通过董事长地位控制富钧公司,将仕丰公司委派董事排挤出富钧公司,并与其关联公司恶意交易,严重损害富钧公司大股东利益。富钧公司长期不召开董事会,未向仕

丰公司通报经营及财务状况，永利公司又拒绝仕丰公司关于纠正公司治理结构的合理主张，仕丰公司作为股东所享有的资产收益、参与重大决策和选择管理者的权利完全落空。仕丰公司认为，富钧公司股东间的利益冲突和矛盾，使富钧公司的运行机制完全失灵，作为权力机构的董事会无法对富钧公司的任何事项作出决议，公司运行陷于僵局，经营管理发生严重困难，导致富钧公司及大股东合法利益受到严重侵害，遂向法院起诉要求解散公司。

裁判观点

一审法院认为，首先，富钧公司经营管理发生严重困难。经营管理严重困难是有限责任公司陷入僵局的第一个要件。所谓公司僵局，是指在公司内部治理过程中，公司因股东间或公司管理人员之间的利益冲突和矛盾，一切决策和管理机制均陷入瘫痪，股东大会或董事会由于对方的拒绝参加而无法召集，任何一方的提议都不被其他方接受或认可，或者即使能够举行会议，也因各方成员持有不同的见解，而无法通过任何决议的一种状态。

在本案中，富钧公司经营管理已经发生严重困难：一是富钧公司的最高权力机构——董事会长期无法履行职能。自 2005 年 4 月 7 日后，董事会在长达 6 年多时间内未能履行章程规定的职能。二是公司董事冲突长期无法解决。数年来富钧公司三个董事均通过律师进行函件往来，但并未能就解除公司经营管理的分歧达成一致，冲突始终存在。三是公司章程规定的公司经营管理模式成为空设。在富钧公司章程中规定总经理执行董事会的各项决议，行使公司的日常经营管理业务。张某钦作为富钧公司聘用的总经理长期不进行公司经营管理，公司由一方股东委派的董事长一人进行管理，使公司章程规定的公司治理结构成为空设。

其次，公司继续存续会使公司股东权益受到重大损失。一方面，从富钧公司的经营状况来看，股东的投资长期未能获得回报。富钧公司自成立开始至今一直处于亏损状态。另一方面，从富钧公司的管理来看，现代公司治理结构未能发挥有效作用。由于双方股东的冲突始终不能得到解决，富钧公司一直由永利公司委派的董事长单方进行管理，作为公司的大股东仕丰公司却游离于公司之外，不能基于其投资享有适当的公司经营决策、管理和监督的股东权利，其股东权益受到重大损失。

最后，经过多方努力无法解决公司僵局。富钧公司股东间发生冲突后，双方股东均通过多种途径力图化解纠纷，但均未能成功。一方面，股东双方自行进行沟通协调未能达成共识；另一方面，在提起诉讼之后，在人民法院的主持下，三方进行了多轮的调解，但均未能达成意见一致的调解协议。

一审法院认定富钧公司经营管理发生严重困难，继续存续会使股东利益受到重大损失，且通过其他途径也无法解决，判决解散富钧公司。后被告不服提起上诉。

裁判观点

最高人民法院认为，本案应当根据《公司法》第 183 条以及《公司法司法解释（二）》的规定审查仕丰公司请求解散富钧公司的主张能否成立。

《公司法》第 183 条[1]规定："公司经营管理发生严重困难，继续存续会使股东利益受到重大损失，通过其他途径不能解决的，持有公司全部股东表决权百分之十以上的股东，可以请求人民法院解散公司。"《公司法司法解释（二）》第 1 条第 1 款[2]规定："单独或者合计持有公司全部股东表决权百分之十以上的股东，以下列事由之一提起解散公司诉讼，并符合公司法第一百八十三条规定的，人民法院应予受理：（一）公司持续两年以上无法召开股东会或者股东大会，公司经营管理发生严重困难的；（二）股东表决时无法达到法定或者公司章程规定的比例，持续两年以上不能做出有效的股东会或者股东大会决议，公司经营管理发生严重困难的；（三）公司董事长期冲突，且无法通过股东会或者股

〔1〕 2018 年《公司法》修改为第 182 条。

〔2〕 《最高人民法院关于修改关于适用〈中华人民共和国公司法〉若干问题的规定的决定》第 3 条规定："《最高人民法院关于适用〈中华人民共和国公司法〉若干问题的规定（二）》（法释〔2008〕6 号，以下简称《规定（二）》第一条第一款中的'第一百八十三条'修改为'第一百八十二条'。"

东大会解决,公司经营管理发生严重困难的;(四)经营管理发生其他严重困难,公司继续存续会使股东利益受到重大损失的情形。”上述规定既是公司解散诉讼的立案受理条件,同时也是判决公司解散的实质审查条件。

首先,关于富钧公司是否经营管理发生严重困难。公司经营管理严重困难包括两种情况:一是公司权力运行发生严重困难,股东会、董事会等权力机构和管理机构无法正常运行,无法对公司的任何事项作出任何决议,即公司僵局情形;二是公司的业务经营发生严重困难,公司经营不善、严重亏损。如公司仅业务经营发生严重困难,不存在权力运行严重困难的,根据《公司法司法解释(二)》第1条第2款的规定,不符合《公司法》第183条的解散公司条件。

根据富钧公司章程的规定,富钧公司董事会是公司最高权力机关,仕丰公司和永利公司均以委派董事的形式对富钧公司进行经营管理,即由董事会直接行使董事会和股东会的双重职能。同时,根据富钧公司章程规定,生产销售计划、财务预算决算方案、财务决算盈利和亏损的处理方法、经理级以上高级职员的任免等公司经营管理事项均需要全体董事同意才能生效。富钧公司治理结构由股东特别约定而实行的严格一致表决机制,使人合性成为富钧公司最为重要的特征。富钧公司权力决策机制长期失灵,无法运行长达7年时间,属于《公司法司法解释(二)》第1款第1项、第2项规定的经营管理严重困难的公司僵局情形。

其次,关于公司解散是否应当考虑公司僵局产生的原因以及过错。法院认为,公司能否解散取决于公司是否存在僵局以及是否符合《公司法》第183条规定的实质条件,而不取决于公司僵局产生的原因和责任。《公司法》第183条没有限制过错方股东解散公司,因此,即使一方股东对“公司僵局”的产生具有过错,其仍然有权依据该条规定,请求解散公司。在本案中,仕丰公司提出解散富钧公司的背景情况为,富钧公司已陷入公司僵局并由永利公司单方经营管理长达7年,仕丰公司持有60%的股份,其行使请求司法解散公司的诉权,符合《公司法》第183条的规定,不属于滥用权利、恶意诉讼的情形。至于仕丰公司委派的董事张博钦,是否存在违反董事竞业禁止义务的过错行为、应否承担赔偿富钧公司损失的民事责任,由富钧公司通过另案解决,与本案无涉。

再次，关于富钧公司继续存续是否会使股东利益受到重大损失。从富钧公司经营情况看，富钧公司僵局形成后，公司经营即陷入非常态模式，在永利公司单方经营管理期间，富钧公司业务虽然没有停顿，但持续亏损，没有盈利年度，公司经营能力和偿债责任能力显著减弱，股东权益已大幅减损至不足实收资本的1/2。富钧公司关于其生产经营正常，亏损额正在减少，无法实现预期的经营目的。综合上述情况，富钧公司不仅丧失了人合基础，权力运行严重困难，同时业务经营也处于严重困难状态，继续存续将使股东利益受到重大损失。

最后，关于替代解决途径的可行性。《公司法司法解释(二)》第5条第1款规定："人民法院审理解散公司诉讼案件，应当注重调解。当事人协商同意由公司或者股东收购股份，或者以减资等方式使公司存续，且不违反法律、行政法规强制性规定的，人民法院应予支持。当事人不能协商一致使公司存续的，人民法院应当及时判决。"公司僵局并不必然导致公司解散，司法应审慎介入公司事务，凡有其他途径能够维持公司存续的，不应轻易解散公司。然而，本案经过一审、二审法院多轮的调解，永利公司和仕丰公司始终不能就转让股权、公司回购或减资等维系富钧公司存续的解决方案达成合意。尤其是在二审调解过程中，仕丰公司愿意受让永利公司股权，使富钧公司存续，其与永利公司就股权转让价格亦基本达成一致，但由于富钧公司不愿意全面公开在永利公司单方经营期间的经营状况和对外债务，故最终未能达成调解协议。《公司法》没有确立解决公司僵局的其他替代性救济措施，现富钧公司的持续性僵局已经穷尽其他途径仍未能化解，如维系富钧公司，股东权益只会在僵持中逐渐耗竭。相较而言，解散富钧公司能为双方股东提供退出机制，避免股东利益受到不可挽回的重大损失。

裁判结果

一审法院判决解散富钧公司；二审法院判决维持一审判决。

裁判规则二:公司本身是否处于盈利状况并非判断公司经营管理是否发生严重困难的必要条件。

案例 林某清与常熟市凯莱实业有限公司公司解散纠纷案

案号:(2010)苏商终字第0043号

案情简介

林某清与戴某明共同出资注册成立了常熟市凯莱实业有限公司(以下简称凯莱公司),双方各占50%的股份,林某清担任监事,戴某明担任执行董事兼总经理。凯莱公司成立至今,戴某明作为执行董事兼总经理一直掌控着公司的财务及经营权,采用各种手段剥夺林某清作为股东及监事的权利。自2005年10月以来,凯莱公司未按公司章程的规定召开股东会,也未按《会议纪要》的要求每月召开一次执行董事向监事通报情况的碰头会。2006年5月9日林某清发出《关于召开临时股东会的通知》,但是,戴某明却无故不参加会议。此后,在2006年6月1日召开的临时股东会上,林某清提交了《股东、监事林某清在临时股东会上的书面意见》,阐述林某清与戴某明之间的冲突,并提出由执行董事戴某明报告财务情况、选举林某清为执行董事以及解散凯莱公司等要求,但由于戴某明不愿按公司章程规定的程序进行表决,股东会最终无法形成决议。林某清多次要求凯莱公司和戴某明提供相关财务账册供其查阅,并要求凯莱公司分红,但均无成效。之后,林某清委托律师多次向凯莱公司发函并与戴某明协商,要求注销鞋都分公司、运动鞋广场,解散凯莱公司、进行清算,也均无结果。综上,林某清的股东权益受到严重损害,凯莱公司的经营管理已发生严重困难,通过其他途径无法解决,故请求解散凯莱公司。

裁判观点

江苏省高级人民法院认为：

1. 凯莱公司的经营管理已发生严重困难

公司的正常经营管理建立在其权力机构(股东会)、执行机构(董事会或执行董事)及监督机构(监事会或监事)有效运行的基础上，判断一个公司的经营管理是否出现严重困难，应从上述组织机构的运行现状入手，加以综合分析。

(1)凯莱公司已持续4年未召开股东会，亦未形成有效的股东会决议，股东会机制已经失灵。《公司法司法解释(二)》第1条第1款的规定，“公司持续两年以上无法召开股东会或者股东大会，公司经营管理发生严重困难的”或“股东表决时无法达到法定或者公司章程规定的比例，持续两年以上不能做出有效的股东会或者股东大会决议，公司经营管理发生严重困难的”，单独或者合计持有公司全部股东表决权10%以上的股东，以上述事由之一提起解散公司诉讼，并符合《公司法》第183条规定的，人民法院应予受理。该规定既是人民法院受理解散公司诉讼案件的形式审查依据，也是判断公司是否符合解散条件的实体审查依据。根据上述规定，“公司持续两年以上无法召开股东会或者股东大会”以及“股东表决时无法达到法定或者公司章程规定的比例，持续两年以上不能做出有效的股东会或者股东大会决议”这两种具体情形，均属于判断公司是否出现股东僵局的重要参考因素。在本案中，凯莱公司仅有戴某明与林某清两名股东，两人各占50%的股份，拥有对等的表决权，同时，凯莱公司章程规定“股东会的决议须经代表二分之一以上表决权的股东通过”，且各方当事人一致认可该“二分之一以上”不包括本数，因此，凯莱公司只有在两位股东意见一致的情况下才能作出有效的股东会决议。凯莱公司的持股比例与议事规则无异于赋予股东一票否决权，只要两位股东的意见存有分歧、互不配合，就无法形成有效表决，进而影响公司的运作。可见，凯莱公司关于股东持股比例、议事方式与表决程序的制度设计本身，使该公司更易于出现表决僵局，而且僵局一旦形成，难以打破。从2006年6月1日之后，凯莱公司再未召开过股东会。凯莱公司持续未召开股东会、无法形成有效股东会决议的时间至今已长达 4 年,凯莱公司不能也不再通过股东会决议的方式管理公司,形成了股东僵局,股东会机制已经失灵。

(2)凯莱公司执行董事管理公司的行为已不再体现权力机构的意志。根据公司章程,凯莱公司不设董事会,仅设执行董事一名,由股东戴某明担任。由于出现股东僵局,凯莱公司股东会不能形成有效决议,无法行使章程规定的决定公司经营方针与投资计划、审议批准执行董事的报告等相关职权。同时,执行董事戴某明正是互有矛盾的两名股东之一。在此情况下,凯莱公司的执行机构即执行董事戴某明管理公司的行为,已不再依据股东会的决议,无法贯彻权力机构的意志,相反,体现的正是对立股东中一方的个人意志。可见,凯莱公司股东会机制的失灵已进一步影响执行机构的运作。

(3)凯莱公司的监督机构无法正常行使监督职权。根据公司章程,凯莱公司不设监事会,仅设监事一名,由林某清担任,但是,林某清并不能正常行使监事职权。林某清关于查询财务资料的要求一再遭到拒绝。根据《公司法》第 54 条第 1 项的规定,监事会、不设监事会的公司的监事有行使“检查公司财务”的职权,且对于监事的该项监督职权,《公司法》并未设置限制条件,但执行董事戴某明却以林某清未提交书面查阅申请、未说明查账目的等理由不予配合,监事林某清无法有效地对执行董事戴某明的行为进行监督及纠正。可见,由于林某清与戴某明之间的矛盾,凯莱公司的监督机构实际上已无法发挥监督的作用。

(4)公司本身是否处于盈利状况并非判断公司经营管理是否发生严重困难的必要条件。根据《公司法》第 183 条以及《公司法司法解释(二)》第 1 条的相关规定,“公司经营管理发生严重困难”主要是指管理方面存有严重内部障碍,如股东会机制失灵、无法就公司的经营管理进行决策等,不应理解为资金缺乏、亏损严重等经营性困难。在本案中,在凯莱公司的内部机制已无法正常运行、无法对公司的经营作出决策的情况下,即使尚未处于亏损状况也不能改变该公司的经营管理已陷入困境的局面。因此,凯莱公司与戴某明以公司仍在盈利为由,认为凯莱公司的经营管理尚未发生严重困难的观点,法院不予采纳。

综上,凯莱公司作为一个法律拟制的法人机构,其权力机构、执行机构、监督机构均无法正常运行，凯莱公司的经营管理已发生严重困难。

2. 凯莱公司继续存续会使股东林某清的利益受到重大损失

作为股东来讲，投资设立公司的最终目的是获得收益。股东通过参与公司决策、行使股东权利来争取利益的最大化、保证收益的及时获取。公司的经营管理如果出现严重困难，则有可能影响公司的正常运转以及股东权利实现通道的畅通，进而对股东的利益构成严重损害。在本案中，凯莱公司的内部运作机制早已失灵。林某清虽为持有凯莱公司50%股份的股东及监事，但其股东权、监事权长期处于被剥夺的状态。由于凯莱公司长期不召开股东会，林某清并不能通过行使表决权来参与公司决策，亦不能有效地行使监督权。林某清投资设立凯莱公司的目的无法实现，合法权益遭到损害，如果这样的局面继续存续，林某清的合法权益将进一步遭受重大损失。

3. 凯莱公司的僵局通过其他途径长期无法解决

将调解等其他救济途径设置为司法解散公司的前置程序是因为，司法解散将导致公司主体资格的消灭，且具有不可恢复性，处理不当可能导致社会资源浪费。但是，立法对此所抱的谨慎态度并不等同于前置程序可以久拖不决。对于那些已经陷入严重经营管理困难的公司，在通过其他多种方法仍无法化解纠纷时，只能通过司法解散公司这一股东退出机制来打破僵局。因此，在强调司法解散公司前置程序的同时，《公司法司法解释(二)》第5条明确规定“当事人不能协商一致使公司存续的，人民法院应当及时判决”，否则，过于冗长的前置程序可能使公司司法解散机制形同虚设。在本案中，林某清在提起公司解散诉讼之前，已通过其他途径试图化解与戴某明之间的矛盾，如聘请中间人进行调和、要求查阅财务账册等，双方的沟通还涉及凯莱公司内部制度的修改、重新选举执行董事与监事、收购股权等。进入诉讼程序之后，服装城管委会作为管理部门曾组织各方当事人调解，并提出了对凯莱公司进行审计、修改章程、聘请职业经理人进行管理等建议性方案，对此，各方当事人仍未能达成一致意见。一审、二审法院也从慎用司法手段强制解散公司的角度出发，给予各方当事人充分的时间进行调解，并组织当事人探寻化解僵局的办法，但均无成效。据此，法院认为，凯莱公司的股东已穷尽了其他救济途径，仍无法打破公司僵局，符合通过司法程序解散公司的条件。在此情况下,如果再要求林某清继续通过其他途径解决矛盾,不符合《公司法司法解释(二)》第5条的规定,也有违公司司法解散前置程序的立法本意。

裁判结果

一审法院判决驳回原告起诉;二审法院判决撤销一审判决,改判解散凯莱公司。

裁判规则三:股东提起解散公司诉讼时,向人民法院申请财产保全或者证据保全的,在股东提供担保且不影响公司正常经营的情形下,才可予以保全。

案例 湖南坤德置业投资有限公司、赵某宇公司解散纠纷案

案号:(2019)湘0903民初6032号之二

案情简介

原告赵某宇(系被告公司股东)向法院请求解散被告湖南坤德置业投资有限公司(以下简称坤德公司),并申请了保全措施,禁止坤德公司对外销售房产的行为。后坤德公司认为禁止销售房产的保全裁定影响其正常经营,将导致复议申请人巨额损失,并引发社会矛盾影响社会稳定,故向法院申请保全复议。

裁判观点

益阳市赫山区人民法院认为,现复议申请人坤德公司认为被申请人赵某宇申请的(2019)湘0903民初6032号财产保全民事裁定书影响其正常经营为由提出复议,法院对该复议理由予以采纳,被申请人赵某宇作为公司股东如认为复议申请人湖南坤德置业投资有限公司会低价处置公司财产或转移财产造成

其损失，其可另行提起损害股东利益责任纠纷之诉。法院对复议申请人湖南坤德置业投资有限公司的复议予以支持。

裁判规则四：凡有其他途径能够维持公司存续的，不能轻易解散公司，通过解散公司解决公司僵局，前提是在穷尽救济手段仍不能时。

案例　李某、李某滟等与贵州东联名车广场有限公司公司解散纠纷案

案号：安顺市平坝区人民法院(2018)黔0403民初1505号

案情简介

原告李某、李某滟与第三人丁某共同出资2000万元人民币，于2013年11月7日在安顺市××区市场监督管理局注册成立贵州东联名车广场有限公司(以下简称东联公司)，其中二原告合计持有公司50%的股权，第三人持有公司50%的股权。

公司成立后，二原告及第三人共同经营和管理该公司，因该项目投资金额过亿，大部分资金都不是自有资金，资金成本巨大。2014年第三人丁某欲收购二原告股权，三方就股权转让事宜进行了协商，因就收购条件未达成一致，致股权转让未果。由于资金困难及管理不善，导致公司所出售的房屋都无法按时交付，严重逾期，业主多次起诉至平坝区人民法院。另外，由于资金缺口巨大，导致工程款无法按时足额支付，引发了故意伤害的刑事案件。现由于装修款的缺失，整个项目基本处于半停工状态。从2014年起，公司持续多年无法按照公司章程规定召开股东大会。

公司继续存续会使股东利益及业主利益受到重大损失，为妥善解决公司经营管理发生的严重困难，提出解散公司。

裁判观点

本案争议的焦点问题是,东联公司是否符合《公司法》的规定及东联公司章程约定的公司解散条件。根据《公司法司法解释(二)》第1条第1款的规定,“单独或者合计持有公司全部股东表决权百分之十以上的股东,以下列事由之一提起解散公司诉讼,并符合公司法第一百八十二条规定的,人民法院应予受理:(一)公司持续两年以上无法召开股东会或者股东大会,公司经营管理发生严重困难的;(二)股东表决时无法达到法定或者公司章程规定的比例,持续两年以上不能做出有效的股东会或者股东大会决议,公司经营管理发生严重困难的;(三)公司董事长期冲突,且无法通过股东会或者股东大会解决,公司经营管理发生严重困难的;(四)经营管理发生其他严重困难,公司继续存续会使股东利益受到重大损失的情形”。公司解散应符合如下条件:公司经营管理发生严重困难、继续存续会使公司股东利益受到重大损失、通过其他途径无法解决。所谓公司经营管理严重困难包括两种情况:一是公司权力运行发生严重困难,股东会、董事会等权力机构和管理机构无法正常运行,无法对公司的任何事项作出任何决议,即公司出现僵局情形;二是公司的业务经营发生严重困难,公司管理出现混乱。判断公司的经营管理是否出现严重困难,应当从公司的股东会、执行董事的运行现状进行综合分析,公司经营管理发生严重困难的侧重点在于公司管理存在严重内部障碍,如股东会机制失灵,无法就公司的经营管理进行决策等,不应片面理解为公司资金缺乏、严重亏损等经营性困难。就本案而言,截至二原告起诉时,被告东联公司经营上能够正常对外开展各项业务:支付工程款、缴纳相关税费、提供担保等;管理上,公司股东会能够对东联公司对外事务形成有效股东会决议,公司经营管理正常。二原告提供的证据不足以证明公司的经营管理发生严重困难,不符合上述法律的规定;且原告李某作为东联公司执行董事也未举证证明自己已经履行提议召开临时股东会议的职责。《公司法》第182条规定:“公司经营管理发生严重困难,继续存续会使股东利益受到重大损失,通过其他途径不能解决的,持有公司全部股东表决权百分之十以上的股东,可以请求人民法院解散公司。”即使被告东联公司可能存在公司法及司法解释规定的公司经营管理发生严重困难,继续存续会使股东利益受到重大损失的情形,公司股东之间也应先行通过其他途径努力解决经营管理上的困难。在庭审中,二原告称与第三人对股权收购进行过协商,未达成一致意见,但并未提交股东之间进行过股权收购协商的相关证据,也未提供证据证明已穷尽相应的救济方式仍然不能解决其所谓的公司困境,故二原告不能证明其已穷尽救济手段后仍然无法解决东联公司经营管理上的困难,必须通过解散公司解决所谓的公司僵局。

《东联公司公司章程》第 34 条对公司解散情形的规定与《公司法》第 180 条关于公司解散原因的规定一致。综上,二原告要求解散被告东联公司的理由不符合法定公司解散及东联公司章程约定的公司解散情形,故二原告的诉讼请求,本院不予支持。

裁判结果

法院判决驳回原告李某、李某滟的诉讼请求。

案例启示

一、提起公司解散之诉的条件

并非所有股东都能起诉请求解散公司。只有持有公司全部股东表决权 10% 以上的股东,可以在符合法定条件时,请求人民法院解散公司。《公司法》第 182 条规定:公司经营管理发生严重困难,继续存续会使股东利益受到重大损失,通过其他途径不能解决的,持有公司全部股东表决权百分之十以上的股东,可以请求人民法院解散公司。

二、提起公司解散之诉的情形要求

法律规定在以下四种情况下,公司经营管理发生严重困难,继续存续会使股东利益受到重大损失，通过其他途径不能解决的，持有公司全部股东表决权10%以上的股东，可以请求人民法院解散公司：

1. 公司持续2年以上无法召开股东会或者股东大会，公司经营管理发生严重困难的；

2. 股东表决时无法达到法定或者公司章程规定的比例，持续2年以上不能作出有效的股东会或者股东大会决议，公司经营管理发生严重困难的；

3. 公司董事长期冲突，且无法通过股东会或者股东大会解决，公司经营管理发生严重困难的；

4. 经营管理发生其他严重困难，公司继续存续会使股东利益受到重大损失的情形。

除以上四种情形外，以其他理由起诉解散公司的，法院不予受理。

三、提起公司解散之诉的被告要求

1. 股东提起解散公司诉讼应当以公司为被告。

2. 原告以其他股东为被告一并提起诉讼的，人民法院应当告知原告将其他股东变更为第三人；原告坚持不予变更的，人民法院应当驳回原告对其他股东的起诉。

3. 原告提起解散公司诉讼应当告知其他股东，或者由人民法院通知其参加诉讼。其他股东或者有关利害关系人申请以共同原告或者第三人身份参加诉讼的，人民法院应予准许。

四、注意防范公司僵局的发生

设计合理的股权架构，明确各个股东间的权、责、利，股权架构应尽量避免出现持股均等，否则容易导致公司僵局的产生。通过公司章程或合作协议，确认各方的权利义务，设立合理的公司治理结构，退出机制、争议解决方式等。

五、需要穷尽内部手段化解公司僵局

解散公司是化解公司僵局最后的手段，司法权对此是审慎介入，在发生公司僵局时,股东应该积极尝试化解矛盾,例如,召开股东会、董事会对相关事项进行表决,或者是通过股权回购、股权转让等方式退出公司,如涉及知情权、利润分配请求权等权利,有其他救济途径进行救济,只有在穷尽了内部方式仍无法化解公司僵局时,才能适用解散公司的诉权。

第六章　股权衍生的热点问题

第一节　估值调整机制

法理解说

一、估值调整机制

估值调整机制，是指企业估值与融资投资持股比例或然性的一种约定安排，更完整的表述是“收购方（包括投资方）与出让方（包括融资方）在达成并购（或者融资）协议时，对于未来不确定的情况进行一种约定。如果约定的条件出现，融资方可以行使一种权利；如果约定的条件不出现，投资方则行使一种权利”。所以，估值调整机制实际上就是期权的一种形式，投资方往往成为融资方的新股东，新股东通过该机制拥有了“一揽子”权利，这些权利类似但又不等同于优先购买权、回购请求权、利润分配请求权等一系列股东受益权。

专业术语的解释常常会对理解造成更大的障碍，对于估值调整机制这种舶来品，国人精辟传神的将其翻译为“对赌协议”，以至于“对赌协议”代替了其原来的名称，甚至在法律文书中也使用该词。为了叙述方便，下文均将估值调整机制称为对赌协议。

二、对赌协议的架构

（一）对赌对象

对赌对象通俗地说就是“赌什么”。在理论上，只要某一变量可能会对目标公司的经营产生影响，都可成为对赌对象。常见的对赌对象如下。

1. 上市。这是一个本原的对赌对象，就原始投资而言，获取暴利的最快方式就是目标公司上市后变现退出。如果说其他对赌对象是过程性对赌工具，能否上市则是结果性对赌工具，投资人会提出一个时间节点，如果目标公司在该节点未能实现上市，则会触发退出条款和退出赔(补)偿。

2. 利润及其他业绩指标。投资是为了钱生钱，预期的利润就成了投资方常见的对赌对象，一般是经会计师事务所审计确认的税前利润。同时，根据目标公司的具体情况，投资人也会对公司的销售收入、利润率等其他财务指标予以要求。

3. 公司关键人员的锁定。投资人常常会对公司关键人员的稳定性加以要求。这里的公司关键人员并不只包括管理层，也包括关键技术人员。甚至有的投资人还对目标公司的实际控制人或大股东的家庭生活提出要求，如不得在一定时间内离婚。

(二) 对赌参与者

对赌中的一方是固定的投资人，所以对赌参与者专指对赌中的另一方，通俗来说就是“和谁赌”。对赌参与者既可以是目标公司的实际控制人或创始股东，也可以是目标公司自身。投资人为了降低自身风险，往往会让以上三者承担连带责任。

(三) 对赌方式

对赌方式通俗地说就是“怎么赌”。绝大多数对赌都是单向对赌，即仅约定了当目标未实现时，投资人享有的权利，而未约定当目标实现时，投资人应承担的责任。常见的对赌方式如下。

1. 补偿型方式

该方式主要约定的是当目标公司未能实现对赌协议规定的业绩指标时，目标公司、公司实际控制人或创始股东将向投资人进行补偿，这种补偿既可能是支付一定金额的现金，也可能是目标公司实际控制人或创始股东持有的目标公司的股权，还可能是目标公司向投资人以极低的价格定向增发。

2. 回赎型方式

该对赌方式主要针对拟上市的目标公司。当目标公司未能实现在约定时段上市时,投资人有权要求对赌参与者以投资款加固定回报的价格回购投资人持有的全部股份。

三、对赌协议的有效性

不同类型的对赌参与者和对赌方式往往会在一份对赌协议中同时出现。大多数投资人在目标公司仅仅是业绩没达标时并不会直接要求业绩补偿,而是会观望公司是否有上市的机会。一旦投资人预测公司上市无望后,通常会考虑撤资,要求参与对赌的另一方按照对赌协议进行股权回购和业绩补偿;甚至会同时主张连续好几年的业绩补偿。如此,投资人主张的数额将是其投资额的数倍,由此,实现其收回投资和获取高额利润的目的。

但这样就会使投资人旱涝保收,不符合股权投资的实质。目标公司上市成功或业绩达标固然是皆大欢喜,而目标公司一旦业绩不佳,在本就资金紧张的情况下却仍需支付巨额款项,无法把资金用于公司的运营,不利于公司本身的正常经营。并且,目标公司或原始股东回购投资人的股权或向投资人支付赔偿款,可能会造成实质上的股东(投资人)抽逃出资的情形,损害了目标公司债权人和公司其他股东的利益。为了平衡投资人、目标公司和目标公司债权人的利益,经过多年法律法规的制定修改和司法实践,目前我国已确立了将对赌协议效力与协议履行分开处理的原则。

(一)与实际控制人对赌

如不存在法定无效事由,该类对赌协议有效,并且不存在不能履行的问题。目标公司的实际控制人并非公司股东,此类对赌协议更类似于担保协议,属于“周瑜打黄盖,一个愿打一个愿挨”。

(二)与原始股东对赌

如不存在法定无效事由,此类对赌协议有效。但是,如果原始股东对赌失败,会涉及公司债权人利益和其他原始股东利益,所以原始股东能否履行对赌协议需要法院就个案进行审查。

（三）与目标公司对赌

此类对赌是产生纠纷最多的对赌类型，即使不存在法定无效事由，其有效性也必须要经过法院个案审查，在实践中主要存在两种情形。

1. 投资人请求目标公司回购股权。法院依据《公司法》关于“股东不得抽逃出资”和关于股份回购的强制性规定进行审查。目标公司如未完成减资程序的，法院会驳回其诉讼请求。

2. 投资方请求目标公司承担金钱补偿义务的，法院依据《公司法》关于“股东不得抽逃出资”和关于利润分配的强制性规定进行审查。目标公司如没有利润或者虽有利润但不足以补偿投资人的，法院会驳回或者部分支持其诉讼请求。当今后目标公司有利润时，投资人可另行提起诉讼。

裁判规则

裁判规则一：补偿型对赌中与公司对赌无效，与股东对赌有效。投资者与目标公司的补偿条款直接或间接损害公司利益和公司债权人利益，该条款无效。但目标公司股东对投资者的补偿承诺不违反法律法规的禁止性规定，是有效的。在合同约定的补偿条件成立的情况下，根据合同当事人意思自治、诚实信用的原则，引资者应信守承诺，投资者应当得到约定的补偿。

案例　甘肃世恒有色资源再利用有限公司、香港迪亚有限公司与苏州工业园区海富投资有限公司、陆某增资纠纷案

案号：（2012）民提字第11号

案情简介

投资人苏州工业园区海富投资有限公司（以下简称海富公司）与目标公司

甘肃世恒有色资源再利用有限公司(以下简称世恒公司)及原始股东迪亚(系目标公司的唯一股东)、自然人陆某(系目标公司法定代表人)签订了对赌协议。该协议约定:投资人向目标公司增资入股后,如目标公司未完成年净利润指标,投资人有权要求目标公司予以补偿;如果目标公司未能履行补偿义务,投资人有权要求原始股东补偿。因目标公司未完成净利润,投资人向兰州市中级人民法院提起诉讼,要求目标公司原始股东及实际控制人支付补偿款。

兰州市中级人民法院一审认为该对赌协议损害了公司利益,违反了《中外合资经营企业法》(已废止)、《公司法》等法律法规的强制性规定,协议无效,驳回了投资人的全部诉讼请求。投资人向甘肃省高级人民法院提起上诉。

甘肃省高级人民法院二审认为,该对赌协议违反了投资领域风险共担的原则,名为"入股"实为"借贷",协议无效。但目标公司和原始股东应对协议无效承担主要过错责任,判令目标公司与原始股东共同返还新投资人投资款及占用期间的同期定期存款利息。目标公司与原始股东向最高人民法院提起再审。

裁判观点

最高人民法院认为,对赌协议中投资人有权从目标公司处获得补偿,使投资人的投资可以取得相对固定的收益,该收益脱离了目标公司的经营业绩,损害了公司利益和公司债权人利益,一审和二审法院根据《公司法》第20条和《中外合资经营企业法》(已废止)第8条的规定认定对赌协议中该条款无效是正确的。但二审法院认定新投资人的投资名为联营实为借贷,判决目标公司和原股东返还投资款,没有法律依据,予以纠正。对赌协议中原始股东对于投资人的补偿承诺并不损害公司及公司债权人的利益,不违反法律法规的禁止性规定,是当事人的真实意思表示,是有效的。

裁判结果

最高人民法院撤销了二审判决,判决原始股东向投资人支付协议补偿款,目标公司和目标公司法定代表人无须承担任何责任。

裁判规则二：回赎型对赌中与原始股东对赌有效，原始股东应承担股票回购义务。对赌条款在内容上隐含有非正义性的保底性质，容易与现行法律规定的合同无效情形相混淆，且无对应的法律条文予以规范，故应从股利交易、尊重当事人意思自治、维护公共利益和保障商事交易的过程正义四方面确定对赌条款的法律效力。

案例　上海瑞沨股权投资合伙企业与连云港鼎发投资有限公司、朱某起股权转让合同纠纷案

案号：(2014)沪一中民四(商)终字第730号

案情简介

投资人上海瑞沨股权投资合伙企业(以下简称瑞沨投资)与目标公司乐园公司及其两名原始股东朱某起和鼎发公司签订了对赌协议。协议约定：如目标公司未如期上市，投资人有权要求两名原始股东以现金方式回购瑞沨投资所持的目标公司全部或部分公司股权。后目标公司未如期上市，投资人诉请两名原始股东承担回购义务。一审法院支持了投资人的诉请，两名原始股东向上海市第一中级人民法院提起上诉。

裁判观点

二审法院认为，"对赌协议"设计的初衷是高效促成交易、良性引导目标公司的经营管理、降低投资风险，且对于双方交易起到一定的担保功能，同时还隐含有一定程度对于目标公司估值调整的期权。由于"对赌协议"在内容上亦隐含有非正义性的保底性质，容易与现行法律规定的合同无效情形相混淆，且无对应的法律条文予以规范，故法院在对此法律行为进行适度评判时，应当遵循以下原则：(1)鼓励交易；(2)尊重当事人意思自治；(3)维护公共利益；(4)保障

商事交易的过程正义，以此来确定“对赌协议”的法律效力。在本案中，对赌协议的订立完全基于签约各方的真实意思表示；对赌协议亦促成了目标公司增资行为的依法完成，并最大限度地维护了原始股东、投资人以及目标公司等三方的基本利益；各方约定以目标公司在一定期限内完成核准上市作为触发回购的适用情形，而不是对于公司的估值进行价格调整，虽有不妥之处，但亦未严重违背以上评判四原则，故该回购条款仍应为有效。

裁判结果

二审法院判决驳回两名原始股东的上诉，维持原判。

裁判规则三：回赎型对赌中与目标公司对赌并不必然无效。在个案中，如法院根据目标公司经营及分红情况认为目标公司回购自身股权、支付股份回购款项，不会导致目标公司资产的减损，亦不会损害目标公司对其他债务人的清偿能力，不会因该义务的履行构成对其他债权人债权实现的障碍，则目标公司应承担回购义务，但需履行法定的回购程序和减资程序。

案例 江苏华工创业投资有限公司与扬州锻压机床股份有限公司、潘某虎等请求公司收购股份纠纷案

案号：(2019)苏民再62号

案情简介

投资人江苏华工创业投资有限公司（以下简称华工公司与目标公司）扬州锻压机床股份有限公司（以下简称扬锻公司）及目标公司原始股东签订了对赌协议。该协议约定：如目标公司未如期上市，投资人有权要求目标公司以现金方式回购投资人所持的目标公司全部或部分公司股权，如目标公司违约，原始股东对产生的违约金承担连带责任。对赌协议签字时，目标公司为有限责任公

司，后变更为股份有限公司。目标公司未如期上市，投资人诉请目标公司承担回购义务。扬州市邗江区人民法院一审认为，公司回购自身股权的对赌条款违反了《公司法》禁止性规定且违背公司资本维持和法人独立财产原则而无效。投资人要求目标公司以现金回购公司股权，实际是让投资人作为股东在不具备法定回购股权的情形以及不需要经过法定程序的情况下，直接由公司支付对价而抛出股权，使股东（投资人）可以脱离公司经营业绩、不承担公司经营风险而即当然获得约定收益，损害了公司、公司其他股东和公司债权人的权益。并且，投资人在成为股东后参加的股东会通过了新的公司章程对公司回购股份情形的重新约定，投资人对新的公司章程投了赞成票，是对对赌协议的否定，对作为股东的投资人具有约束力。一审法院驳回了投资人的诉请，投资人向扬州市中级人民法院提出上诉，二审维持了一审判决。投资人向江苏省高级人民法院提出再审。

裁判观点

江苏省高级人民法院再审认为，目标公司新章程未对对赌协议作出变更。新章程第 21 条第 1 款第 1 项规定公司可回购本公司股份的事由为“减少公司注册资本”，该规定与对赌协议约定的股份回购并不存在冲突，即目标公司可在不违反《公司法》及公司章程关于股份回购强制性规定的情形下，通过履行法定手续和法定程序的方式合法回购投资人持有的股份。《公司法》不禁止有限责任公司回购公司股权，虽然原则上禁止股份有限公司回购本公司股份，但同时亦规定了例外情形，《公司法》第 142 条第 1 款规定：“公司不得收购本公司股份。但是，有下列情形之一的除外：（一）减少公司注册资本；（二）与持有本公司股份的其他公司合并……”第 2 款规定：“公司因前款第（一）项至第（三）项的原因收购本公司股份的，应当经股东大会决议……”第 3 款规定：“公司依照前款规定收购本公司股份后，属于第（一）项情形的，应当自收购之日起十日内注销……”即符合上述例外情形的《公司法》允许股份有限公司回购本公司股份。投资人在对赌协议中是目标公司的债权人，在对赌协议约定的股权回购情形出现时,当然有权要求公司及原始股东承担相应的合同责任。在投资人投入资金后,成为目标公司的股东,但并不能因此否认其仍是公司债权人的地位。投资人基于公司股东的身份,应当遵守公司法的强制性规定,非依法定程序履行减资手续后退出,不能违法抽逃出资,而其基于公司债权人的身份,当然有权依据对赌协议的约定主张权利。且由于目标公司的经营状况良好,对赌回购具备法律上及事实上的履行可行性。对赌协议约定的回购款项的支付不会导致公司资产的减损,亦不会损害公司对其他债权人的清偿能力。股权回购条款触发后,目标公司及原始股东有充分的时间按约完成与股份回购有关的作出股东会决议、制定回购方案、完成工商登记变更等事项,但时逾数年仍未履行,已构成违约。

裁判结果

江苏省高级人民法院撤销了一审和二审判决,改判目标公司回购投资人股权,原始股东对该股权回购及违约金承担连带责任。

案例启示

2019 年 7 月,在全国法院民商事审判工作会议中讨论了关于“对赌协议”的效力和履行问题。从会后发布的会议纪要看,法院系统对于涉及对赌协议效力案件的总体审判方向为“既要坚持鼓励投资方对实体企业特别是科技创新企业投资原则,从而在一定程度上缓解企业融资难问题,又要贯彻资本维持原则和保护债权人合法权益原则,依法平衡投资方、公司债权人、公司之间的利益”。此即不再一味地否定对赌协议的效力,特别是投资人与目标公司股东或者实际控制人签订的对赌协议,基本均认定有效且支持实际履行。只是对于投资人与目标公司签订的对赌协议,仍要在个案中考虑实际情况,判断效力和能否实际履行问题。

从2007年“海富”案[1]到2019年4月“华工”案[2]终审判决作出，再到2019年7月《全国法院民商事审判工作会议纪要》（法〔2019〕254号）（以下简称《九民纪要》）的出台，虽然法院对对赌协议持越来越开放的态度，也越来越尊重商事主体的意思自治，但对赌协议仍未形成妥适、一致的裁判规则。目前，比较清晰的裁判规则是，在投资协议中约定对赌协议是完全可行的，且不存在影响合同效力的事由即为有效；同时，对赌协议即使有效，还应当以履行法定减资手续、进行弥补亏损和提取公积金等强制性规定为前提。当然，对赌协议的设置不可机械适用，仍需结合每个交易的实际情况而定，从而更好地避免相关法律风险，保障自身合法利益。

第二节　股东有限责任的否定

法理解说

一、股东权利与股东义务

任何权利，无论是公民权利，还是股东权利，都只能活动于一定的界限之内，绝不是绝对的、不受限制的。当股东作为权利享有者行使权利时，也应切记自己还是义务的履行者。权利和义务都是有限度的，享有权利超过限度就不为制度所保护，甚至可能构成“越权”或“滥用权利”，最终导致股东需要承担相应的法律责任。

---

〔1〕甘肃世恒有色资源再利用有限公司、香港迪亚有限公司与苏州工业园区海富投资有限公司、陆波增资纠纷案，最高人民法院民事判决书，(2012)民提字第11号。

〔2〕江苏华工创业投资有限公司与扬州锻压机床股份有限公司、潘某虎等请求公司收购股份纠纷案，江苏省高级人民法院，(2019)苏民再62号。

二、股东连带责任与公司人格否认

(一)股东连带责任的法理依据

如本书第一章所述,现代公司最关键的特征是公司股东承担有限责任。股东有限责任必然会造成公司人格独立,即在法律上公司是拟制的“人”,有属于其自身的意志和利益,以其自身的财产承担责任。但是,公司毕竟是拟制的“人”,要通过自然人来进行决策、发表意见、付诸行动。而且,由于股东仅在认缴资本金范围内对公司债务承担有限责任,一旦股东滥用股权,势必造成股东权利与股东责任的严重不平衡。如果再让滥用股权的股东仅承担有限责任,严重损害了公司其他股东的权利。此时的公司不仅不再具有独立的人格,在法律上称为“人格否认”,往往也丧失了独立承担债务的能力。所以,滥用股权的股东须对公司债务承担连带责任,以保护公司债权人的利益。

(二)公司人格否认的情形

1. 资本显著不足

资本显著不足,是指公司设立后在经营过程中,股东实际投入公司的资本数额与公司经营所隐含的风险相比明显不匹配,通俗的说法就是“开皮包公司”“驴蒙虎皮”。股东利用较少资本从事力所不及的经营,表明其没有从事公司经营的诚意,实质是恶意利用公司独立人格和股东有限责任把投资风险转嫁给债权人。

需要指出的是,在现代商业中“以小博大”“概念先行”的经营方式,特别是金融领域中杠杆操作的广泛应用,“投入资本显著不足”的判断标准非常模糊。因此,法院对此向来十分谨慎,往往结合其他两种人格否认情况作出判断。

2. 过度支配

过度支配,是指公司控制股东对公司过度支配与控制,操纵公司的决策过程,使公司完全丧失独立性,沦为控制股东的工具或躯壳,严重损害公司债权人利益。滥权股东的常见行为有:一是在母子公司之间或者子公司之间进行利益输送;二是通过母子公司或者子公司之间的交易,收益归一方,损失却由另一方承担；三是先从原公司抽走资金，然后再成立经营目的相同或者类似的公司，逃避原公司债务；四是先解散公司，再以原公司场所、设备、人员及相同或者相似的经营目的另设公司，逃避原公司债务。

3. 人格混同

人格混同，是指公司人格否定的最为严重的情形。此时，公司和股东完全混同，公司完全被控制股东所操控，成为控制股东的工具和代理机构。控制股东个人的意思取代了公司作为独立法人的意思，使公司不能够独立地作出决策和经营。有人形象地将其称为"人格骸化"。

人格混同最主要的表现是公司的财产与股东的财产混同且无法区分。滥权股东的常见行为有：一是无偿使用公司资金或者财产，或者用公司的资金偿还个人的债务，或者将公司的资金供关联公司无偿使用，且对上述行为不作财务记载；二是公私账簿不分，致使公司财产与个人财产无法区分；三是股东自身收益与公司盈利不加区分，致使双方利益不清；四是公司的财产记载于股东名下，由股东占有、使用的。

总之，在出现人格混同的情况下，往往同时出现以下混同：公司业务和股东业务混同；公司员工与股东员工混同，特别是财务人员混同；公司住所与股东住所混同。

（三）公司清算中的股东连带责任

这是一种非常特殊的股东连带责任，与前文所述的因公司人格否定而需股东承担连带责任是由于股东乱作为（滥权）所致不同，此股东连带责任纯粹是由股东不作为（怠权）所导致的。

《公司法》要求有限责任公司在清算时由股东组成清算组，股份有限公司由股东组织组成清算组。2008 年的《公司法司法解释（二）》第 18 条进一步明确了有限责任公司在清算时如因股东怠于履行清算义务，导致公司主要财产、账册、重要文件等灭失，无法进行清算，股东应对公司债权人承担连带清偿责任。该法条在实践中的震撼力堪比 2004 年的《最高人民法院关于适用〈中华人民共和国婚姻法〉若干问题的解释（二）》（已废止）第 24 条"夫妻婚姻关系存续期共同债务的确认"，由于各地法院尺度不一，甚至很多法院根本没有准确把握上述规定的适用条件，导致很多有限责任公司的小（挂名）股东对公司债务承担远远超过其出资数额的责任，出现了股东利益和公司债权人利益明显失衡的现象。

为了平衡小股东与公司债权人之间的利益，《九民纪要》对有限责任公司清算中的股东连带责任作了进一步的明确：

1. 既不是公司董事会或者监事会成员，也没有选派人员担任该机关成员，且从未参与公司经营管理的小股东不承担连带责任；

2. 股东证明其已履行相应义务或证明其不作为与公司无法清算之间不具备因果关系的，该股东不承担连带责任；

3. 公司债权人请求股东对公司债务承担连带清偿责任，股东可以以公司债权人对公司的债权已经超过诉讼时效期间为由抗辩。

三、股东连带责任的抗辩

从近年来的整体趋势看，律师在有关公司债务的诉讼中，大量地将公司股东列为被告，要求其对公司债务承担连带清偿责任。法院在公司债务的裁判中越来越倾向于认可追究股东的连带责任。例如，即使公司是非一人公司，法院也只要求公司债权人提出对公司人格否认合理怀疑和初步证据，而由公司或公司股东承担证明公司不存在人格否认的责任。所以，股东如何抗辩自己不应承担连带责任在实务中越发重要。法院普遍认可的股东抗辩理由有以下几条。

一是母公司根据会计准则编制其和子公司的合并财务报表，该合并财务报表仅能表明母公司对子公司的控制，仅是形式上的合并，不属于不作财务记载或账簿部分的情形。

二是一家公司法定代表人担任另一家公司董事长，或者事业单位与国有企业领导班子相同，“双重职务身份”“一套班子、两块牌子”不为法律禁止，不属于人员混同。

三是法人股东派员到子公司任职是股东权利，属正常现象，即使母子公司经营范围相同，但生产资料各自独立，在结算上亦各自开具发票，不属于财产混同。

四是尽管法律要求一人有限公司应当每年进行财务审计，但一人公司虽之前年度未经财务审计，但在诉讼过程中经有权机构审计后，能够证明不存在财产混同的情况，股东无须承担连带责任。

裁判规则

裁判规则一：关联公司的人员、业务、财务等方面交叉或混同，导致各自财产无法区分，丧失独立人格的构成人格混同，严重损害债权人利益的，关联公司相互之间对外部债务承担连带责任。

案例　徐工集团工程机械股份有限公司诉成都川交工贸有限责任公司等买卖合同纠纷案

案号：(2011)苏商终字第0107号

案情简介

原告徐工集团工程机械股份有限公司（以下简称徐工机械公司）诉成都川交工贸有限责任公司（以下简称川交工贸公司）拖欠其货款未付，并且主张川交机械公司、瑞路公司与川交工贸公司人格混同，三个公司实际控制人王某礼以及川交工贸公司股东等人的个人资产与公司资产混同，均应承担连带清偿责任。

裁判观点

江苏省高级人民法院认为，川交工贸公司与川交机械公司、瑞路公司人格混同。一是三个公司人员混同。三个公司的经理、财务负责人、出纳会计、工商手续经办人均相同，其他管理人员亦存在交叉任职的情形，川交工贸公司的人事任免存在由川交机械公司决定的情形。二是三个公司业务混同。三个公司在实际经营中均涉及工程机械相关业务，经销过程中存在共用销售手册、经销协议的情形;对外进行宣传时信息混同。三是三个公司财务混同。三个公司使用共同账户,以王某礼的签字作为具体用款依据,对其中的资金及支配无法证明已作区分;三个公司与徐工机械公司之间的债权债务、业绩、账务及返利均计算在川交工贸公司名下。因此,三个公司之间表征人格的因素(人员、业务、财务等)高度混同,导致各自财产无法区分,已丧失独立人格,构成人格混同。

裁判结果

法院判决川交机械公司、瑞路公司对川交工贸公司的债务应当承担连带清偿责任,但未判决王永礼承担股东连带责任。

裁判规则二:"夫妻公司"的债务承担参照一人有限责任公司。

案例 武汉猫人制衣有限公司与江西青曼瑞服饰有限公司、熊某平执行异议纠纷案

案号:(2019)最高法民再372号

案情简介

江西青曼瑞服饰有限公司(以下简称青曼瑞公司)共有两位股东熊某平、沈某霞,二人为夫妻关系,青曼瑞公司在二人婚姻存续期间内设立。武汉猫人制衣有限公司(以下简称猫人公司)因青曼瑞公司拖欠其货款将青曼瑞公司起诉至法院,猫人公司胜诉后在执行过程中,向法院提出追加二人为被执行人,并承担连带责任。一审武汉市中级人民法院不支持猫人公司的主张,猫人公司诉至湖北省高级人民法院,湖北省高级人民法院在二审中支持了猫人公司的主张,熊、沈二人向最高人民法院提出了再审。

裁判观点

最高人民法院认为,法律规定一人有限责任公司的法人人格否认适用举证责任倒置规则,是因为一人有限责任公司只有一个股东,缺乏社团性和相应的公司机关,没有分权制衡的内部治理结构,缺乏内部监督。股东既是所有者,又是管理者,个人财产和公司财产极易混同,极易损害公司债权人利益。故通过举证责任倒置,强化一人有限责任公司的财产独立性,从而加强对债权人的保护。青曼瑞公司由熊某平、沈某霞夫妻二人在婚姻关系存续期间设立,公司资产归熊某平、沈某霞共同共有,双方利益具有高度一致性,亦难以形成有效的内部监督。熊某平、沈某霞均实际参与公司的管理经营,夫妻其他共同财产与青曼瑞公司财产亦容易混同,从而损害债权人利益。在此情况下,应参照《公司法》第63条的规定,将公司财产独立于股东自身财产的举证责任分配给股东熊某平、沈某霞。青曼瑞公司与一人有限责任公司在主体构成和规范适用上具有高度相似性,青曼瑞公司系实质意义上的一人有限责任公司。

裁判结果

最高人民法院判决驳回熊某平、沈某霞二人的申请,夫妻二人承担公司债务的连带清偿责任。

裁判规则三:公司的账户与股东的账户之间存在大量、频繁的资金往来,且资金用途复杂,导致公司财产与股东财产无法进行区分的,公司与股东之间构成财产混同,公司已经失去了独立承担债务的基础。

案例　山东协同教育信息技术有限公司、田某风、肖某娟、宋某平与李某民间借贷纠纷案

案号:(2017)最高法民申2646号

案情简介

原告李某起诉称被告田某风为被告山东协同教育信息技术有限公司(以下简称协同教育公司)业务需要多次从原告处借款,被告为方便提款指令原告将款汇往公司会计肖某娟账户下,经调取肖某娟中国建设银行尾号3688的银行记录发现,被告协同教育公司的财产与当时的股东宋某平、肖某娟、田某风的财产发生了实质性的混同,肖某娟的银行账户不仅与宋某平、协同教育公司的账户资金往来频繁,还与协同教育公司业务单位及协同教育公司其他工作人员如鲁某宽、郭某平等互相转移资金,另外还使用该账户进行理财和消费。后经调取协同教育公司的工商登记资料发现,宋某平自协同教育公司成立至2013年9月6日均为该公司最大股东及法定代表人,肖某娟自2013年8月22日至2014年12月30日为公司股东并担任公司会计,田某风自2013年9月6日至今为该公司最大股东及法定代表人,但在2014年12月30日,被告协同教育公司公司登记发生突然变更,股东只剩下田某风一人。请求依法判令被告协同教育公司偿还原告借款和利息,被告田某风、肖某娟、宋某平承担连带还款责任。一审、二审均判决自然人被告应承担连带责任,自然人被告及协同教育公司申请最高人民法院再审。

裁判观点

最高人民法院再审认为:我国实行银行账户实名制,原则上账户名义人即是账户资金的权利人。同时,根据《会计法》《税收征收管理法》《企业会计基本准则》等相关规定,公司应当使用单位账户对外开展经营行为,公司账户与管理人员、股东账户之间不得进行非法的资金往来,以保证公司财产的独立性和正常的经济秩序。根据本案认定的事实,原告出借的款项均汇入了协同教育公司股东肖某娟账户(大部分款项又汇入宋某平账户,小部分款项汇入协同教育公司账户),协同教育公司亦通过肖某娟、宋某平等股东账户向李腾偿还借款。同时,协同教育公司的账户与肖某娟、宋某平等股东的账户之间存在大量、频繁的资金往来，且资金用途复杂，导致公司财产与股东财产无法进行区分。协同教育公司、宋某平、肖某娟申请再审称协同教育公司实际控制肖某娟、宋某平等股东账户，股东账户的资金属于公司资金，但未提供充足的证据。因此，原判决认定因协同教育公司与股东之间构成财产混同，公司已经失去了独立承担债务的基础，有事实和法律依据。同时，肖某娟、宋某平在本案诉讼期间又退出协同教育公司，致使公司变为一人有限公司（田海风一人股东）。以上情形严重损害了公司债权人的利益，根据《公司法》第20条的规定，公司股东滥用公司法人独立地位和股东有限责任，逃避债务，严重损害公司债权人利益的，应当对公司债务承担连带责任。

裁判结果

最高人民法院判决驳回再审申请。

案例启示

公司和股东财产混同，公司丧失独立人格，股东应对公司债务承担连带责任。

许多人很会做生意，但不会开公司。有的人成立了公司后，误认为公司在自己的控制之下，可以随心所欲地对公司进行把控。尤其是在公司财产与股东个人财产方面，甚至认为公司财产就是股东个人财产，导致出现了严重的混同，以至于无法区分到底是公司财产还是个人财产。这种公司与股东个人之间界限模糊，导致债务主体是公司还是股东个人都无法进行明确的区分，可能损害公司债权人利益的，这时公司失去独立性的基础。这时公司的独立人格将被否定，取而代之的是公司的债权人可以要求股东个人对公司债务承担连带责任。这样的公司向股东个人账户无来由转账，毫无疑问符合公司丧失独立性的情形之一。

不少中小型民营企业，尤其是家族企业，“父子店”“夫妻店”，一旦出现混同的情况，股东就失去了股东有限责任的“护身符”，就要遭遇公司人格否认。这也是对股东对义务违反的责任承担，股东滥用了权利或者没有遵守《公司法》关于股东与公司的界限的义务，自然要以丧失股东有限责任的权利为代价来衡平股东与公司债权人的利益和权益。

如同最高人民法院在(2017)最高法民申2646号裁定书所指出的那样，公司在经营中，应严格按照《会计法》《税收征收管理法》《企业会计基本准则》等相关规定，使用单位账户对外开展经营行为，公司账户与管理人员、股东账户之间不得进行非法的资金往来，以保证公司财产的独立性和正常的经济秩序。也只有这样，股东才能避免承担对公司债务的连带责任。

近年来，债权人的代理律师在代理案件中，以公司丧失人格独立性将公司股东列为共同被告成为常用手段。从近年来的裁判趋势看，在公司债务案件中，法院越来越注重审查公司人格的独立性，敢于认定公司丧失独立性，判决股东承担连带责任。例如，在(2019)最高法民再372号案件中，法院就从实质上出发，认定“夫妻店”公司应参照一人有限公司进行判断。

附　录　相关规定

中华人民共和国公司法

（1993年12月29日第八届全国人民代表大会常务委员会第五次会议通过　根据1999年12月25日第九届全国人民代表大会常务委员会第十三次会议《关于修改〈中华人民共和国公司法〉的决定》第一次修正　根据2004年8月28日第十届全国人民代表大会常务委员会第十一次会议《关于修改〈中华人民共和国公司法〉的决定》第二次修正　2005年10月27日第十届全国人民代表大会常务委员会第十八次会议修订　根据2013年12月28日第十二届全国人民代表大会常务委员会第六次会议《关于修改〈中华人民共和国海洋环境保护法〉等七部法律的决定》第三次修正　根据2018年10月26日第十三届全国人民代表大会常务委员会第六次会议《关于修改〈中华人民共和国公司法〉的决定》第四次修正）

第一章　总　　则

第一条　［**立法宗旨**］为了规范公司的组织和行为，保护公司、股东和债权人的合法权益，维护社会经济秩序，促进社会主义市场经济的发展，制定本法。

第二条　［**调整对象**］本法所称公司是指依照本法在中国境内设立的有限责任公司和股份有限公司。

第三条　［**公司界定及股东责任**］公司是企业法人，有独立的法人财产，享有法人财产权。公司以其全部财产对公司的债务承担责任。

有限责任公司的股东以其认缴的出资额为限对公司承担责任;股份有限公司的股东以其认购的股份为限对公司承担责任。

第四条　[股东权利]公司股东依法享有资产收益、参与重大决策和选择管理者等权利。

第五条　[公司义务及权益保护]公司从事经营活动,必须遵守法律、行政法规,遵守社会公德、商业道德,诚实守信,接受政府和社会公众的监督,承担社会责任。

公司的合法权益受法律保护,不受侵犯。

第六条　[公司登记]设立公司,应当依法向公司登记机关申请设立登记。符合本法规定的设立条件的,由公司登记机关分别登记为有限责任公司或者股份有限公司;不符合本法规定的设立条件的,不得登记为有限责任公司或者股份有限公司。

法律、行政法规规定设立公司必须报经批准的,应当在公司登记前依法办理批准手续。

公众可以向公司登记机关申请查询公司登记事项,公司登记机关应当提供查询服务。

第七条　[营业执照]依法设立的公司,由公司登记机关发给公司营业执照。公司营业执照签发日期为公司成立日期。

公司营业执照应当载明公司的名称、住所、注册资本、经营范围、法定代表人姓名等事项。

公司营业执照记载的事项发生变更的,公司应当依法办理变更登记,由公司登记机关换发营业执照。

第八条　[公司名称]依照本法设立的有限责任公司,必须在公司名称中标明有限责任公司或者有限公司字样。

依照本法设立的股份有限公司,必须在公司名称中标明股份有限公司或者股份公司字样。

第九条　[公司形式变更]有限责任公司变更为股份有限公司,应当符合本法规定的股份有限公司的条件。股份有限公司变更为有限责任公司,应当符合本法规定的有限责任公司的条件。

有限责任公司变更为股份有限公司的，或者股份有限公司变更为有限责任公司的，公司变更前的债权、债务由变更后的公司承继。

第十条　[公司住所]公司以其主要办事机构所在地为住所。

第十一条　[公司章程]设立公司必须依法制定公司章程。公司章程对公司、股东、董事、监事、高级管理人员具有约束力。

第十二条　[经营范围]公司的经营范围由公司章程规定，并依法登记。公司可以修改公司章程，改变经营范围，但是应当办理变更登记。

公司的经营范围中属于法律、行政法规规定须经批准的项目，应当依法经过批准。

第十三条　[法定代表人]公司法定代表人依照公司章程的规定，由董事长、执行董事或者经理担任，并依法登记。公司法定代表人变更，应当办理变更登记。

第十四条　[分公司与子公司]公司可以设立分公司。设立分公司，应当向公司登记机关申请登记，领取营业执照。分公司不具有法人资格，其民事责任由公司承担。

公司可以设立子公司，子公司具有法人资格，依法独立承担民事责任。

第十五条　[转投资]公司可以向其他企业投资；但是，除法律另有规定外，不得成为对所投资企业的债务承担连带责任的出资人。

第十六条　[公司担保]公司向其他企业投资或者为他人提供担保，依照公司章程的规定，由董事会或者股东会、股东大会决议；公司章程对投资或者担保的总额及单项投资或者担保的数额有限额规定的，不得超过规定的限额。

公司为公司股东或者实际控制人提供担保的，必须经股东会或者股东大会决议。

前款规定的股东或者受前款规定的实际控制人支配的股东，不得参加前款规定事项的表决。该项表决由出席会议的其他股东所持表决权的过半数通过。

第十七条　[职工权益保护与职业教育]公司必须保护职工的合法权益，依法与职工签订劳动合同，参加社会保险，加强劳动保护，实现安全生产。

公司应当采用多种形式,加强公司职工的职业教育和岗位培训,提高职工素质。

第十八条 [工会]公司职工依照《中华人民共和国工会法》组织工会,开展工会活动,维护职工合法权益。公司应当为本公司工会提供必要的活动条件。公司工会代表职工就职工的劳动报酬、工作时间、福利、保险和劳动安全卫生等事项依法与公司签订集体合同。

公司依照宪法和有关法律的规定,通过职工代表大会或者其他形式,实行民主管理。

公司研究决定改制以及经营方面的重大问题、制定重要的规章制度时,应当听取公司工会的意见,并通过职工代表大会或者其他形式听取职工的意见和建议。

第十九条 [党组织]在公司中,根据中国共产党章程的规定,设立中国共产党的组织,开展党的活动。公司应当为党组织的活动提供必要条件。

第二十条 [股东禁止行为]公司股东应当遵守法律、行政法规和公司章程,依法行使股东权利,不得滥用股东权利损害公司或者其他股东的利益;不得滥用公司法人独立地位和股东有限责任损害公司债权人的利益。

公司股东滥用股东权利给公司或者其他股东造成损失的,应当依法承担赔偿责任。

公司股东滥用公司法人独立地位和股东有限责任,逃避债务,严重损害公司债权人利益的,应当对公司债务承担连带责任。

第二十一条 [禁止关联交易]公司的控股股东、实际控制人、董事、监事、高级管理人员不得利用其关联关系损害公司利益。

违反前款规定,给公司造成损失的,应当承担赔偿责任。

第二十二条 [公司决议的无效或被撤销]公司股东会或者股东大会、董事会的决议内容违反法律、行政法规的无效。

股东会或者股东大会、董事会的会议召集程序、表决方式违反法律、行政法规或者公司章程,或者决议内容违反公司章程的,股东可以自决议作出之日起六十日内,请求人民法院撤销。

股东依照前款规定提起诉讼的，人民法院可以应公司的请求，要求股东提供相应担保。

公司根据股东会或者股东大会、董事会决议已办理变更登记的，人民法院宣告该决议无效或者撤销该决议后，公司应当向公司登记机关申请撤销变更登记。

第二章　有限责任公司的设立和组织机构

第二十三条　[有限责任公司的设立条件]设立有限责任公司，应当具备下列条件：

（一）股东符合法定人数；

（二）有符合公司章程规定的全体股东认缴的出资额；

（三）股东共同制定公司章程；

（四）有公司名称，建立符合有限责任公司要求的组织机构；

（五）有公司住所。

第二十四条　[股东人数]有限责任公司由五十个以下股东出资设立。

第二十五条　[公司章程内容]有限责任公司章程应当载明下列事项：

（一）公司名称和住所；

（二）公司经营范围；

（三）公司注册资本；

（四）股东的姓名或者名称；

（五）股东的出资方式、出资额和出资时间；

（六）公司的机构及其产生办法、职权、议事规则；

（七）公司法定代表人；

（八）股东会会议认为需要规定的其他事项。股东应当在公司章程上签名、盖章。

第二十六条　[注册资本]有限责任公司的注册资本为在公司登记机关登记的全体股东认缴的出资额。

法律、行政法规以及国务院决定对有限责任公司注册资本实缴、注册资本最低限额另有规定的，从其规定。

第二十七条 ［出资方式］股东可以用货币出资，也可以用实物、知识产权、土地使用权等可以用货币估价并可以依法转让的非货币财产作价出资；但是，法律、行政法规规定不得作为出资的财产除外。

对作为出资的非货币财产应当评估作价，核实财产，不得高估或者低估作价。法律、行政法规对评估作价有规定的，从其规定。

第二十八条 ［出资义务］股东应当按期足额缴纳公司章程中规定的各自所认缴的出资额。股东以货币出资的，应当将货币出资足额存入有限责任公司在银行开设的账户；以非货币财产出资的，应当依法办理其财产权的转移手续。

股东不按照前款规定缴纳出资的，除应当向公司足额缴纳外，还应当向已按期足额缴纳出资的股东承担违约责任。

第二十九条 ［设立登记］股东认足公司章程规定的出资后，由全体股东指定的代表或者共同委托的代理人向公司登记机关报送公司登记申请书、公司章程等文件，申请设立登记。

第三十条 ［出资不足的补充］有限责任公司成立后，发现作为设立公司出资的非货币财产的实际价额显著低于公司章程所定价额的，应当由交付该出资的股东补足其差额；公司设立时的其他股东承担连带责任。

第三十一条 ［出资证明书］有限责任公司成立后，应当向股东签发出资证明书。出资证明书应当载明下列事项：

（一）公司名称；

（二）公司成立日期；

（三）公司注册资本；

（四）股东的姓名或者名称、缴纳的出资额和出资日期；

（五）出资证明书的编号和核发日期。

出资证明书由公司盖章。

第三十二条 ［股东名册］有限责任公司应当置备股东名册，记载下列事项：

（一）股东的姓名或者名称及住所；

（二）股东的出资额；

（三）出资证明书编号。

记载于股东名册的股东，可以依股东名册主张行使股东权利。

公司应当将股东的姓名或者名称向公司登记机关登记；登记事项发生变更的，应当办理变更登记。未经登记或者变更登记的，不得对抗第三人。

第三十三条　［股东查阅、复制权］股东有权查阅、复制公司章程、股东会会议记录、董事会会议决议、监事会会议决议和财务会计报告。

股东可以要求查阅公司会计账簿。股东要求查阅公司会计账簿的，应当向公司提出书面请求，说明目的。公司有合理根据认为股东查阅会计账簿有不正当目的，可能损害公司合法利益的，可以拒绝提供查阅，并应当自股东提出书面请求之日起十五日内书面答复股东并说明理由。公司拒绝提供查阅的，股东可以请求人民法院要求公司提供查阅。

第三十四条　［分红权与优先认购权］股东按照实缴的出资比例分取红利；公司新增资本时，股东有权优先按照实缴的出资比例认缴出资。但是，全体股东约定不按照出资比例分取红利或者不按照出资比例优先认缴出资的除外。

第三十五条　［不得抽逃出资］公司成立后，股东不得抽逃出资。

第三十六条　［股东会的组成及地位］有限责任公司股东会由全体股东组成。股东会是公司的权力机构，依照本法行使职权。

第三十七条　［股东会职权］股东会行使下列职权：

（一）决定公司的经营方针和投资计划；

（二）选举和更换非由职工代表担任的董事、监事，决定有关董事、监事的报酬事项；

（三）审议批准董事会的报告；

（四）审议批准监事会或者监事的报告；

（五）审议批准公司的年度财务预算方案、决算方案；

（六）审议批准公司的利润分配方案和弥补亏损方案；

（七）对公司增加或者减少注册资本作出决议；

（八）对发行公司债券作出决议；

（九）对公司合并、分立、解散、清算或者变更公司形式作出决议；

（十）修改公司章程；

（十一）公司章程规定的其他职权。

对前款所列事项股东以书面形式一致表示同意的，可以不召开股东会会议，直接作出决定，并由全体股东在决定文件上签名、盖章。

第三十八条 ［首次股东会会议］首次股东会会议由出资最多的股东召集和主持，依照本法规定行使职权。

第三十九条 ［定期会议和临时会议］股东会会议分为定期会议和临时会议。

定期会议应当依照公司章程的规定按时召开。代表十分之一以上表决权的股东，三分之一以上的董事，监事会或者不设监事会的公司的监事提议召开临时会议的，应当召开临时会议。

第四十条 ［股东会会议的召集与主持］有限责任公司设立董事会的，股东会会议由董事会召集，董事长主持；董事长不能履行职务或者不履行职务的，由副董事长主持；副董事长不能履行职务或者不履行职务的，由半数以上董事共同推举一名董事主持。

有限责任公司不设董事会的，股东会会议由执行董事召集和主持。

董事会或者执行董事不能履行或者不履行召集股东会会议职责的，由监事会或者不设监事会的公司的监事召集和主持；监事会或者监事不召集和主持的，代表十分之一以上表决权的股东可以自行召集和主持。

第四十一条 ［股东会会议的通知与记录］召开股东会会议，应当于会议召开十五日前通知全体股东；但是，公司章程另有规定或者全体股东另有约定的除外。

股东会应当对所议事项的决定作成会议记录，出席会议的股东应当在会议记录上签名。

第四十二条 ［股东的表决权］股东会会议由股东按照出资比例行使表决权；但是，公司章程另有规定的除外。

第四十三条 ［股东会的议事方式和表决程序］股东会的议事方式和表决

程序,除本法有规定的外,由公司章程规定。

股东会会议作出修改公司章程、增加或者减少注册资本的决议,以及公司合并、分立、解散或者变更公司形式的决议,必须经代表三分之二以上表决权的股东通过。

第四十四条　[董事会的组成]有限责任公司设董事会,其成员为三人至十三人;但是,本法第五十条另有规定的除外。

两个以上的国有企业或者两个以上的其他国有投资主体投资设立的有限责任公司,其董事会成员中应当有公司职工代表;其他有限责任公司董事会成员中可以有公司职工代表。董事会中的职工代表由公司职工通过职工代表大会、职工大会或者其他形式民主选举产生。

董事会设董事长一人,可以设副董事长。董事长、副董事长的产生办法由公司章程规定。

第四十五条　[董事任期]董事任期由公司章程规定,但每届任期不得超过三年。董事任期届满,连选可以连任。

董事任期届满未及时改选,或者董事在任期内辞职导致董事会成员低于法定人数的,在改选出的董事就任前,原董事仍应当依照法律、行政法规和公司章程的规定,履行董事职务。

第四十六条　[董事会职权]董事会对股东会负责,行使下列职权:

(一)召集股东会会议,并向股东会报告工作;

(二)执行股东会的决议;

(三)决定公司的经营计划和投资方案;

(四)制订公司的年度财务预算方案、决算方案;

(五)制订公司的利润分配方案和弥补亏损方案;

(六)制订公司增加或者减少注册资本以及发行公司债券的方案;

(七)制订公司合并、分立、解散或者变更公司形式的方案;

(八)决定公司内部管理机构的设置;

(九)决定聘任或者解聘公司经理及其报酬事项,并根据经理的提名决定聘任或者解聘公司副经理、财务负责人及其报酬事项;

(十)制定公司的基本管理制度;

(十一)公司章程规定的其他职权。

第四十七条　[董事会会议的召集与主持]董事会会议由董事长召集和主持;董事长不能履行职务或者不履行职务的,由副董事长召集和主持;副董事长不能履行职务或者不履行职务的,由半数以上董事共同推举一名董事召集和主持。

第四十八条　[董事会的议事方式和表决程序]董事会的议事方式和表决程序,除本法有规定的外,由公司章程规定。

董事会应当对所议事项的决定作成会议记录,出席会议的董事应当在会议记录上签名。

董事会决议的表决,实行一人一票。

第四十九条　[经理的设立与职权]有限责任公司可以设经理,由董事会决定聘任或者解聘。经理对董事会负责,行使下列职权:

(一)主持公司的生产经营管理工作,组织实施董事会决议;

(二)组织实施公司年度经营计划和投资方案;

(三)拟订公司内部管理机构设置方案;

(四)拟订公司的基本管理制度;

(五)制定公司的具体规章;

(六)提请聘任或者解聘公司副经理、财务负责人;

(七)决定聘任或者解聘除应由董事会决定聘任或者解聘以外的负责管理人员;

(八)董事会授予的其他职权。

公司章程对经理职权另有规定的,从其规定。

经理列席董事会会议。

第五十条　[执行董事]股东人数较少或者规模较小的有限责任公司,可以设一名执行董事,不设董事会。执行董事可以兼任公司经理。

执行董事的职权由公司章程规定。

第五十一条　[监事会的设立与组成]有限责任公司设监事会,其成员不得少于三人。股东人数较少或者规模较小的有限责任公司,可以设一至二名监事,不设监事会。

监事会应当包括股东代表和适当比例的公司职工代表,其中职工代表的比例不得低于三分之一,具体比例由公司章程规定。监事会中的职工代表由公司职工通过职工代表大会、职工大会或者其他形式民主选举产生。

监事会设主席一人,由全体监事过半数选举产生。监事会主席召集和主持监事会会议;监事会主席不能履行职务或者不履行职务的,由半数以上监事共同推举一名监事召集和主持监事会会议。

董事、高级管理人员不得兼任监事。

第五十二条　[监事的任期] 监事的任期每届为三年。监事任期届满,连选可以连任。

监事任期届满未及时改选,或者监事在任期内辞职导致监事会成员低于法定人数的,在改选出的监事就任前,原监事仍应当依照法律、行政法规和公司章程的规定,履行监事职务。

第五十三条　[监事会或监事的职权(一)] 监事会、不设监事会的公司的监事行使下列职权:

(一)检查公司财务;

(二)对董事、高级管理人员执行公司职务的行为进行监督,对违反法律、行政法规、公司章程或者股东会决议的董事、高级管理人员提出罢免的建议;

(三)当董事、高级管理人员的行为损害公司的利益时,要求董事、高级管理人员予以纠正;

(四)提议召开临时股东会会议,在董事会不履行本法规定的召集和主持股东会会议职责时召集和主持股东会会议;

(五)向股东会会议提出提案;

(六)依照本法第一百五十一条的规定,对董事、高级管理人员提起诉讼;

(七)公司章程规定的其他职权。

第五十四条　[监事会或监事的职权(二)] 监事可以列席董事会会议,并对董事会决议事项提出质询或者建议。

监事会、不设监事会的公司的监事发现公司经营情况异常，可以进行调查；必要时，可以聘请会计师事务所等协助其工作，费用由公司承担。

第五十五条　[监事会的会议制度]监事会每年度至少召开一次会议，监事可以提议召开临时监事会会议。

监事会的议事方式和表决程序，除本法有规定的外，由公司章程规定。

监事会决议应当经半数以上监事通过。

监事会应当对所议事项的决定作成会议记录，出席会议的监事应当在会议记录上签名。

第五十六条　[监事职责所需费用的承担]监事会、不设监事会的公司的监事行使职权所必需的费用，由公司承担。

第五十七条　[一人公司的概念]一人有限责任公司的设立和组织机构，适用本节规定；本节没有规定的，适用本章第一节、第二节的规定。

本法所称一人有限责任公司，是指只有一个自然人股东或者一个法人股东的有限责任公司。

第五十八条　[一人公司的注册资本]一个自然人只能投资设立一个一人有限责任公司。该一人有限责任公司不能投资设立新的一人有限责任公司。

第五十九条　[一人公司的登记注意事项]一人有限责任公司应当在公司登记中注明自然人独资或者法人独资，并在公司营业执照中载明。

第六十条　[一人公司的章程]一人有限责任公司章程由股东制定。

第六十一条　[一人公司的股东决议]一人有限责任公司不设股东会。股东作出本法第三十七条第一款所列决定时，应当采用书面形式，并由股东签名后置备于公司。

第六十二条　[一人公司的财会报告]一人有限责任公司应当在每一会计年度终了时编制财务会计报告，并经会计师事务所审计。

第六十三条　[一人公司的债务承担]一人有限责任公司的股东不能证明公司财产独立于股东自己的财产的，应当对公司债务承担连带责任。

第六十四条　[国有独资公司的概念]国有独资公司的设立和组织机构，适用本节规定；本节没有规定的，适用本章第一节、第二节的规定。

本法所称国有独资公司,是指国家单独出资、由国务院或者地方人民政府授权本级人民政府国有资产监督管理机构履行出资人职责的有限责任公司。

第六十五条 [国有独资公司的章程]国有独资公司章程由国有资产监督管理机构制定,或者由董事会制订报国有资产监督管理机构批准。

第六十六条 [国有独资公司股东权的行使]国有独资公司不设股东会,由国有资产监督管理机构行使股东会职权。国有资产监督管理机构可以授权公司董事会行使股东会的部分职权,决定公司的重大事项,但公司的合并、分立、解散、增加或者减少注册资本和发行公司债券,必须由国有资产监督管理机构决定;其中,重要的国有独资公司合并、分立、解散、申请破产的,应当由国有资产监督管理机构审核后,报本级人民政府批准。

前款所称重要的国有独资公司,按照国务院的规定确定。

第六十七条 [国有独资公司的董事会]国有独资公司设董事会,依照本法第四十六条、第六十六条的规定行使职权。董事每届任期不得超过三年。董事会成员中应当有公司职工代表。

董事会成员由国有资产监督管理机构委派;但是,董事会成员中的职工代表由公司职工代表大会选举产生。

董事会设董事长一人,可以设副董事长。董事长、副董事长由国有资产监督管理机构从董事会成员中指定。

第六十八条 [国有独资公司的经理]国有独资公司设经理,由董事会聘任或者解聘。经理依照本法第四十九条规定行使职权。

经国有资产监督管理机构同意,董事会成员可以兼任经理。

第六十九条 [国有独资公司高层人员的兼职禁止]国有独资公司的董事长、副董事长、董事、高级管理人员,未经国有资产监督管理机构同意,不得在其他有限责任公司、股份有限公司或者其他经济组织兼职。

第七十条 [国有独资公司的监事会]国有独资公司监事会成员不得少于五人,其中职工代表的比例不得低于三分之一,具体比例由公司章程规定。

监事会成员由国有资产监督管理机构委派;但是,监事会成员中的职工代表由公司职工代表大会选举产生。监事会主席由国有资产监督管理机构从监事会成员中指定。

监事会行使本法第五十三条第(一)项至第(三)项规定的职权和国务院规定的其他职权。

第三章　有限责任公司的股权转让

第七十一条　[股权转让]有限责任公司的股东之间可以相互转让其全部或者部分股权。

股东向股东以外的人转让股权,应当经其他股东过半数同意。股东应就其股权转让事项书面通知其他股东征求同意,其他股东自接到书面通知之日起满三十日未答复的,视为同意转让。其他股东半数以上不同意转让的,不同意的股东应当购买该转让的股权;不购买的,视为同意转让。

经股东同意转让的股权,在同等条件下,其他股东有优先购买权。两个以上股东主张行使优先购买权的,协商确定各自的购买比例;协商不成的,按照转让时各自的出资比例行使优先购买权。

公司章程对股权转让另有规定的,从其规定。

第七十二条　[优先购买权]人民法院依照法律规定的强制执行程序转让股东的股权时,应当通知公司及全体股东,其他股东在同等条件下有优先购买权。其他股东自人民法院通知之日起满二十日不行使优先购买权的,视为放弃优先购买权。

第七十三条　[股权转让的变更记载]依照本法第七十一条、第七十二条转让股权后,公司应当注销原股东的出资证明书,向新股东签发出资证明书,并相应修改公司章程和股东名册中有关股东及其出资额的记载。对公司章程的该项修改不需再由股东会表决。

第七十四条　有下列情形之一的,对股东会该项决议投反对票的股东可以请求公司按照合理的价格收购其股权:

(一)公司连续五年不向股东分配利润,而公司该五年连续盈利,并且符合本法规定的分配利润条件的;

(二)公司合并、分立、转让主要财产的;

（三）公司章程规定的营业期限届满或者章程规定的其他解散事由出现，股东会会议通过决议修改章程使公司存续的。

自股东会会议决议通过之日起六十日内，股东与公司不能达成股权收购协议的，股东可以自股东会会议决议通过之日起九十日内向人民法院提起诉讼。

第七十五条 ［股东资格的继承］自然人股东死亡后，其合法继承人可以继承股东资格；但是，公司章程另有规定的除外。

第四章 股份有限公司的设立和组织机构

第七十六条 ［股份有限公司的设立条件］设立股份有限公司，应当具备下列条件：

（一）发起人符合法定人数；

（二）有符合公司章程规定的全体发起人认购的股本总额或者募集的实收股本总额；

（三）股份发行、筹办事项符合法律规定；

（四）发起人制订公司章程，采用募集方式设立的经创立大会通过；

（五）有公司名称，建立符合股份有限公司要求的组织机构；

（六）有公司住所。

第七十七条 ［设立方式］股份有限公司的设立，可以采取发起设立或者募集设立的方式。

发起设立，是指由发起人认购公司应发行的全部股份而设立公司。

募集设立，是指由发起人认购公司应发行股份的一部分，其余股份向社会公开募集或者向特定对象募集而设立公司。

第七十八条 ［发起人的限制］设立股份有限公司，应当有二人以上二百人以下为发起人，其中须有半数以上的发起人在中国境内有住所。

第七十九条 ［发起人的义务］股份有限公司发起人承担公司筹办事务。

发起人应当签订发起人协议，明确各自在公司设立过程中的权利和义务。

第八十条 ［注册资本］股份有限公司采取发起设立方式设立的，注册资本为在公司登记机关登记的全体发起人认购的股本总额。在发起人认购的股份缴足前,不得向他人募集股份。

股份有限公司采取募集方式设立的,注册资本为在公司登记机关登记的实收股本总额。

法律、行政法规以及国务院决定对股份有限公司注册资本实缴、注册资本最低限额另有规定的,从其规定。

第八十一条　[公司章程]股份有限公司章程应当载明下列事项:

(一)公司名称和住所;

(二)公司经营范围;

(三)公司设立方式;

(四)公司股份总数、每股金额和注册资本;

(五)发起人的姓名或者名称、认购的股份数、出资方式和出资时间;

(六)董事会的组成、职权和议事规则;

(七)公司法定代表人;

(八)监事会的组成、职权和议事规则;

(九)公司利润分配办法;

(十)公司的解散事由与清算办法;

(十一)公司的通知和公告办法;

(十二)股东大会会议认为需要规定的其他事项。

第八十二条　[出资方式]发起人的出资方式,适用本法第二十七条的规定。

第八十三条　[发起设立的程序]以发起设立方式设立股份有限公司的,发起人应当书面认足公司章程规定其认购的股份,并按照公司章程规定缴纳出资。以非货币财产出资的,应当依法办理其财产权的转移手续。

发起人不依照前款规定缴纳出资的,应当按照发起人协议承担违约责任。

发起人认足公司章程规定的出资后,应当选举董事会和监事会,由董事会向公司登记机关报送公司章程以及法律、行政法规规定的其他文件,申请设立登记。

第八十四条　[募集设立的发起人认购股份]以募集设立方式设立股份有

限公司的，发起人认购的股份不得少于公司股份总数的百分之三十五；但是，法律、行政法规另有规定的，从其规定。

第八十五条 ［募集股份的公告和认股书］发起人向社会公开募集股份，必须公告招股说明书，并制作认股书。认股书应当载明本法第八十六条所列事项，由认股人填写认购股数、金额、住所，并签名、盖章。认股人按照所认购股数缴纳股款。

第八十六条 ［招股说明书］招股说明书应当附有发起人制订的公司章程，并载明下列事项：

（一）发起人认购的股份数；

（二）每股的票面金额和发行价格；

（三）无记名股票的发行总数；

（四）募集资金的用途；

（五）认股人的权利、义务；

（六）本次募股的起止期限及逾期未募足时认股人可以撤回所认股份的说明。

第八十七条 ［股票承销］发起人向社会公开募集股份，应当由依法设立的证券公司承销，签订承销协议。

第八十八条 ［代收股款］发起人向社会公开募集股份，应当同银行签订代收股款协议。

代收股款的银行应当按照协议代收和保存股款，向缴纳股款的认股人出具收款单据，并负有向有关部门出具收款证明的义务。

第八十九条 ［验资及创立大会的召开］发行股份的股款缴足后，必须经依法设立的验资机构验资并出具证明。发起人应当自股款缴足之日起三十日内主持召开公司创立大会。创立大会由发起人、认股人组成。

发行的股份超过招股说明书规定的截止期限尚未募足的，或者发行股份的股款缴足后，发起人在三十日内未召开创立大会的，认股人可以按照所缴股款并加算银行同期存款利息，要求发起人返还。

第九十条 ［创立大会的职权］发起人应当在创立大会召开十五日前将会

议日期通知各认股人或者予以公告。创立大会应有代表股份总数过半数的发起人、认股人出席,方可举行。创立大会行使下列职权:

(一)审议发起人关于公司筹办情况的报告;

(二)通过公司章程;

(三)选举董事会成员;

(四)选举监事会成员;

(五)对公司的设立费用进行审核;

(六)对发起人用于抵作股款的财产的作价进行审核;

(七)发生不可抗力或者经营条件发生重大变化直接影响公司设立的,可以作出不设立公司的决议。

创立大会对前款所列事项作出决议,必须经出席会议的认股人所持表决权过半数通过。

第九十一条 [**不得任意抽回股本**]发起人、认股人缴纳股款或者交付抵作股款的出资后,除未按期募足股份、发起人未按期召开创立大会或者创立大会决议不设立公司的情形外,不得抽回其股本。

第九十二条 [**申请设立登记**]董事会应于创立大会结束后三十日内,向公司登记机关报送下列文件,申请设立登记:

(一)公司登记申请书;

(二)创立大会的会议记录;

(三)公司章程;

(四)验资证明;

(五)法定代表人、董事、监事的任职文件及其身份证明;

(六)发起人的法人资格证明或者自然人身份证明;

(七)公司住所证明。

以募集方式设立股份有限公司公开发行股票的,还应当向公司登记机关报送国务院证券监督管理机构的核准文件。

第九十三条 [**出资不足的补充**]股份有限公司成立后,发起人未按照公司章程的规定缴足出资的,应当补缴;其他发起人承担连带责任。

股份有限公司成立后，发现作为设立公司出资的非货币财产的实际价额显著低于公司章程所定价额的，应当由交付该出资的发起人补足其差额；其他发起人承担连带责任。

第九十四条　[发起人的责任]股份有限公司的发起人应当承担下列责任：

（一）公司不能成立时，对设立行为所产生的债务和费用负连带责任；

（二）公司不能成立时，对认股人已缴纳的股款，负返还股款并加算银行同期存款利息的连带责任；

（三）在公司设立过程中，由于发起人的过失致使公司利益受到损害的，应当对公司承担赔偿责任。

第九十五条　[公司性质的变更]有限责任公司变更为股份有限公司时，折合的实收股本总额不得高于公司净资产额。有限责任公司变更为股份有限公司，为增加资本公开发行股份时，应当依法办理。

第九十六条　[重要资料的置备]股份有限公司应当将公司章程、股东名册、公司债券存根、股东大会会议记录、董事会会议记录、监事会会议记录、财务会计报告置备于本公司。

第九十七条　[股东的查阅、建议和质询权]股东有权查阅公司章程、股东名册、公司债券存根、股东大会会议记录、董事会会议决议、监事会会议决议、财务会计报告，对公司的经营提出建议或者质询。

第九十八条　[股东大会的组成与地位]股份有限公司股东大会由全体股东组成。股东大会是公司的权力机构，依照本法行使职权。

第九十九条　[股东会的职权]本法第三十七条第一款关于有限责任公司股东会职权的规定，适用于股份有限公司股东大会。

第一百条　[年会和临时会]股东大会应当每年召开一次年会。有下列情形之一的，应当在两个月内召开临时股东大会：

（一）董事人数不足本法规定人数或者公司章程所定人数的三分之二时；

（二）公司未弥补的亏损达实收股本总额三分之一时；

（三）单独或者合计持有公司百分之十以上股份的股东请求时；

（四）董事会认为必要时；

(五)监事会提议召开时;

(六)公司章程规定的其他情形。

第一百零一条 [股东大会会议的召集与主持]股东大会会议由董事会召集,董事长主持;董事长不能履行职务或者不履行职务的,由副董事长主持;副董事长不能履行职务或者不履行职务的,由半数以上董事共同推举一名董事主持。

董事会不能履行或者不履行召集股东大会会议职责的,监事会应当及时召集和主持;监事会不召集和主持的,连续九十日以上单独或者合计持有公司百分之十以上股份的股东可以自行召集和主持。

第一百零二条 [股东大会会议]召开股东大会会议,应当将会议召开的时间、地点和审议的事项于会议召开二十日前通知各股东;临时股东大会应当于会议召开十五日前通知各股东;发行无记名股票的,应当于会议召开三十日前公告会议召开的时间、地点和审议事项。

单独或者合计持有公司百分之三以上股份的股东,可以在股东大会召开十日前提出临时提案并书面提交董事会;董事会应当在收到提案后二日内通知其他股东,并将该临时提案提交股东大会审议。临时提案的内容应当属于股东大会职权范围,并有明确议题和具体决议事项。

股东大会不得对前两款通知中未列明的事项作出决议。

无记名股票持有人出席股东大会会议的,应当于会议召开五日前至股东大会闭会时将股票交存于公司。

第一百零三条 [股东表决权]股东出席股东大会会议,所持每一股份有一表决权。但是,公司持有的本公司股份没有表决权。

股东大会作出决议,必须经出席会议的股东所持表决权过半数通过。但是,股东大会作出修改公司章程、增加或者减少注册资本的决议,以及公司合并、分立、解散或者变更公司形式的决议,必须经出席会议的股东所持表决权的三分之二以上通过。

第一百零四条 [重要事项的股东大会决议权]本法和公司章程规定公司转让、受让重大资产或者对外提供担保等事项必须经股东大会作出决议的,董事会应当及时召集股东大会会议,由股东大会就上述事项进行表决。

第一百零五条 [董事、监事选举的累积投票制]股东大会选举董事、监事,可以依照公司章程的规定或者股东大会的决议,实行累积投票制。

本法所称累积投票制,是指股东大会选举董事或者监事时,每一股份拥有与应选董事或者监事人数相同的表决权,股东拥有的表决权可以集中使用。

第一百零六条 [出席股东大会的代理]股东可以委托代理人出席股东大会会议,代理人应当向公司提交股东授权委托书,并在授权范围内行使表决权。

第一百零七条 [股东大会会议记录]股东大会应当对所议事项的决定作成会议记录,主持人、出席会议的董事应当在会议记录上签名。会议记录应当与出席股东的签名册及代理出席的委托书一并保存。

第一百零八条 [董事会组成、任期及职权]股份有限公司设董事会,其成员为五人至十九人。

董事会成员中可以有公司职工代表。董事会中的职工代表由公司职工通过职工代表大会、职工大会或者其他形式民主选举产生。

本法第四十五条关于有限责任公司董事任期的规定,适用于股份有限公司董事。

本法第四十六条关于有限责任公司董事会职权的规定,适用于股份有限公司董事会。

第一百零九条 [董事长的产生及职权]董事会设董事长一人,可以设副董事长。董事长和副董事长由董事会以全体董事的过半数选举产生。

董事长召集和主持董事会会议,检查董事会决议的实施情况。副董事长协助董事长工作,董事长不能履行职务或者不履行职务的,由副董事长履行职务;副董事长不能履行职务或者不履行职务的,由半数以上董事共同推举一名董事履行职务。

第一百一十条 [董事会会议的召集]董事会每年度至少召开两次会议,每次会议应当于会议召开十日前通知全体董事和监事。

代表十分之一以上表决权的股东、三分之一以上董事或者监事会,可以提议召开董事会临时会议。董事长应当自接到提议后十日内,召集和主持董事会会议。

董事会召开临时会议,可以另定召集董事会的通知方式和通知时限。

第一百一十一条 [董事会会议的议事规则]董事会会议应有过半数的董事出席方可举行。董事会作出决议,必须经全体董事的过半数通过。

董事会决议的表决,实行一人一票。

第一百一十二条 [董事会会议的出席及责任承担]董事会会议,应由董事本人出席;董事因故不能出席,可以书面委托其他董事代为出席,委托书中应载明授权范围。

董事会应当对会议所议事项的决定作成会议记录,出席会议的董事应当在会议记录上签名。

董事应当对董事会的决议承担责任。董事会的决议违反法律、行政法规或者公司章程、股东大会决议,致使公司遭受严重损失的,参与决议的董事对公司负赔偿责任。但经证明在表决时曾表明异议并记载于会议记录的,该董事可以免除责任。

第一百一十三条 [经理的设立与职权]股份有限公司设经理,由董事会决定聘任或者解聘。

本法第四十九条关于有限责任公司经理职权的规定,适用于股份有限公司经理。

第一百一十四条 [董事兼任经理]公司董事会可以决定由董事会成员兼任经理。

第一百一十五条 [公司向高管人员借款禁止]公司不得直接或者通过子公司向董事、监事、高级管理人员提供借款。

第一百一十六条 [高管人员的报酬披露]公司应当定期向股东披露董事、监事、高级管理人员从公司获得报酬的情况。

第一百一十七条 [监事会的组成及任期]股份有限公司设监事会,其成员不得少于三人。

监事会应当包括股东代表和适当比例的公司职工代表,其中职工代表的比例不得低于三分之一,具体比例由公司章程规定。监事会中的职工代表由公司职工通过职工代表大会、职工大会或者其他形式民主选举产生。

监事会设主席一人，可以设副主席。监事会主席和副主席由全体监事过半数选举产生。监事会主席召集和主持监事会会议；监事会主席不能履行职务或者不履行职务的，由监事会副主席召集和主持监事会会议；监事会副主席不能履行职务或者不履行职务的，由半数以上监事共同推举一名监事召集和主持监事会会议。

董事、高级管理人员不得兼任监事。

本法第五十二条关于有限责任公司监事任期的规定，适用于股份有限公司监事。

第一百一十八条　[监事会的职权及费用]本法第五十三条、第五十四条关于有限责任公司监事会职权的规定，适用于股份有限公司监事会。

监事会行使职权所必需的费用，由公司承担。

第一百一十九条　[监事会的会议制度]监事会每六个月至少召开一次会议。监事可以提议召开临时监事会会议。监事会的议事方式和表决程序，除本法有规定的外，由公司章程规定。

监事会决议应当经半数以上监事通过。

监事会应当对所议事项的决定作成会议记录，出席会议的监事应当在会议记录上签名。

第一百二十条　[上市公司的定义]本法所称上市公司，是指其股票在证券交易所上市交易的股份有限公司。

第一百二十一条　[特别事项的通过]上市公司在一年内购买、出售重大资产或者担保金额超过公司资产总额百分之三十的，应当由股东大会作出决议，并经出席会议的股东所持表决权的三分之二以上通过。

第一百二十二条　[独立董事]上市公司设独立董事，具体办法由国务院规定。

第一百二十三条　[董事会秘书]上市公司设董事会秘书，负责公司股东大会和董事会会议的筹备、文件保管以及公司股东资料的管理，办理信息披露事务等事宜。

第一百二十四条 ［会议决议的关联关系董事不得表决］上市公司董事与董事会会议决议事项所涉及的企业有关联关系的，不得对该项决议行使表决权，也不得代理其他董事行使表决权。该董事会会议由过半数的无关联关系董事出席即可举行，董事会会议所作决议须经无关联关系董事过半数通过。出席董事会的无关联关系董事人数不足三人的，应将该事项提交上市公司股东大会审议。

第五章 股份有限公司的股份发行和转让

第一百二十五条 ［股份及其形式］股份有限公司的资本划分为股份，每一股的金额相等。

公司的股份采取股票的形式。股票是公司签发的证明股东所持股份的凭证。

第一百二十六条 ［股份发行的原则］股份的发行，实行公平、公正的原则，同种类的每一股份应当具有同等权利。

同次发行的同种类股票，每股的发行条件和价格应当相同；任何单位或者个人所认购的股份，每股应当支付相同价额。

第一百二十七条 ［股票发行价格］股票发行价格可以按票面金额，也可以超过票面金额，但不得低于票面金额。

第一百二十八条 ［股票的形式及载明的事项］股票采用纸面形式或者国务院证券监督管理机构规定的其他形式。股票应当载明下列主要事项：

（一）公司名称；

（二）公司成立日期；

（三）股票种类、票面金额及代表的股份数；

（四）股票的编号。

股票由法定代表人签名，公司盖章。

发起人的股票，应当标明发起人股票字样。

第一百二十九条 ［股票的种类］公司发行的股票，可以为记名股票，也可以为无记名股票。

公司向发起人、法人发行的股票，应当为记名股票，并应当记载该发起人、法人的名称或者姓名，不得另立户名或者以代表人姓名记名。

第一百三十条 ［股东信息的记载］公司发行记名股票的，应当置备股东名册，记载下列事项：

（一）股东的姓名或者名称及住所；

（二）各股东所持股份数；

（三）各股东所持股票的编号；

（四）各股东取得股份的日期。

发行无记名股票的，公司应当记载其股票数量、编号及发行日期。

第一百三十一条 ［其他种类的股份］国务院可以对公司发行本法规定以外的其他种类的股份，另行作出规定。

第一百三十二条 ［向股东交付股票］股份有限公司成立后，即向股东正式交付股票。公司成立前不得向股东交付股票。

第一百三十三条 ［发行新股的决议］公司发行新股，股东大会应当对下列事项作出决议：

（一）新股种类及数额；

（二）新股发行价格；

（三）新股发行的起止日期；

（四）向原有股东发行新股的种类及数额。

第一百三十四条 ［发行新股的程序］公司经国务院证券监督管理机构核准公开发行新股时，必须公告新股招股说明书和财务会计报告，并制作认股书。

本法第八十七条、第八十八条的规定适用于公司公开发行新股。

第一百三十五条 ［发行新股的作价方案］公司发行新股，可以根据公司经营情况和财务状况，确定其作价方案。

第一百三十六条 ［发行新股的变更登记］公司发行新股募足股款后，必须向公司登记机关办理变更登记，并公告。

第一百三十七条 ［股份转让］股东持有的股份可以依法转让。

第一百三十八条 ［股份转让的场所］股东转让其股份，应当在依法设立的证券交易场所进行或者按照国务院规定的其他方式进行。

第一百三十九条 [记名股票的转让]记名股票,由股东以背书方式或者法律、行政法规规定的其他方式转让;转让后由公司将受让人的姓名或者名称及住所记载于股东名册。

股东大会召开前二十日内或者公司决定分配股利的基准日前五日内,不得进行前款规定的股东名册的变更登记。但是,法律对上市公司股东名册变更登记另有规定的,从其规定。

第一百四十条 [无记名股票的转让]无记名股票的转让,由股东将该股票交付给受让人后即发生转让的效力。

第一百四十一条 [特定持有人的股份转让]发起人持有的本公司股份,自公司成立之日起一年内不得转让。公司公开发行股份前已发行的股份,自公司股票在证券交易所上市交易之日起一年内不得转让。

公司董事、监事、高级管理人员应当向公司申报所持有的本公司的股份及其变动情况,在任职期间每年转让的股份不得超过其所持有本公司股份总数的百分之二十五;所持本公司股份自公司股票上市交易之日起一年内不得转让。上述人员离职后半年内,不得转让其所持有的本公司股份。公司章程可以对公司董事、监事、高级管理人员转让其所持有的本公司股份作出其他限制性规定。

第一百四十二条 [本公司股份的收购及质押]公司不得收购本公司股份。但是,有下列情形之一的除外:

(一)减少公司注册资本;

(二)与持有本公司股份的其他公司合并;

(三)将股份用于员工持股计划或者股权激励;

(四)股东因对股东大会作出的公司合并、分立决议持异议,要求公司收购其股份;

(五)将股份用于转换上市公司发行的可转换为股票的公司债券;

(六)上市公司为维护公司价值及股东权益所必需。

公司因前款第(一)项、第(二)项规定的情形收购本公司股份的,应当经股东大会决议;公司因前款第(三)项、第(五)项、第(六)项规定的情形收购本公司股份的,可以依照公司章程的规定或者股东大会的授权,经三分之二以上董事出席的董事会会议决议。

公司依照本条第一款规定收购本公司股份后,属于第(一)项情形的,应当自收购之日起十日内注销;属于第(二)项、第(四)项情形的,应当在六个月内转让或者注销;属于第(三)项、第(五)项、第(六)项情形的,公司合计持有的本公司股份数不得超过本公司已发行股份总额的百分之十,并应当在三年内转让或者注销。

上市公司收购本公司股份的,应当依照《中华人民共和国证券法》的规定履行信息披露义务。上市公司因本条第一款第(三)项、第(五)项、第(六)项规定的情形收购本公司股份的,应当通过公开的集中交易方式进行。

公司不得接受本公司的股票作为质押权的标的。

第一百四十三条 [记名股票丢失的救济]记名股票被盗、遗失或者灭失,股东可以依照《中华人民共和国民事诉讼法》规定的公示催告程序,请求人民法院宣告该股票失效。人民法院宣告该股票失效后,股东可以向公司申请补发股票。

第一百四十四条 [上市公司的股票交易]上市公司的股票,依照有关法律、行政法规及证券交易所交易规则上市交易。

第一百四十五条 [上市公司的信息公开]上市公司必须依照法律、行政法规的规定,公开其财务状况、经营情况及重大诉讼,在每会计年度内半年公布一次财务会计报告。

第六章 公司董事、监事、高级管理人员的资格和义务

第一百四十六条 [高管人员的资格禁止]有下列情形之一的,不得担任公司的董事、监事、高级管理人员:

(一)无民事行为能力或者限制民事行为能力;

(二)因贪污、贿赂、侵占财产、挪用财产或者破坏社会主义市场经济秩序,被判处刑罚,执行期满未逾五年,或者因犯罪被剥夺政治权利,执行期满未逾五年;

（三）担任破产清算的公司、企业的董事或者厂长、经理，对该公司、企业的破产负有个人责任的，自该公司、企业破产清算完结之日起未逾三年；

（四）担任因违法被吊销营业执照、责令关闭的公司、企业的法定代表人，并负有个人责任的，自该公司、企业被吊销营业执照之日起未逾三年；

（五）个人所负数额较大的债务到期未清偿。

公司违反前款规定选举、委派董事、监事或者聘任高级管理人员的，该选举、委派或者聘任无效。

董事、监事、高级管理人员在任职期间出现本条第一款所列情形的，公司应当解除其职务。

第一百四十七条 董事、监事、高级管理人员应当遵守法律、行政法规和公司章程，对公司负有忠实义务和勤勉义务。

董事、监事、高级管理人员不得利用职权收受贿赂或者其他非法收入，不得侵占公司的财产。

第一百四十八条 ［董事、高管人员的禁止行为］董事、高级管理人员不得有下列行为：

（一）挪用公司资金；

（二）将公司资金以其个人名义或者以其他个人名义开立账户存储；

（三）违反公司章程的规定，未经股东会、股东大会或者董事会同意，将公司资金借贷给他人或者以公司财产为他人提供担保；

（四）违反公司章程的规定或者未经股东会、股东大会同意，与本公司订立合同或者进行交易；

（五）未经股东会或者股东大会同意，利用职务便利为自己或者他人谋取属于公司的商业机会，自营或者为他人经营与所任职公司同类的业务；

（六）接受他人与公司交易的佣金归为己有；

（七）擅自披露公司秘密；

（八）违反对公司忠实义务的其他行为。

董事、高级管理人员违反前款规定所得的收入应当归公司所有。

第一百四十九条 ［董事、监事、高管人员的损害赔偿责任］董事、监事、高级管理人员执行公司职务时违反法律、行政法规或者公司章程的规定，给公司造成损失的，应当承担赔偿责任。

第一百五十条 股东会或者股东大会要求董事、监事、高级管理人员列席会议的，董事、监事、高级管理人员应当列席并接受股东的质询。

董事、高级管理人员应当如实向监事会或者不设监事会的有限责任公司的监事提供有关情况和资料，不得妨碍监事会或者监事行使职权。

第一百五十一条 **[公司权益受损的股东救济]**董事、高级管理人员有本法第一百四十九条规定的情形的，有限责任公司的股东、股份有限公司连续一百八十日以上单独或者合计持有公司百分之一以上股份的股东，可以书面请求监事会或者不设监事会的有限责任公司的监事向人民法院提起诉讼；监事有本法第一百四十九条规定的情形的，前述股东可以书面请求董事会或者不设董事会的有限责任公司的执行董事向人民法院提起诉讼。

监事会、不设监事会的有限责任公司的监事，或者董事会、执行董事收到前款规定的股东书面请求后拒绝提起诉讼，或者自收到请求之日起三十日内未提起诉讼，或者情况紧急、不立即提起诉讼将会使公司利益受到难以弥补的损害的，前款规定的股东有权为了公司的利益以自己的名义直接向人民法院提起诉讼。

他人侵犯公司合法权益，给公司造成损失的，本条第一款规定的股东可以依照前两款的规定向人民法院提起诉讼。

第一百五十二条 **[股东权益受损的诉讼]**董事、高级管理人员违反法律、行政法规或者公司章程的规定，损害股东利益的，股东可以向人民法院提起诉讼。

第七章 公司债券

第一百五十三条 **[公司债券的概念和发行条件]**本法所称公司债券，是指公司依照法定程序发行、约定在一定期限还本付息的有价证券。

公司发行公司债券应当符合《中华人民共和国证券法》规定的发行条件。

第一百五十四条 **[公司债券募集办法]**发行公司债券的申请经国务院授

权的部门核准后,应当公告公司债券募集办法。公司债券募集办法中应当载明下列主要事项:

(一)公司名称;

(二)债券募集资金的用途;

(三)债券总额和债券的票面金额;

(四)债券利率的确定方式;

(五)还本付息的期限和方式;

(六)债券担保情况;

(七)债券的发行价格、发行的起止日期;

(八)公司净资产额;

(九)已发行的尚未到期的公司债券总额;

(十)公司债券的承销机构。

第一百五十五条 [公司债券票面的记载事项]公司以实物券方式发行公司债券的,必须在债券上载明公司名称、债券票面金额、利率、偿还期限等事项,并由法定代表人签名,公司盖章。

第一百五十六条 [公司债券的分类]公司债券,可以为记名债券,也可以为无记名债券。

第一百五十七条 [公司债券存根簿]公司发行公司债券应当置备公司债券存根簿。

发行记名公司债券的,应当在公司债券存根簿上载明下列事项:

(一)债券持有人的姓名或者名称及住所;

(二)债券持有人取得债券的日期及债券的编号;

(三)债券总额,债券的票面金额、利率、还本付息的期限和方式;

(四)债券的发行日期。

发行无记名公司债券的,应当在公司债券存根簿上载明债券总额、利率、偿还期限和方式、发行日期及债券的编号。

第一百五十八条 [记名公司债券的登记结算]记名公司债券的登记结算机构应当建立债券登记、存管、付息、兑付等相关制度。

第一百五十九条 [公司债券转让]公司债券可以转让,转让价格由转让人与受让人约定。

公司债券在证券交易所上市交易的,按照证券交易所的交易规则转让。

第一百六十条 [公司债券的转让方式]记名公司债券,由债券持有人以背书方式或者法律、行政法规规定的其他方式转让;转让后由公司将受让人的姓名或者名称及住所记载于公司债券存根簿。

无记名公司债券的转让,由债券持有人将该债券交付给受让人后即发生转让的效力。

第一百六十一条 [可转换公司债券的发行]上市公司经股东大会决议可以发行可转换为股票的公司债券,并在公司债券募集办法中规定具体的转换办法。上市公司发行可转换为股票的公司债券,应当报国务院证券监督管理机构核准。

发行可转换为股票的公司债券,应当在债券上标明可转换公司债券字样,并在公司债券存根簿上载明可转换公司债券的数额。

第一百六十二条 [可转换公司债券的转换]发行可转换为股票的公司债券的,公司应当按照其转换办法向债券持有人换发股票,但债券持有人对转换股票或者不转换股票有选择权。

第八章 公司财务、会计

第一百六十三条 公司应当依照法律、行政法规和国务院财政部门的规定建立本公司的财务、会计制度。

第一百六十四条 [财务会计报告]公司应当在每一会计年度终了时编制财务会计报告,并依法经会计师事务所审计。

财务会计报告应当依照法律、行政法规和国务院财政部门的规定制作。

第一百六十五条 [财务会计报告的公示]有限责任公司应当依照公司章程规定的期限将财务会计报告送交各股东。

股份有限公司的财务会计报告应当在召开股东大会年会的二十日前置备于本公司,供股东查阅;公开发行股票的股份有限公司必须公告其财务会计报告。

第一百六十六条　[法定公积金与任意公积金]公司分配当年税后利润时，应当提取利润的百分之十列入公司法定公积金。公司法定公积金累计额为公司注册资本的百分之五十以上的，可以不再提取。

公司的法定公积金不足以弥补以前年度亏损的，在依照前款规定提取法定公积金之前，应当先用当年利润弥补亏损。

公司从税后利润中提取法定公积金后，经股东会或者股东大会决议，还可以从税后利润中提取任意公积金。

公司弥补亏损和提取公积金后所余税后利润，有限责任公司依照本法第三十四条的规定分配；股份有限公司按照股东持有的股份比例分配，但股份有限公司章程规定不按持股比例分配的除外。

股东会、股东大会或者董事会违反前款规定，在公司弥补亏损和提取法定公积金之前向股东分配利润的，股东必须将违反规定分配的利润退还公司。

公司持有的本公司股份不得分配利润。

第一百六十七条　[股份有限公司资本公积金]股份有限公司以超过股票票面金额的发行价格发行股份所得的溢价款以及国务院财政部门规定列入资本公积金的其他收入，应当列为公司资本公积金。

第一百六十八条　[公积金的用途]公司的公积金用于弥补公司的亏损、扩大公司生产经营或者转为增加公司资本。但是，资本公积金不得用于弥补公司的亏损。

法定公积金转为资本时，所留存的该项公积金不得少于转增前公司注册资本的百分之二十五。

第一百六十九条　公司聘用、解聘承办公司审计业务的会计师事务所，依照公司章程的规定，由股东会、股东大会或者董事会决定。

公司股东会、股东大会或者董事会就解聘会计师事务所进行表决时，应当允许会计师事务所陈述意见。

第一百七十条　[真实提供会计资料]公司应当向聘用的会计师事务所提供真实、完整的会计凭证、会计账簿、财务会计报告及其他会计资料，不得拒绝、隐匿、谎报。

第一百七十一条 [会计账簿]公司除法定的会计账簿外，不得另立会计账簿。

对公司资产，不得以任何个人名义开立账户存储。

第九章 公司合并、分立、增资、减资

第一百七十二条 [公司的合并]公司合并可以采取吸收合并或者新设合并。

一个公司吸收其他公司为吸收合并，被吸收的公司解散。两个以上公司合并设立一个新的公司为新设合并，合并各方解散。

第一百七十三条 [公司合并的程序]公司合并，应当由合并各方签订合并协议，并编制资产负债表及财产清单。公司应当自作出合并决议之日起十日内通知债权人，并于三十日内在报纸上公告。债权人自接到通知书之日起三十日内，未接到通知书的自公告之日起四十五日内，可以要求公司清偿债务或者提供相应的担保。

第一百七十四条 [公司合并债权债务的承继]公司合并时，合并各方的债权、债务，应当由合并后存续的公司或者新设的公司承继。

第一百七十五条 [公司的分立]公司分立，其财产作相应的分割。

公司分立，应当编制资产负债表及财产清单。公司应当自作出分立决议之日起十日内通知债权人，并于三十日内在报纸上公告。

第一百七十六条 [公司分立前的债务承担]公司分立前的债务由分立后的公司承担连带责任。但是，公司在分立前与债权人就债务清偿达成的书面协议另有约定的除外。

第一百七十七条 [公司减资]公司需要减少注册资本时，必须编制资产负债表及财产清单。

公司应当自作出减少注册资本决议之日起十日内通知债权人，并于三十日内在报纸上公告。债权人自接到通知书之日起三十日内，未接到通知书的自公告之日起四十五日内，有权要求公司清偿债务或者提供相应的担保。

第一百七十八条　[公司增资]有限责任公司增加注册资本时，股东认缴新增资本的出资，依照本法设立有限责任公司缴纳出资的有关规定执行。

股份有限公司为增加注册资本发行新股时，股东认购新股，依照本法设立股份有限公司缴纳股款的有关规定执行。

第一百七十九条　[公司变更的登记]公司合并或者分立，登记事项发生变更的，应当依法向公司登记机关办理变更登记；公司解散的，应当依法办理公司注销登记；设立新公司的，应当依法办理公司设立登记。

公司增加或者减少注册资本，应当依法向公司登记机关办理变更登记。

第十章　公司解散和清算

第一百八十条　[公司解散原因]公司因下列原因解散：

（一）公司章程规定的营业期限届满或者公司章程规定的其他解散事由出现；

（二）股东会或者股东大会决议解散；

（三）因公司合并或者分立需要解散；

（四）依法被吊销营业执照、责令关闭或者被撤销；

（五）人民法院依照本法第一百八十二条的规定予以解散。

第一百八十一条　[修改公司章程]公司有本法第一百八十条第（一）项情形的，可以通过修改公司章程而存续。

依照前款规定修改公司章程，有限责任公司须经持有三分之二以上表决权的股东通过，股份有限公司须经出席股东大会会议的股东所持表决权的三分之二以上通过。

第一百八十二条　[请求法院解散公司]公司经营管理发生严重困难，继续存续会使股东利益受到重大损失，通过其他途径不能解决的，持有公司全部股东表决权百分之十以上的股东，可以请求人民法院解散公司。

第一百八十三条　[清算组的成立与组成]公司因本法第一百八十条第（一）项、第（二）项、第（四）项、第（五）项规定而解散的，应当在解散事由出现之日起十五日内成立清算组，开始清算。有限责任公司的清算组由股东组成，股份有限公司的清算组由董事或者股东大会确定的人员组成。逾期不成立清算组进行清算的,债权人可以申请人民法院指定有关人员组成清算组进行清算。人民法院应当受理该申请,并及时组织清算组进行清算。

第一百八十四条　[清算组的职权]清算组在清算期间行使下列职权:

(一)清理公司财产,分别编制资产负债表和财产清单;

(二)通知、公告债权人;

(三)处理与清算有关的公司未了结的业务;

(四)清缴所欠税款以及清算过程中产生的税款;

(五)清理债权、债务;

(六)处理公司清偿债务后的剩余财产;

(七)代表公司参与民事诉讼活动。

第一百八十五条　[债权人申报债权]清算组应当自成立之日起十日内通知债权人,并于六十日内在报纸上公告。债权人应当自接到通知书之日起三十日内,未接到通知书的自公告之日起四十五日内,向清算组申报其债权。

债权人申报债权,应当说明债权的有关事项,并提供证明材料。清算组应当对债权进行登记。

在申报债权期间,清算组不得对债权人进行清偿。

第一百八十六条　[清算程序]清算组在清理公司财产、编制资产负债表和财产清单后,应当制定清算方案,并报股东会、股东大会或者人民法院确认。

公司财产在分别支付清算费用、职工的工资、社会保险费用和法定补偿金,缴纳所欠税款,清偿公司债务后的剩余财产,有限责任公司按照股东的出资比例分配,股份有限公司按照股东持有的股份比例分配。

清算期间,公司存续,但不得开展与清算无关的经营活动。公司财产在未依照前款规定清偿前,不得分配给股东。

第一百八十七条　[破产申请]清算组在清理公司财产、编制资产负债表和财产清单后,发现公司财产不足清偿债务的,应当依法向人民法院申请宣告破产。

公司经人民法院裁定宣告破产后,清算组应当将清算事务移交给人民法院。

第一百八十八条　[公司注销]公司清算结束后,清算组应当制作清算报告,报股东会、股东大会或者人民法院确认,并报送公司登记机关,申请注销公司登记,公告公司终止。

第一百八十九条　[清算组成员的义务与责任]清算组成员应当忠于职守,依法履行清算义务。

清算组成员不得利用职权收受贿赂或者其他非法收入,不得侵占公司财产。

清算组成员因故意或者重大过失给公司或者债权人造成损失的,应当承担赔偿责任。

第一百九十条　[公司破产]公司被依法宣告破产的,依照有关企业破产的法律实施破产清算。

第十一章　外国公司的分支机构

第一百九十一条　本法所称外国公司是指依照外国法律在中国境外设立的公司。

第一百九十二条　[外国公司分支机构的设立程序]外国公司在中国境内设立分支机构,必须向中国主管机关提出申请,并提交其公司章程、所属国的公司登记证书等有关文件,经批准后,向公司登记机关依法办理登记,领取营业执照。

外国公司分支机构的审批办法由国务院另行规定。

第一百九十三条　[外国公司分支机构的设立条件]外国公司在中国境内设立分支机构,必须在中国境内指定负责该分支机构的代表人或者代理人,并向该分支机构拨付与其所从事的经营活动相适应的资金。

对外国公司分支机构的经营资金需要规定最低限额的,由国务院另行规定。

第一百九十四条　[外国公司分支机构的名称]外国公司的分支机构应当在其名称中标明该外国公司的国籍及责任形式。

外国公司的分支机构应当在本机构中置备该外国公司章程。

第一百九十五条　[外国公司分支机构的法律地位]外国公司在中国境内设立的分支机构不具有中国法人资格。

外国公司对其分支机构在中国境内进行经营活动承担民事责任。

第一百九十六条　[外国公司分支机构的活动原则]经批准设立的外国公司分支机构,在中国境内从事业务活动,必须遵守中国的法律,不得损害中国的社会公共利益,其合法权益受中国法律保护。

第一百九十七条　外国公司撤销其在中国境内的分支机构时,必须依法清偿债务,依照本法有关公司清算程序的规定进行清算。未清偿债务之前,不得将其分支机构的财产移至中国境外。

第十二章　法律责任

第一百九十八条　[虚报注册资本的法律责任]违反本法规定,虚报注册资本、提交虚假材料或者采取其他欺诈手段隐瞒重要事实取得公司登记的,由公司登记机关责令改正,对虚报注册资本的公司,处以虚报注册资本金额百分之五以上百分之十五以下的罚款;对提交虚假材料或者采取其他欺诈手段隐瞒重要事实的公司,处以五万元以上五十万元以下的罚款;情节严重的,撤销公司登记或者吊销营业执照。

第一百九十九条　[虚假出资的法律责任]公司的发起人、股东虚假出资,未交付或者未按期交付作为出资的货币或者非货币财产的,由公司登记机关责令改正,处以虚假出资金额百分之五以上百分之十五以下的罚款。

第二百条　[抽逃出资的法律责任]公司的发起人、股东在公司成立后,抽逃其出资的,由公司登记机关责令改正,处以所抽逃出资金额百分之五以上百分之十五以下的罚款。

第二百零一条　[另立会计账簿的法律责任]公司违反本法规定,在法定的会计账簿以外另立会计账簿的,由县级以上人民政府财政部门责令改正,处以五万元以上五十万元以下的罚款。

第二百零二条　[提供虚假财会报告的法律责任]公司在依法向有关主管

部门提供的财务会计报告等材料上作虚假记载或者隐瞒重要事实的,由有关主管部门对直接负责的主管人员和其他直接责任人员处以三万元以上三十万元以下的罚款。

第二百零三条 [**违法提取法定公积金的法律责任**]公司不依照本法规定提取法定公积金的,由县级以上人民政府财政部门责令如数补足应当提取的金额,可以对公司处以二十万元以下的罚款。

第二百零四条 公司在合并、分立、减少注册资本或者进行清算时,不依照本法规定通知或者公告债权人的,由公司登记机关责令改正,对公司处以一万元以上十万元以下的罚款。

公司在进行清算时,隐匿财产,对资产负债表或者财产清单作虚假记载或者在未清偿债务前分配公司财产的,由公司登记机关责令改正,对公司处以隐匿财产或者未清偿债务前分配公司财产金额百分之五以上百分之十以下的罚款;对直接负责的主管人员和其他直接责任人员处以一万元以上十万元以下的罚款。

第二百零五条 [**公司在清算期间违法经营活动的法律责任**]公司在清算期间开展与清算无关的经营活动的,由公司登记机关予以警告,没收违法所得。

第二百零六条 [**清算组违法活动的法律责任**]清算组不依照本法规定向公司登记机关报送清算报告,或者报送清算报告隐瞒重要事实或者有重大遗漏的,由公司登记机关责令改正。

清算组成员利用职权徇私舞弊、谋取非法收入或者侵占公司财产的,由公司登记机关责令退还公司财产,没收违法所得,并可以处以违法所得一倍以上五倍以下的罚款。

第二百零七条 [**资产评估、验资或者验证机构违法的法律责任**]承担资产评估、验资或者验证的机构提供虚假材料的,由公司登记机关没收违法所得,处以违法所得一倍以上五倍以下的罚款,并可以由有关主管部门依法责令该机构停业、吊销直接责任人员的资格证书,吊销营业执照。

承担资产评估、验资或者验证的机构因过失提供有重大遗漏的报告的,由公司登记机关责令改正,情节较重的,处以所得收入一倍以上五倍以下的罚款,并可以由有关主管部门依法责令该机构停业、吊销直接责任人员的资格证书,吊销营业执照。

承担资产评估、验资或者验证的机构因其出具的评估结果、验资或者验证证明不实,给公司债权人造成损失的,除能够证明自己没有过错的外,在其评估或者证明不实的金额范围内承担赔偿责任。

第二百零八条 [公司登记机关违法的法律责任]公司登记机关对不符合本法规定条件的登记申请予以登记,或者对符合本法规定条件的登记申请不予登记的,对直接负责的主管人员和其他直接责任人员,依法给予行政处分。

第二百零九条 [公司登记机关的上级部门违法的法律责任]公司登记机关的上级部门强令公司登记机关对不符合本法规定条件的登记申请予以登记,或者对符合本法规定条件的登记申请不予登记的,或者对违法登记进行包庇的,对直接负责的主管人员和其他直接责任人员依法给予行政处分。

第二百一十条 [假冒公司名义的法律责任]未依法登记为有限责任公司或者股份有限公司,而冒用有限责任公司或者股份有限公司名义的,或者未依法登记为有限责任公司或者股份有限公司的分公司,而冒用有限责任公司或者股份有限公司的分公司名义的,由公司登记机关责令改正或者予以取缔,可以并处十万元以下的罚款。

第二百一十一条 [逾期开业、停业、不依法办理变更登记的法律责任]公司成立后无正当理由超过六个月未开业的,或者开业后自行停业连续六个月以上的,可以由公司登记机关吊销营业执照。

公司登记事项发生变更时,未依照本法规定办理有关变更登记的,由公司登记机关责令限期登记;逾期不登记的,处以一万元以上十万元以下的罚款。

第二百一十二条 外国公司违反本法规定,擅自在中国境内设立分支机构的,由公司登记机关责令改正或者关闭,可以并处五万元以上二十万元以下的罚款。

第二百一十三条 [吊销营业执照]利用公司名义从事危害国家安全、社会公共利益的严重违法行为的,吊销营业执照。

第二百一十四条 [**民事赔偿优先**]公司违反本法规定,应当承担民事赔偿责任和缴纳罚款、罚金的,其财产不足以支付时,先承担民事赔偿责任。

第二百一十五条 [**刑事责任**]违反本法规定,构成犯罪的,依法追究刑事责任。

第十三章 附 则

第二百一十六条 [**本法相关用语的含义**]本法下列用语的含义:

(一)高级管理人员,是指公司的经理、副经理、财务负责人,上市公司董事会秘书和公司章程规定的其他人员。

(二)控股股东,是指其出资额占有限责任公司资本总额百分之五十以上或者其持有的股份占股份有限公司股本总额百分之五十以上的股东;出资额或者持有股份的比例虽然不足百分之五十,但依其出资额或者持有的股份所享有的表决权已足以对股东会、股东大会的决议产生重大影响的股东。

(三)实际控制人,是指虽不是公司的股东,但通过投资关系、协议或者其他安排,能够实际支配公司行为的人。

(四)关联关系,是指公司控股股东、实际控制人、董事、监事、高级管理人员与其直接或者间接控制的企业之间的关系,以及可能导致公司利益转移的其他关系。但是,国家控股的企业之间不仅因为同受国家控股而具有关联关系。

第二百一十七条 [**外资公司的法律适用**]外商投资的有限责任公司和股份有限公司适用本法;有关外商投资的法律另有规定的,适用其规定。

第二百一十八条 [**施行日期**]本法自 2006 年 1 月 1 日起施行。

最高人民法院关于适用《中华人民共和国公司法》若干问题的规定(五)

(2019 年 4 月 22 日最高人民法院审判委员会第 1766 次会议审议通过,自 2019 年 4 月 29 日起施行)

法释〔2019〕7 号

为正确适用《中华人民共和国公司法》,结合人民法院审判实践,就股东权益保护等纠纷案件适用法律问题作出如下规定。

第一条　关联交易损害公司利益,原告公司依据公司法第二十一条规定请求控股股东、实际控制人、董事、监事、高级管理人员赔偿所造成的损失,被告仅以该交易已经履行了信息披露、经股东会或者股东大会同意等法律、行政法规或者公司章程规定的程序为由抗辩的,人民法院不予支持。

公司没有提起诉讼的,符合公司法第一百五十一条第一款规定条件的股东,可以依据公司法第一百五十一条第二款、第三款规定向人民法院提起诉讼。

第二条　关联交易合同存在无效或者可撤销情形,公司没有起诉合同相对方的,符合公司法第一百五十一条第一款规定条件的股东,可以依据公司法第一百五十一条第二款、第三款规定向人民法院提起诉讼。

第三条　董事任期届满前被股东会或者股东大会有效决议解除职务,其主张解除不发生法律效力的,人民法院不予支持。

董事职务被解除后,因补偿与公司发生纠纷提起诉讼的,人民法院应当依据法律、行政法规、公司章程的规定或者合同的约定,综合考虑解除的原因、剩余任期、董事薪酬等因素,确定是否补偿以及补偿的合理数额。

第四条　分配利润的股东会或者股东大会决议作出后,公司应当在决议载明的时间内完成利润分配。决议没有载明时间的,以公司章程规定的为准。决议、章程中均未规定时间或者时间超过一年的,公司应当自决议作出之日起一年内完成利润分配。

决议中载明的利润分配完成时间超过公司章程规定时间的，股东可以依据公司法第二十二条第二款规定请求人民法院撤销决议中关于该时间的规定。

第五条 人民法院审理涉及有限责任公司股东重大分歧案件时，应当注重调解。当事人协商一致以下列方式解决分歧，且不违反法律、行政法规的强制性规定的，人民法院应予支持：

（一）公司回购部分股东股份；

（二）其他股东受让部分股东股份；

（三）他人受让部分股东股份；

（四）公司减资；

（五）公司分立；

（六）其他能够解决分歧，恢复公司正常经营，避免公司解散的方式。

第六条 本规定自2019年4月29日起施行。

本规定施行后尚未终审的案件，适用本规定；本规定施行前已经终审的案件，或者适用审判监督程序再审的案件，不适用本规定。

本院以前发布的司法解释与本规定不一致的，以本规定为准。

最高人民法院关于适用《中华人民共和国公司法》若干问题的规定（四）

（2016年12月5日最高人民法院审判委员会第1702次会议通过，自2017年9月1日起施行）

法释〔2017〕16号

为正确适用《中华人民共和国公司法》，结合人民法院审判实践，现就公司决议效力、股东知情权、利润分配权、优先购买权和股东代表诉讼等案件适用法律问题作出如下规定。

第一条 公司股东、董事、监事等请求确认股东会或者股东大会、董事会决议无效或者不成立的，人民法院应当依法予以受理。

第二条 依据公司法第二十二条第二款请求撤销股东会或者股东大会、董事会决议的原告，应当在起诉时具有公司股东资格。

第三条 原告请求确认股东会或者股东大会、董事会决议不成立、无效或者撤销决议的案件，应当列公司为被告。对决议涉及的其他利害关系人，可以依法列为第三人。

一审法庭辩论终结前，其他有原告资格的人以相同的诉讼请求申请参加前款规定诉讼的，可以列为共同原告。

第四条 股东请求撤销股东会或者股东大会、董事会决议，符合公司法第二十二条第二款规定的，人民法院应当予以支持，但会议召集程序或者表决方式仅有轻微瑕疵，且对决议未产生实质影响的，人民法院不予支持。

第五条 股东会或者股东大会、董事会决议存在下列情形之一，当事人主张决议不成立的，人民法院应当予以支持：

（一）公司未召开会议的，但依据公司法第三十七条第二款或者公司章程规定可以不召开股东会或者股东大会而直接作出决定，并由全体股东在决定文件上签名、盖章的除外；

（二）会议未对决议事项进行表决的；

（三）出席会议的人数或者股东所持表决权不符合公司法或者公司章程规定的；

（四）会议的表决结果未达到公司法或者公司章程规定的通过比例的；

（五）导致决议不成立的其他情形。

第六条 股东会或者股东大会、董事会决议被人民法院判决确认无效或者撤销的，公司依据该决议与善意相对人形成的民事法律关系不受影响。

第七条 股东依据公司法第三十三条、第九十七条或者公司章程的规定，起诉请求查阅或者复制公司特定文件材料的，人民法院应当依法予以受理。

公司有证据证明前款规定的原告在起诉时不具有公司股东资格的，人民法院应当驳回起诉，但原告有初步证据证明在持股期间其合法权益受到损害，请求依法查阅或者复制其持股期间的公司特定文件材料的除外。

第八条 有限责任公司有证据证明股东存在下列情形之一的，人民法院应当认定股东有公司法第三十三条第二款规定的“不正当目的”：

（一）股东自营或者为他人经营与公司主营业务有实质性竞争关系业务的，但公司章程另有规定或者全体股东另有约定的除外；

（二）股东为了向他人通报有关信息查阅公司会计账簿，可能损害公司合法利益的；

（三）股东在向公司提出查阅请求之日前的三年内，曾通过查阅公司会计账簿，向他人通报有关信息损害公司合法利益的；

（四）股东有不正当目的的其他情形。

第九条 公司章程、股东之间的协议等实质性剥夺股东依据公司法第三十三条、第九十七条规定查阅或者复制公司文件材料的权利，公司以此为由拒绝股东查阅或者复制的，人民法院不予支持。

第十条 人民法院审理股东请求查阅或者复制公司特定文件材料的案件，对原告诉讼请求予以支持的，应当在判决中明确查阅或者复制公司特定文件材料的时间、地点和特定文件材料的名录。

股东依据人民法院生效判决查阅公司文件材料的，在该股东在场的情况下，可以由会计师、律师等依法或者依据执业行为规范负有保密义务的中介机构执业人员辅助进行。

第十一条 股东行使知情权后泄露公司商业秘密导致公司合法利益受到损害，公司请求该股东赔偿相关损失的，人民法院应当予以支持。

根据本规定第十条辅助股东查阅公司文件材料的会计师、律师等泄露公司商业秘密导致公司合法利益受到损害，公司请求其赔偿相关损失的，人民法院应当予以支持。

第十二条 公司董事、高级管理人员等未依法履行职责，导致公司未依法制作或者保存公司法第三十三条、第九十七条规定的公司文件材料，给股东造成损失，股东依法请求负有相应责任的公司董事、高级管理人员承担民事赔偿责任的，人民法院应当予以支持。

第十三条 股东请求公司分配利润案件，应当列公司为被告。

一审法庭辩论终结前，其他股东基于同一分配方案请求分配利润并申请参加诉讼的,应当列为共同原告。

第十四条　股东提交载明具体分配方案的股东会或者股东大会的有效决议,请求公司分配利润,公司拒绝分配利润且其关于无法执行决议的抗辩理由不成立的,人民法院应当判决公司按照决议载明的具体分配方案向股东分配利润。

第十五条　股东未提交载明具体分配方案的股东会或者股东大会决议,请求公司分配利润的,人民法院应当驳回其诉讼请求,但违反法律规定滥用股东权利导致公司不分配利润,给其他股东造成损失的除外。

第十六条　有限责任公司的自然人股东因继承发生变化时,其他股东主张依据公司法第七十一条第三款规定行使优先购买权的,人民法院不予支持,但公司章程另有规定或者全体股东另有约定的除外。

第十七条　有限责任公司的股东向股东以外的人转让股权,应就其股权转让事项以书面或者其他能够确认收悉的合理方式通知其他股东征求同意。其他股东半数以上不同意转让,不同意的股东不购买的,人民法院应当认定视为同意转让。

经股东同意转让的股权,其他股东主张转让股东应当向其以书面或者其他能够确认收悉的合理方式通知转让股权的同等条件的,人民法院应当予以支持。

经股东同意转让的股权,在同等条件下,转让股东以外的其他股东主张优先购买的,人民法院应当予以支持,但转让股东依据本规定第二十条放弃转让的除外。

第十八条　人民法院在判断是否符合公司法第七十一条第三款及本规定所称的"同等条件"时,应当考虑转让股权的数量、价格、支付方式及期限等因素。

第十九条　有限责任公司的股东主张优先购买转让股权的,应当在收到通知后,在公司章程规定的行使期间内提出购买请求。公司章程没有规定行使期间或者规定不明确的,以通知确定的期间为准,通知确定的期间短于三十日或者未明确行使期间的,行使期间为三十日。

第二十条 有限责任公司的转让股东，在其他股东主张优先购买后又不同意转让股权的，对其他股东优先购买的主张，人民法院不予支持，但公司章程另有规定或者全体股东另有约定的除外。其他股东主张转让股东赔偿其损失合理的，人民法院应当予以支持。

第二十一条 有限责任公司的股东向股东以外的人转让股权，未就其股权转让事项征求其他股东意见，或者以欺诈、恶意串通等手段，损害其他股东优先购买权，其他股东主张按照同等条件购买该转让股权的，人民法院应当予以支持，但其他股东自知道或者应当知道行使优先购买权的同等条件之日起三十日内没有主张，或者自股权变更登记之日起超过一年的除外。

前款规定的其他股东仅提出确认股权转让合同及股权变动效力等请求，未同时主张按照同等条件购买转让股权的，人民法院不予支持，但其他股东非因自身原因导致无法行使优先购买权，请求损害赔偿的除外。

股东以外的股权受让人，因股东行使优先购买权而不能实现合同目的的，可以依法请求转让股东承担相应民事责任。

第二十二条 通过拍卖向股东以外的人转让有限责任公司股权的，适用公司法第七十一条第二款、第三款或者第七十二条规定的“书面通知”“通知”“同等条件”时，根据相关法律、司法解释确定。

在依法设立的产权交易场所转让有限责任公司国有股权的，适用公司法第七十一条第二款、第三款或者第七十二条规定的“书面通知”“通知”“同等条件”时，可以参照产权交易场所的交易规则。

第二十三条 监事会或者不设监事会的有限责任公司的监事依据公司法第一百五十一条第一款规定对董事、高级管理人员提起诉讼的，应当列公司为原告，依法由监事会主席或者不设监事会的有限责任公司的监事代表公司进行诉讼。

董事会或者不设董事会的有限责任公司的执行董事依据公司法第一百五十一条第一款规定对监事提起诉讼的，或者依据公司法第一百五十一条第三款规定对他人提起诉讼的，应当列公司为原告，依法由董事长或者执行董事代表公司进行诉讼。

第二十四条　符合公司法第一百五十一条第一款规定条件的股东,依据公司法第一百五十一条第二款、第三款规定,直接对董事、监事、高级管理人员或者他人提起诉讼的,应当列公司为第三人参加诉讼。

一审法庭辩论终结前,符合公司法第一百五十一条第一款规定条件的其他股东,以相同的诉讼请求申请参加诉讼的,应当列为共同原告。

第二十五条　股东依据公司法第一百五十一条第二款、第三款规定直接提起诉讼的案件,胜诉利益归属于公司。股东请求被告直接向其承担民事责任的,人民法院不予支持。

第二十六条　股东依据公司法第一百五十一条第二款、第三款规定直接提起诉讼的案件,其诉讼请求部分或者全部得到人民法院支持的,公司应当承担股东因参加诉讼支付的合理费用。

第二十七条　本规定自2017年9月1日起施行。

本规定施行后尚未终审的案件,适用本规定;本规定施行前已经终审的案件,或者适用审判监督程序再审的案件,不适用本规定。

最高人民法院关于适用《中华人民共和国公司法》若干问题的规定(三)

(2010年12月6日最高人民法院审判委员会第1504次会议通过
根据2014年2月17日最高人民法院审判委员会
第1607次会议《最高人民法院关于修改关于适用
〈中华人民共和国公司法〉若干问题的规定的决定》修正)

为正确适用《中华人民共和国公司法》,结合审判实践,就人民法院审理公司设立、出资、股权确认等纠纷案件适用法律问题作出如下规定。

第一条　为设立公司而签署公司章程、向公司认购出资或者股份并履行公司设立职责的人,应当认定为公司的发起人,包括有限责任公司设立时的股东。

第二条　发起人为设立公司以自己名义对外签订合同,合同相对人请求该发起人承担合同责任的,人民法院应予支持。

公司成立后对前款规定的合同予以确认,或者已经实际享有合同权利或者履行合同义务,合同相对人请求公司承担合同责任的,人民法院应予支持。

第三条 发起人以设立中公司名义对外签订合同,公司成立后合同相对人请求公司承担合同责任的,人民法院应予支持。

公司成立后有证据证明发起人利用设立中公司的名义为自己的利益与相对人签订合同,公司以此为由主张不承担合同责任的,人民法院应予支持,但相对人为善意的除外。

第四条 公司因故未成立,债权人请求全体或者部分发起人对设立公司行为所产生的费用和债务承担连带清偿责任的,人民法院应予支持。

部分发起人依照前款规定承担责任后,请求其他发起人分担的,人民法院应当判令其他发起人按照约定的责任承担比例分担责任;没有约定责任承担比例的,按照约定的出资比例分担责任;没有约定出资比例的,按照均等份额分担责任。

因部分发起人的过错导致公司未成立,其他发起人主张其承担设立行为所产生的费用和债务的,人民法院应当根据过错情况,确定过错一方的责任范围。

第五条 发起人因履行公司设立职责造成他人损害,公司成立后受害人请求公司承担侵权赔偿责任的,人民法院应予支持;公司未成立,受害人请求全体发起人承担连带赔偿责任的,人民法院应予支持。

公司或者无过错的发起人承担赔偿责任后,可以向有过错的发起人追偿。

第六条 股份有限公司的认股人未按期缴纳所认股份的股款,经公司发起人催缴后在合理期间内仍未缴纳,公司发起人对该股份另行募集的,人民法院应当认定该募集行为有效。认股人延期缴纳股款给公司造成损失,公司请求该认股人承担赔偿责任的,人民法院应予支持。

第七条 出资人以不享有处分权的财产出资,当事人之间对于出资行为效力产生争议的,人民法院可以参照物权法第一百零六条的规定予以认定。

以贪污、受贿、侵占、挪用等违法犯罪所得的货币出资后取得股权的,对违法犯罪行为予以追究、处罚时,应当采取拍卖或者变卖的方式处置其股权。

第八条 出资人以划拨土地使用权出资,或者以设定权利负担的土地使用权出资,公司、其他股东或者公司债权人主张认定出资人未履行出资义务的,人民法院应当责令当事人在指定的合理期间内办理土地变更手续或者解除权利负担;逾期未办理或者未解除的,人民法院应当认定出资人未依法全面履行出资义务。

第九条 出资人以非货币财产出资,未依法评估作价,公司、其他股东或者公司债权人请求认定出资人未履行出资义务的,人民法院应当委托具有合法资格的评估机构对该财产评估作价。评估确定的价额显著低于公司章程所定价额的,人民法院应当认定出资人未依法全面履行出资义务。

第十条 出资人以房屋、土地使用权或者需要办理权属登记的知识产权等财产出资,已经交付公司使用但未办理权属变更手续,公司、其他股东或者公司债权人主张认定出资人未履行出资义务的,人民法院应当责令当事人在指定的合理期间内办理权属变更手续;在前述期间内办理了权属变更手续的,人民法院应当认定其已经履行了出资义务;出资人主张自其实际交付财产给公司使用时享有相应股东权利的,人民法院应予支持。

出资人以前款规定的财产出资,已经办理权属变更手续但未交付给公司使用,公司或者其他股东主张其向公司交付、并在实际交付之前不享有相应股东权利的,人民法院应予支持。

第十一条 出资人以其他公司股权出资,符合下列条件的,人民法院应当认定出资人已履行出资义务:

(一)出资的股权由出资人合法持有并依法可以转让;

(二)出资的股权无权利瑕疵或者权利负担;

(三)出资人已履行关于股权转让的法定手续;

(四)出资的股权已依法进行了价值评估。

股权出资不符合前款第(一)、(二)、(三)项的规定,公司、其他股东或者公司债权人请求认定出资人未履行出资义务的,人民法院应当责令该出资人在指定的合理期间内采取补正措施,以符合上述条件;逾期未补正的,人民法院应当认定其未依法全面履行出资义务。

股权出资不符合本条第一款第(四)项的规定,公司、其他股东或者公司债权人请求认定出资人未履行出资义务的,人民法院应当按照本规定第九条的规定处理。

第十二条 公司成立后,公司、股东或者公司债权人以相关股东的行为符合下列情形之一且损害公司权益为由,请求认定该股东抽逃出资的,人民法院应予支持:

(一)制作虚假财务会计报表虚增利润进行分配;

(二)通过虚构债权债务关系将其出资转出;

(三)利用关联交易将出资转出;

(四)其他未经法定程序将出资抽回的行为。

第十三条 股东未履行或者未全面履行出资义务,公司或者其他股东请求其向公司依法全面履行出资义务的,人民法院应予支持。

公司债权人请求未履行或者未全面履行出资义务的股东在未出资本息范围内对公司债务不能清偿的部分承担补充赔偿责任的,人民法院应予支持;未履行或者未全面履行出资义务的股东已经承担上述责任,其他债权人提出相同请求的,人民法院不予支持。

股东在公司设立时未履行或者未全面履行出资义务,依照本条第一款或者第二款提起诉讼的原告,请求公司的发起人与被告股东承担连带责任的,人民法院应予支持;公司的发起人承担责任后,可以向被告股东追偿。

股东在公司增资时未履行或者未全面履行出资义务,依照本条第一款或者第二款提起诉讼的原告,请求未尽公司法第一百四十七条第一款规定的义务而使出资未缴足的董事、高级管理人员承担相应责任的,人民法院应予支持;董事、高级管理人员承担责任后,可以向被告股东追偿。

第十四条 股东抽逃出资,公司或者其他股东请求其向公司返还出资本息、协助抽逃出资的其他股东、董事、高级管理人员或者实际控制人对此承担连带责任的,人民法院应予支持。

公司债权人请求抽逃出资的股东在抽逃出资本息范围内对公司债务不能清偿的部分承担补充赔偿责任、协助抽逃出资的其他股东、董事、高级管理人员或者实际控制人对此承担连带责任的，人民法院应予支持；抽逃出资的股东已经承担上述责任，其他债权人提出相同请求的，人民法院不予支持。

第十五条 出资人以符合法定条件的非货币财产出资后，因市场变化或者其他客观因素导致出资财产贬值，公司、其他股东或者公司债权人请求该出资人承担补足出资责任的，人民法院不予支持。但是，当事人另有约定的除外。

第十六条 股东未履行或者未全面履行出资义务或者抽逃出资，公司根据公司章程或者股东会决议对其利润分配请求权、新股优先认购权、剩余财产分配请求权等股东权利作出相应的合理限制，该股东请求认定该限制无效的，人民法院不予支持。

第十七条 有限责任公司的股东未履行出资义务或者抽逃全部出资，经公司催告缴纳或者返还，其在合理期间内仍未缴纳或者返还出资，公司以股东会决议解除该股东的股东资格，该股东请求确认该解除行为无效的，人民法院不予支持。

在前款规定的情形下，人民法院在判决时应当释明，公司应当及时办理法定减资程序或者由其他股东或者第三人缴纳相应的出资。在办理法定减资程序或者其他股东或者第三人缴纳相应的出资之前，公司债权人依照本规定第十三条或者第十四条请求相关当事人承担相应责任的，人民法院应予支持。

第十八条 有限责任公司的股东未履行或者未全面履行出资义务即转让股权，受让人对此知道或者应当知道，公司请求该股东履行出资义务、受让人对此承担连带责任的，人民法院应予支持；公司债权人依照本规定第十三条第二款向该股东提起诉讼，同时请求前述受让人对此承担连带责任的，人民法院应予支持。

受让人根据前款规定承担责任后，向该未履行或者未全面履行出资义务的股东追偿的，人民法院应予支持。但是，当事人另有约定的除外。

第十九条 公司股东未履行或者未全面履行出资义务或者抽逃出资，公司或者其他股东请求其向公司全面履行出资义务或者返还出资，被告股东以诉讼时效为由进行抗辩的,人民法院不予支持。

公司债权人的债权未过诉讼时效期间,其依照本规定第十三条第二款、第十四条第二款的规定请求未履行或者未全面履行出资义务或者抽逃出资的股东承担赔偿责任,被告股东以出资义务或者返还出资义务超过诉讼时效期间为由进行抗辩的,人民法院不予支持。

第二十条 当事人之间对是否已履行出资义务发生争议,原告提供对股东履行出资义务产生合理怀疑证据的,被告股东应当就其已履行出资义务承担举证责任。

第二十一条 当事人向人民法院起诉请求确认其股东资格的,应当以公司为被告,与案件争议股权有利害关系的人作为第三人参加诉讼。

第二十二条 当事人之间对股权归属发生争议,一方请求人民法院确认其享有股权的,应当证明以下事实之一:

(一)已经依法向公司出资或者认缴出资,且不违反法律法规强制性规定;

(二)已经受让或者以其他形式继受公司股权,且不违反法律法规强制性规定。

第二十三条 当事人依法履行出资义务或者依法继受取得股权后,公司未根据公司法第三十一条、第三十二条的规定签发出资证明书、记载于股东名册并办理公司登记机关登记,当事人请求公司履行上述义务的,人民法院应予支持。

第二十四条 有限责任公司的实际出资人与名义出资人订立合同,约定由实际出资人出资并享有投资权益,以名义出资人为名义股东,实际出资人与名义股东对该合同效力发生争议的,如无合同法第五十二条规定的情形,人民法院应当认定该合同有效。

前款规定的实际出资人与名义股东因投资权益的归属发生争议,实际出资人以其实际履行了出资义务为由向名义股东主张权利的,人民法院应予支持。名义股东以公司股东名册记载、公司登记机关登记为由否认实际出资人权利的,人民法院不予支持。

实际出资人未经公司其他股东半数以上同意,请求公司变更股东、签发出资证明书、记载于股东名册、记载于公司章程并办理公司登记机关登记的，人民法院不予支持。

第二十五条　名义股东将登记于其名下的股权转让、质押或者以其他方式处分，实际出资人以其对于股权享有实际权利为由，请求认定处分股权行为无效的，人民法院可以参照物权法第一百零六条的规定处理。

名义股东处分股权造成实际出资人损失，实际出资人请求名义股东承担赔偿责任的，人民法院应予支持。

第二十六条　公司债权人以登记于公司登记机关的股东未履行出资义务为由，请求其对公司债务不能清偿的部分在未出资本息范围内承担补充赔偿责任，股东以其仅为名义股东而非实际出资人为由进行抗辩的，人民法院不予支持。

名义股东根据前款规定承担赔偿责任后，向实际出资人追偿的，人民法院应予支持。

第二十七条　股权转让后尚未向公司登记机关办理变更登记，原股东将仍登记于其名下的股权转让、质押或者以其他方式处分，受让股东以其对于股权享有实际权利为由，请求认定处分股权行为无效的，人民法院可以参照物权法第一百零六条的规定处理。

原股东处分股权造成受让股东损失，受让股东请求原股东承担赔偿责任、对于未及时办理变更登记有过错的董事、高级管理人员或者实际控制人承担相应责任的，人民法院应予支持；受让股东对于未及时办理变更登记也有过错的，可以适当减轻上述董事、高级管理人员或者实际控制人的责任。

第二十八条　冒用他人名义出资并将该他人作为股东在公司登记机关登记的，冒名登记行为人应当承担相应责任；公司、其他股东或者公司债权人以未履行出资义务为由，请求被冒名登记为股东的承担补足出资责任或者对公司债务不能清偿部分的赔偿责任的，人民法院不予支持。

最高人民法院关于适用《中华人民共和国公司法》若干问题的规定(二)

(2008 年 5 月 5 日最高人民法院审判委员会第 1447 次会议通过
根据 2014 年 2 月 17 日最高人民法院审判委员会
第 1607 次会议《关于修改关于适用
〈中华人民共和国公司法〉若干问题的规定的决定》修正)

为正确适用《中华人民共和国公司法》,结合审判实践,就人民法院审理公司解散和清算案件适用法律问题作出如下规定。

第一条 单独或者合计持有公司全部股东表决权百分之十以上的股东,以下列事由之一提起解散公司诉讼,并符合公司法第一百八十二条规定的,人民法院应予受理:

(一)公司持续两年以上无法召开股东会或者股东大会,公司经营管理发生严重困难的;

(二)股东表决时无法达到法定或者公司章程规定的比例,持续两年以上不能做出有效的股东会或者股东大会决议,公司经营管理发生严重困难的;

(三)公司董事长期冲突,且无法通过股东会或者股东大会解决,公司经营管理发生严重困难的;

(四)经营管理发生其他严重困难,公司继续存续会使股东利益受到重大损失的情形。

股东以知情权、利润分配请求权等权益受到损害,或者公司亏损、财产不足以偿还全部债务,以及公司被吊销企业法人营业执照未进行清算等为由,提起解散公司诉讼的,人民法院不予受理。

第二条 股东提起解散公司诉讼,同时又申请人民法院对公司进行清算的,人民法院对其提出的清算申请不予受理。人民法院可以告知原告,在人民法院判决解散公司后,依据公司法第一百八十三条和本规定第七条的规定,自行组织清算或者另行申请人民法院对公司进行清算。

第三条　股东提起解散公司诉讼时,向人民法院申请财产保全或者证据保全的,在股东提供担保且不影响公司正常经营的情形下,人民法院可予以保全。

第四条　股东提起解散公司诉讼应当以公司为被告。

原告以其他股东为被告一并提起诉讼的,人民法院应当告知原告将其他股东变更为第三人;原告坚持不予变更的,人民法院应当驳回原告对其他股东的起诉。

原告提起解散公司诉讼应当告知其他股东,或者由人民法院通知其参加诉讼。其他股东或者有关利害关系人申请以共同原告或者第三人身份参加诉讼的,人民法院应予准许。

第五条　人民法院审理解散公司诉讼案件,应当注重调解。当事人协商同意由公司或者股东收购股份,或者以减资等方式使公司存续,且不违反法律、行政法规强制性规定的,人民法院应予支持。当事人不能协商一致使公司存续的,人民法院应当及时判决。

经人民法院调解公司收购原告股份的,公司应当自调解书生效之日起六个月内将股份转让或者注销。股份转让或者注销之前,原告不得以公司收购其股份为由对抗公司债权人。

第六条　人民法院关于解散公司诉讼作出的判决,对公司全体股东具有法律约束力。

人民法院判决驳回解散公司诉讼请求后,提起该诉讼的股东或者其他股东又以同一事实和理由提起解散公司诉讼的,人民法院不予受理。

第七条　公司应当依照公司法第一百八十三条的规定,在解散事由出现之日起十五日内成立清算组,开始自行清算。

有下列情形之一,债权人申请人民法院指定清算组进行清算的,人民法院应予受理:

(一)公司解散逾期不成立清算组进行清算的;

(二)虽然成立清算组但故意拖延清算的;

(三)违法清算可能严重损害债权人或者股东利益的。

具有本条第二款所列情形，而债权人未提起清算申请，公司股东申请人民法院指定清算组对公司进行清算的，人民法院应予受理。

第八条 人民法院受理公司清算案件，应当及时指定有关人员组成清算组。

清算组成员可以从下列人员或者机构中产生：

（一）公司股东、董事、监事、高级管理人员；

（二）依法设立的律师事务所、会计师事务所、破产清算事务所等社会中介机构；

（三）依法设立的律师事务所、会计师事务所、破产清算事务所等社会中介机构中具备相关专业知识并取得执业资格的人员。

第九条 人民法院指定的清算组成员有下列情形之一的，人民法院可以根据债权人、股东的申请，或者依职权更换清算组成员：

（一）有违反法律或者行政法规的行为；

（二）丧失执业能力或者民事行为能力；

（三）有严重损害公司或者债权人利益的行为。

第十条 公司依法清算结束并办理注销登记前，有关公司的民事诉讼，应当以公司的名义进行。

公司成立清算组的，由清算组负责人代表公司参加诉讼；尚未成立清算组的，由原法定代表人代表公司参加诉讼。

第十一条 公司清算时，清算组应当按照公司法第一百八十五条的规定，将公司解散清算事宜书面通知全体已知债权人，并根据公司规模和营业地域范围在全国或者公司注册登记地省级有影响的报纸上进行公告。

清算组未按照前款规定履行通知和公告义务，导致债权人未及时申报债权而未获清偿，债权人主张清算组成员对因此造成的损失承担赔偿责任的，人民法院应依法予以支持。

第十二条 公司清算时，债权人对清算组核定的债权有异议的，可以要求清算组重新核定。清算组不予重新核定，或者债权人对重新核定的债权仍有异议，债权人以公司为被告向人民法院提起诉讼请求确认的，人民法院应予受理。

第十三条　债权人在规定的期限内未申报债权，在公司清算程序终结前补充申报的，清算组应予登记。

公司清算程序终结，是指清算报告经股东会、股东大会或者人民法院确认完毕。

第十四条　债权人补充申报的债权，可以在公司尚未分配财产中依法清偿。公司尚未分配财产不能全额清偿，债权人主张股东以其在剩余财产分配中已经取得的财产予以清偿的，人民法院应予支持；但债权人因重大过错未在规定期限内申报债权的除外。

债权人或者清算组，以公司尚未分配财产和股东在剩余财产分配中已经取得的财产，不能全额清偿补充申报的债权为由，向人民法院提出破产清算申请的，人民法院不予受理。

第十五条　公司自行清算的，清算方案应当报股东会或者股东大会决议确认；人民法院组织清算的，清算方案应当报人民法院确认。未经确认的清算方案，清算组不得执行。

执行未经确认的清算方案给公司或者债权人造成损失，公司、股东或者债权人主张清算组成员承担赔偿责任的，人民法院应依法予以支持。

第十六条　人民法院组织清算的，清算组应当自成立之日起六个月内清算完毕。

因特殊情况无法在六个月内完成清算的，清算组应当向人民法院申请延长。

第十七条　人民法院指定的清算组在清理公司财产、编制资产负债表和财产清单时，发现公司财产不足清偿债务的，可以与债权人协商制作有关债务清偿方案。

债务清偿方案经全体债权人确认且不损害其他利害关系人利益的，人民法院可依清算组的申请裁定予以认可。清算组依据该清偿方案清偿债务后，应当向人民法院申请裁定终结清算程序。

债权人对债务清偿方案不予确认或者人民法院不予认可的，清算组应当依法向人民法院申请宣告破产。

第十八条 有限责任公司的股东、股份有限公司的董事和控股股东未在法定期限内成立清算组开始清算，导致公司财产贬值、流失、毁损或者灭失，债权人主张其在造成损失范围内对公司债务承担赔偿责任的，人民法院应依法予以支持。

有限责任公司的股东、股份有限公司的董事和控股股东因怠于履行义务，导致公司主要财产、账册、重要文件等灭失，无法进行清算，债权人主张其对公司债务承担连带清偿责任的，人民法院应依法予以支持。

上述情形系实际控制人原因造成，债权人主张实际控制人对公司债务承担相应民事责任的，人民法院应依法予以支持。

第十九条 有限责任公司的股东、股份有限公司的董事和控股股东，以及公司的实际控制人在公司解散后，恶意处置公司财产给债权人造成损失，或者未经依法清算，以虚假的清算报告骗取公司登记机关办理法人注销登记，债权人主张其对公司债务承担相应赔偿责任的，人民法院应依法予以支持。

第二十条 公司解散应当在依法清算完毕后，申请办理注销登记。公司未经清算即办理注销登记，导致公司无法进行清算，债权人主张有限责任公司的股东、股份有限公司的董事和控股股东，以及公司的实际控制人对公司债务承担清偿责任的，人民法院应依法予以支持。

公司未经依法清算即办理注销登记，股东或者第三人在公司登记机关办理注销登记时承诺对公司债务承担责任，债权人主张其对公司债务承担相应民事责任的，人民法院应依法予以支持。

第二十一条 有限责任公司的股东、股份有限公司的董事和控股股东，以及公司的实际控制人为二人以上的，其中一人或者数人按照本规定第十八条和第二十条第一款的规定承担民事责任后，主张其他人员按照过错大小分担责任的，人民法院应依法予以支持。

第二十二条 公司解散时，股东尚未缴纳的出资均应作为清算财产。股东尚未缴纳的出资，包括到期应缴未缴的出资，以及依照公司法第二十六条和第八十条的规定分期缴纳尚未届满缴纳期限的出资。

公司财产不足以清偿债务时，债权人主张未缴出资股东，以及公司设立时的其他股东或者发起人在未缴出资范围内对公司债务承担连带清偿责任的，人民法院应依法予以支持。

第二十三条　清算组成员从事清算事务时，违反法律、行政法规或者公司章程给公司或者债权人造成损失，公司或者债权人主张其承担赔偿责任的，人民法院应依法予以支持。

有限责任公司的股东、股份有限公司连续一百八十日以上单独或者合计持有公司百分之一以上股份的股东，依据公司法第一百五十一条第三款的规定，以清算组成员有前款所述行为为由向人民法院提起诉讼的，人民法院应予受理。

公司已经清算完毕注销，上述股东参照公司法第一百五十一条第三款的规定，直接以清算组成员为被告、其他股东为第三人向人民法院提起诉讼的，人民法院应予受理。

第二十四条　解散公司诉讼案件和公司清算案件由公司住所地人民法院管辖。公司住所地是指公司主要办事机构所在地。公司办事机构所在地不明确的，由其注册地人民法院管辖。

基层人民法院管辖县、县级市或者区的公司登记机关核准登记公司的解散诉讼案件和公司清算案件；中级人民法院管辖地区、地级市以上的公司登记机关核准登记公司的解散诉讼案件和公司清算案件。

最高人民法院关于适用《中华人民共和国公司法》若干问题的规定（一）

（2006 年 3 月 27 日最高人民法院审判委员会第 1382 次会议通过
根据 2014 年 2 月 17 日最高人民法院审判委员会第 1607 次会议
《关于修改关于适用〈中华人民共和国公司法〉若干问题的规定的决定》修正）

为正确适用 2005 年 10 月 27 日十届全国人大常委会第十八次会议修订的《中华人民共和国公司法》，对人民法院在审理相关的民事纠纷案件中，具体适用公司法的有关问题规定如下：

第一条 公司法实施后，人民法院尚未审结的和新受理的民事案件，其民事行为或事件发生在公司法实施以前的，适用当时的法律法规和司法解释。

第二条 因公司法实施前有关民事行为或者事件发生纠纷起诉到人民法院的，如当时的法律法规和司法解释没有明确规定时，可参照适用公司法的有关规定。

第三条 原告以公司法第二十二条第二款、第七十四条第二款规定事由，向人民法院提起诉讼时，超过公司法规定期限的，人民法院不予受理。

第四条 公司法第一百五十一条规定的180日以上连续持股期间，应为股东向人民法院提起诉讼时，已期满的持股时间；规定的合计持有公司百分之一以上股份，是指两个以上股东持股份额的合计。

第五条 人民法院对公司法实施前已经终审的案件依法进行再审时，不适用公司法的规定。

第六条 本规定自公布之日起实施。